대한민국
新 사주명리해설(四柱命理解說)

黃龍 문지도

현(現) 후학지도
한국 역리학회원
명리학자

대한민국
新 사주명리해설(四柱命理解說)

초판 1쇄 인쇄 2010년 09월 13일
초판 1쇄 발행 2010년 09월 20일

지은이 | 문지도
펴낸이 | 손형국
펴낸곳 | (주)에세이퍼블리싱
출판등록 | 2004. 12. 1(제315-2008-022호)
주소 | 157-857 서울특별시 강서구 방화3동 316-3번지 102호
홈페이지 | www.book.co.kr
전화번호 | (02)3159-9638~40
팩스 | (02)3159-9637

ISBN 978-89-6023-420-8 03140

大韓民國

新 四柱命理解說

黃龍 문지도 지음

ESSAY

태풍후의 평화

우주 대자연의 변화 중 인류에게 큰 피해를 주는 태풍은 인간의 힘으로는 막을 수 없는 기상현상 중의 하나이다. 그러나 수자원의 공급원으로 물 부족을 해소하고 대기의 순환과 남·북간의 에너지 균형에도 기여하는 순기능도 있다. 마치 합(合)이 변해 충(沖)이 되고, 다시 합(合)이 되는 이치이다.

물질문명(物質文明)의 서양철학에 대비 정신문명을 중요시하는 동양철학(東洋哲學) 중 최고 학문인 사주 명리학(四柱 命理學)은 모든 학문의 근간이며 우주 대 자연의 변화에 따른 흥망성쇠(興亡盛衰)와 소우주(小宇宙)인 인간사 생로병사(生老病死)는 물론 정치, 경제, 군사, 과학, 의학, 종교와 모든 만물에 이르기까지 한 치의 오차 없이 질서정연한 역(易)의 이치를 밝힌 학문이다. 본 책이 수천 년 실전과 검증을 거친 명리학(命理學)의 오묘한 이치를 이해하는데 길잡이로서 도움이 된다면 더 없는 영광이겠다. 특히 불확실한 미래에 대한 불안을 해소하기 위해 2012년 국내·외 정세를 기문둔갑(奇門遁甲)으로 해단하였다. 나아가 마음의 중화(中和)를 얻고 수양(修養)의 도(道)로 삼았으면 하는 바람이다. 미진하고 잘못된 점 충고와 지도편달을 기대한다. 이 책이 발간되기까지 도움 준 에세이퍼블리싱 관계자 모든 분께 감사의 말씀을 전한다.

본 학문을 연구하는 모든 이의 앞날에 건강(健康)과 행복(幸福)이 함께하기를 기원한다.

2010 庚寅年 여름.

구궁팔괘 九宮八卦

4 손(巽) 木 辰, 巳	9 이(離) 火 午	2 곤(坤) 土 未, 申
3 진(震) 木 卯	5 中央 土	7 태(兌) 金 酉
8 간(艮) 土 寅, 丑	1 감(坎) 水 子	6 건(乾) 金 戌, 亥

구궁팔괘 九宮八卦

십이궁부위도 十二宮部位圖

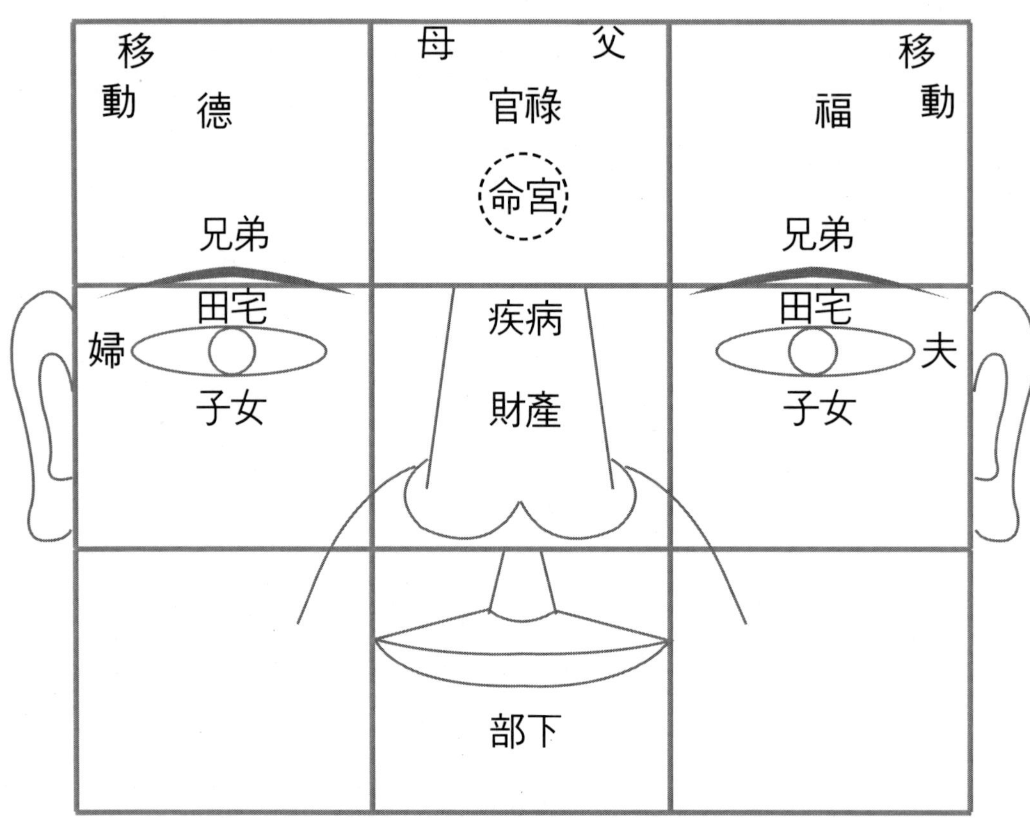

저자가 국내 최초로 알기 쉽게 구궁(九宮)에 대비한 십이궁부위도

1. 부모궁(父母宮)
2. 관록궁(官祿宮)
3. 복덕궁(福德宮)
4. 명궁(命宮)
5. 천이궁(遷移宮)
6. 형제궁(兄弟宮)
7. 전택궁(田宅宮)
8. 부부궁(夫婦宮)
9. 자녀궁(子女宮)
10. 질액궁(疾厄宮)
11. 재백궁(財帛宮)
12. 노복궁(奴僕宮)

상相의 부위 명칭도宮部名稱圖

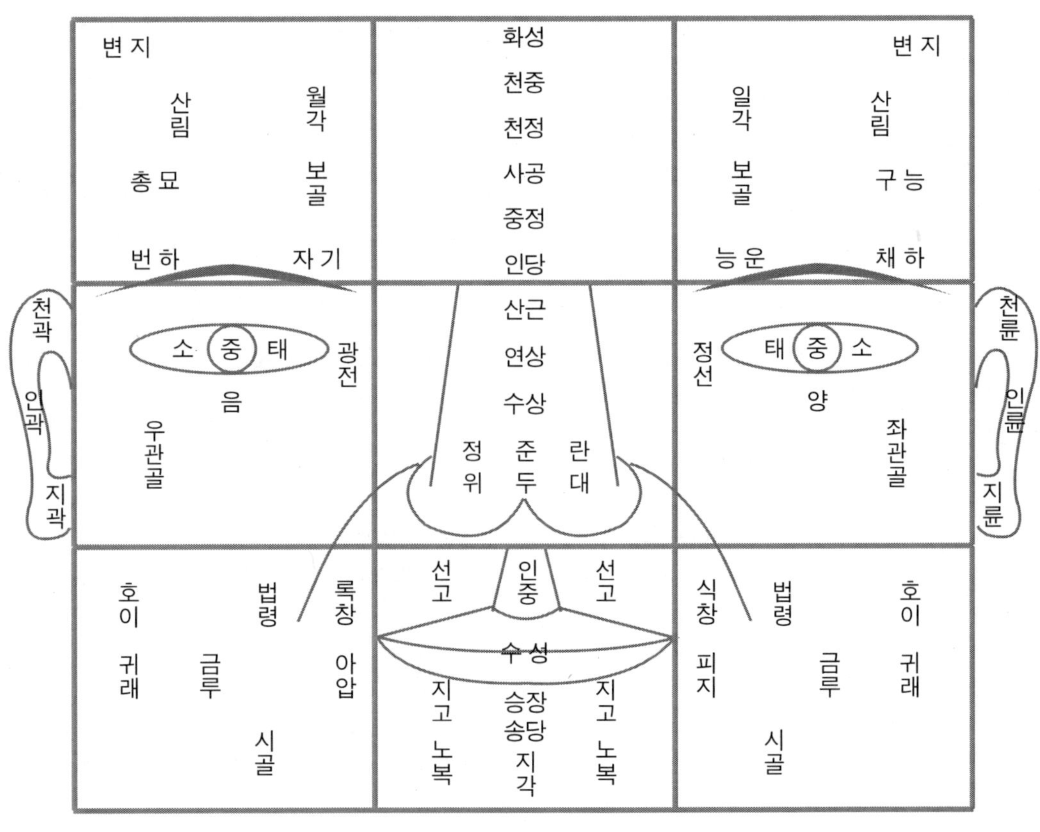

상相의 부위 명칭도宮部名稱圖

상相의 연령도年齡圖

(男左女右)

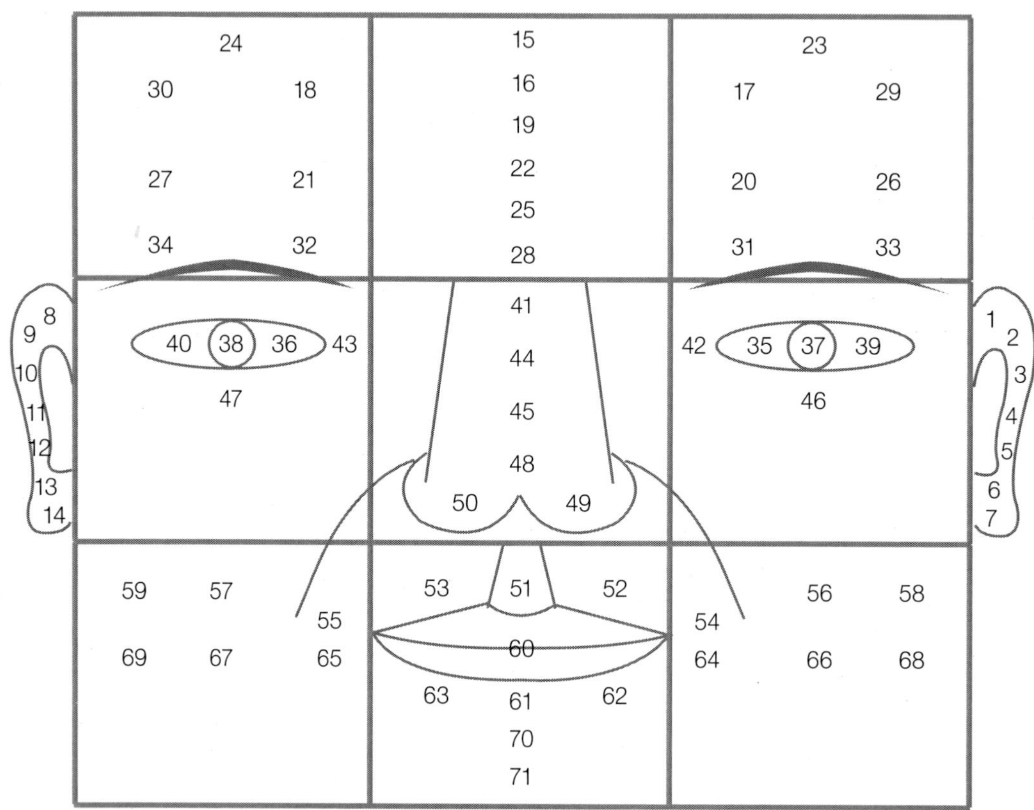

상相의 연령도年齡圖

오행 조견표 五行 早見表

區分	木	火	土	金	水
季節	봄(春)	여름(夏)	사계절(四季節)	가을(秋)	겨울(冬)
天干	甲·乙	丙·丁	戊·己	庚·辛	壬·癸
十二地支	寅·卯	巳·午	辰戌丑未	申·酉	亥·子
方位	東	南	間方	西	北
數	3·8	2·7	5·10	4·9	1·6
五色	청(靑)	붉을적(赤)	황(黃)	백(白)	흑(黑)
五味	신맛	쓴맛	단맛	매운맛	짠맛
五常	인정(仁)	예의(禮)	신용(信)	의리(義)	지혜(智)
五志	희(喜)	노(怒)	사(思)	공(恐)	우(憂)
五氣	풍(風)	열(熱)	조(燥)·습(濕)	냉(冷)	한(寒)
五臟	간(肝)	심(心)	비(脾)	폐(肺)	신(腎)
六腑	담	소장, 삼초	위	대장	방광
五官	눈(目)	혀(舌)	입(口)	코(鼻)	귀(耳)
五音	각(角) 어금니 소리 ㄱ·ㅋ	치(徵) 혓소리 ㅌ·ㄴ·ㄹ·ㄷ	궁(宮) 목구멍 소리 ㅇ·ㅎ	상(商) 잇소리 ㅅ·ㅈ·ㅊ	우(羽) 입술소리 ㅁ·ㅂ·ㅍ
五物	털	날개	사람	비늘	껍질
格局	곡직(曲直)	염상(炎上)	가색(稼穡)	종혁(從革)	윤하(潤下)
八卦	진(震)·손(巽)	이(離)	간(艮)·곤(坤)	건(乾)·태(兌)	감(坎)
職種	문교,행정,체신, 보사,예능,목재, 가구,직물,섬유, 육림,악기,화원, 농장,과수	문화,방송,문공, 동자,상공,전자, 항공,화학,화약, 예체능,컴퓨터, 유류,디자이너	농수,토건,건설, 통일,내무,농축산, 종교,철학,부동산, 중개,조경,토산품, 골동품	국방,교통,운수, 철강,기계,광산, 군사법,경찰,공구, 양품,치과, 금은세공,고물, 정비,운동선수	법무,외무,무역, 관광,유통,식품, 소방,수산,냉동, 어업,수도,양식, 주류,유흥,여관, 목욕

차례

제1편 기초학(基礎學)

제4편 신살론(神殺論)

제5편 12지지론(十二地支論)

제8편 용신론(用神論)

제1편
기초학
基礎學

1. 역(易)이란 무엇인가?

46억 년 전 우주빅뱅(대폭발로 인한 급속한 팽창으로 우주가 시작됨) 후 만물이 생성되기 이전, 시작도 없고 끝도 없이 뒤섞인 혼돈의 태초(太初) 무극(無極)에서 가벼운 것은 하늘로 오르고 무겁고 흐린 것은 땅이 되어 태극(太極)으로 나눠지고 태극은 다시 이기(二氣)로 갈라져 음(陰)과 양(陽)이 되었다.

음(陰)은 정(靜)하니 가만히 있을 때는 닫혀 있고 동(動)할 때는 열리고 넓어지니 암컷이요 길짐승이며 달과 밤이요 거두고 감추니 가을, 겨울이며 수는 짝수 2, 4, 6, 8, 10이다. 양(陽)은 동(動)하니 가만히 있을 때는 늘어져 있고 동(動)할 때는 곧아지고 커지니 수컷이요 날짐승이며 해와 낮이요 자라게 하고 생하니 봄, 여름이며 수는 홀수 1, 3, 5, 7, 9이다. 음(陰)은 다시 태음(太陰) 소양(小陽)으로, 양(陽)은 태양(太陽) 소음(小陰) 사상(四象)으로, 사상(四象)은 다시 팔괘(八卦)로 나뉘고 변화되었다.

태극(太極)							
음(陰)				양(陽)			
태음(太陰)		소양(小陽)		태양(太陽)		소음(小陰)	
곤(坤)	간(艮)	감(坎)	손(巽)	건(乾)	태(兌)	이(離)	진(震)

표 1-1 _ 역(易)의 구성

역(易)은 우주만물의 생성과 자연의 이치이니 해[日]와 달[月]을 상징하고, 하루 열두 번 변하는 도마뱀의 머리와 눈, 몸통과 다리를 뜻하기도 한다.

역은 불역(不易)이니 자연의 질서가 변하지 않는 불역이요 변역(變易)이니 자연은 정지됨 없이 천변만화 변화함이요 역은 자연의 이치가 쉬움을 말하니 간이(簡易)라. 바꿀 역, 쉬울 이 라고 한다. 그러므로 역(易)은 우주 대자연의 오묘한 진리를 괘(卦)와 효(爻)로써 상징하고 이를 다시 문자로 엮어낸 유가(儒家)의 최대 경전(經典)이며 철학서(哲學書)이다.

1) 복희선천팔괘(伏羲先天八卦)

5천 년 전 문자가 없던 중국 상고(上古)시대, 삼황(헌원, 복희, 신농) 중 황제 헌원후 황제 복희께서 150년간 천하를 다스릴 때 하수(河水)에서 하늘을 나는 신물(神物)인 용마(龍馬: 머리는 용, 몸은 암말)의 등에 그려진 55개의 점을 보시고 천지창조와 우주 삼라만상인 음양오행(陰陽五行)의 순환상생을 나타내는 선천팔괘(先天八卦)를 발명하셨다. 또한 처음으로 물고기 잡는 그물을 만들고 백성을 위해 푸줏간에서 죽는 소와 같이 모든 것을 희생했다고 기록은 전한다.

복희선천팔괘도는 5.10 토(土)를 중심으로 우주선천의 기(氣)는 서로 상생(相生)함을 나타내는데 용마하도(龍馬河圖)라 하기도 한다.

태희 복희씨가 돌아가시고 신농씨(神農氏)가 대나무를 휘어 활과 나무를 구부려 쟁기를 만들어 땅을 농사짓고 백성을 이롭게 하셨다. 염제 신농씨가 돌아가신 후 요(堯; 중국 최초로 문명[文明]을 연 최고의 성천자[聖天子]) 임금이 태양의 운행을 관찰하여 처음으로 역(歷)을 정하고 기원전 2372년 아들 단주에게 바둑판을 물려준다. 요임금이 호불해(狐不偕)에게 나라를 물려주려 하자 투신(投身)하므로 순(舜; 본디 농사짓던 이였으나 효행이 높아 요임금의 딸을 아내로 맞고 제2대 성왕으로 대홍수를 다스렸다) 임금이 뒤를 이어 의복을 만들어 입고 풍족한 사회가 되었다.

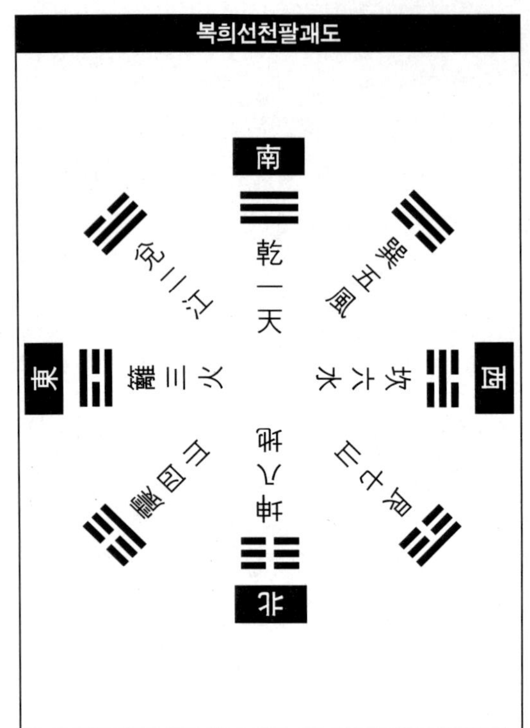

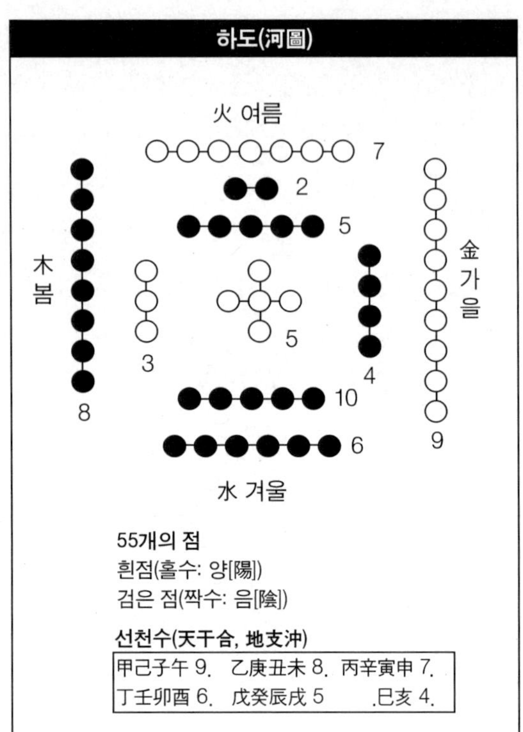

표 1-2 _ 복희선천팔괘도와 하도(河圖)

2) 낙서(洛書)와 문왕후천팔괘(文王後天八卦)

　복희씨 2천 년 후 하(夏) 시조 우왕(禹王) 때 치수사업을 벌이던 황하 낙수(洛水)에서 신령스런 거북의 등에 나타난 45개의 점을 보고 후천의 이치를 밝혀내셨다.

　선천팔괘(先天八卦)가 음양의 소장변화(消長變化)하는 천도(天道)를 나타냈다면 후천팔괘(後天八卦)는 음양오행(陰陽五行)의 생극조화(生剋調和)의 이치를 밝히신 것이다. 낙서를 거북 등에서 유래했다 하여 신구낙서(神龜洛書) 또는 후천팔괘(後天八卦)라 한다.

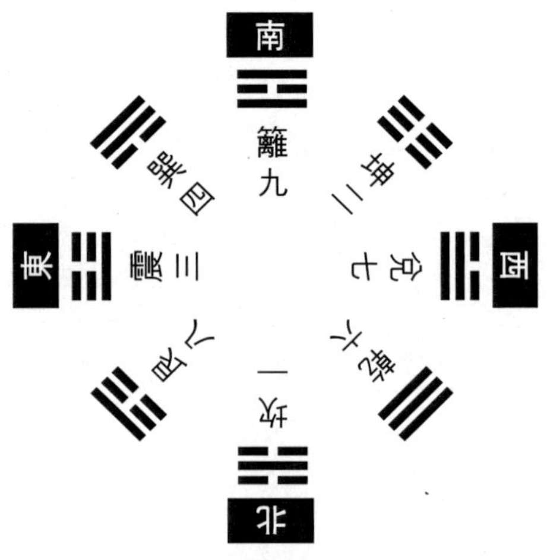

표 1-3 _ 문왕후천팔괘도(文王後天八卦圖)

동서남북(東西南北) 합(合)이 15를 나타낸다. 또한 중앙(中央)의 5를 빼면 완전수인 10이 된다. 현재 책이나 서적을 뜻하는 도서(圖書)는 하도의 '도(圖)'와 낙서의 '서(書)'에서 유래한다.

문왕(文王)

문왕은 은(殷)나라 주왕에 의한 유배생활의 고통을 참으면서 팔괘(八卦)를 연구하여 중국(中國) 최초의 경서인 『주역(周易)』과 칠현금(七絃琴)을 발명하였다. 또한 문왕의 어머니 사임당 태임(太任)은 문왕을 성군(聖君)으로 교육하여 중국 역사상 최고의 현모양처로 존경받고 있다.

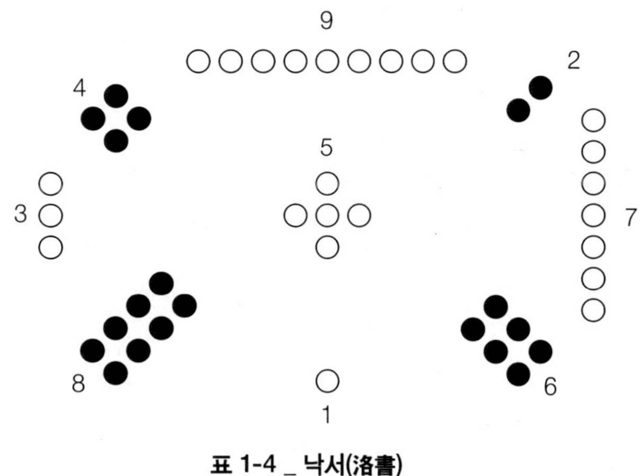

표 1-4 _ 낙서(洛書)

水	火	木	金	土
1(壬子) 6(癸亥)	2(丁巳) 7(丙午)	3(甲寅) 8(乙卯)	4(辛酉) 9(庚申)	5(戊.辰戌) 10(丑未) 100(己)

표 1-5 _ 후천수

하(夏)나라를 멸망시킨 은(殷)나라 탕왕(湯王)에 이은 주왕(紂王)은 처음엔 힘과 지혜가 뛰어났으나 달기에 빠져 고사(古史)에서 전하는 술과 고기로 주지육림(酒池肉林) 방탕하니 후천팔괘를 연구하던 서쪽제후 문왕(文王; 周나라 무왕의 아버지)이 충고해도 듣지 않고 유리옥에 유폐시킨다. 숙부인 비간(比干)이 무도함을 간(諫)하자 덕(德)이 완전한 성인(聖人)은 심장에 일곱 개의 구멍이 있다는데 보자며 심장을 도려내 죽이고 또 다른 숙부 기자(箕子)는 거짓 미친 체하니 가두고 종을 삼았다. 이에 신하 산의생이 주왕(紂王)과 달기에게 보옥과 미녀를 헌납하고 서백문왕(西伯文王)을 유리옥에서 풀려나게 하였다. 폭군 주왕(紂王)은 다시 문왕의 충성을 실험하려 맏아들 백읍고(伯邑考)를 죽여 떡국과 함께 가마솥에 삶아 문왕에게 먹게 하니 문왕은 훗날을 위해 슬픔과 분노를 참고 모르는 척 먹었다.

은(殷)나라 말기 문왕의 아들 창(昌; 뒷날 武王)은 문왕의 팔괘(八卦)와 기자가 물려준 오행의 법인 홍범(洪範)을 연구하고 빈 낚싯줄로 때를 기다리던 강태공(姜太公; 제나라 시조 呂尙)을 만나 폭군을 몰아내고 주(周)나라를 세운다.

홍범(洪範)은 토지를 9궁으로 나누고 중앙(中央)을 세금으로 거두어 백성을 다스리는 법이다. 이때 고죽국(孤竹局; 湯 임금이 봉한 나라. 군주의 성은 묵태[墨胎], 이름은 초[初], 자는 조[朝]이다) 군주의 두 아들인 형 백이와 동생 숙제는 아버지의 장례도 치르지 않고 전쟁을 일으킨 무왕(武王)을 섬길 수 없다 하며 수양산(首陽山)에 들어가 주(周)나라 음식을 거부하고 고사리로 연명하다 굶어죽었다.

공자(孔子)께서 백이와 숙제를 들어 "사람다운 인(仁)을 구하여 그것을 얻었다."고 칭찬한 일을 기원전 98년 한(漢) 무제(武帝) 때 사마천의 사기열전(史記列傳) 중 백이열전(伯夷列傳)에 기록한 것이다.

이로써

① 복희씨 선천팔괘와 64괘

② 문왕의 후천팔괘와 64괘, 문자화한 차서와 괘사

③ 주 무왕의 설명을 붙인 384 효사

④ 3천 명을 가르치신 공자(孔子)께서 열 개의 날개란 뜻인 '십익'을 합하여 역(易)은 완성되었다.

역은 원래 간(艮)에서 시작되는 연산역(連山易), 곤(坤)에서 시작되는 귀장역(歸藏易), 건(乾)에서 시작되는 주역(周易)인 삼역(三易)이 있었으나 만리장성을 쌓았던 진(秦) 시황제(始皇帝; 기원전 221~210)의 분서갱유(焚書坑儒) 때 불타 사라지고 오늘날 주(周)나라 때의 주역(周易)이 전해지고 있다.

주역(周易)의 본질은 승강부침(昇降浮沈)·소장진퇴(消長進退)이니 올라가다 보면 내리막이 있고 없어지면 다시 나타나고 나아가면 언젠

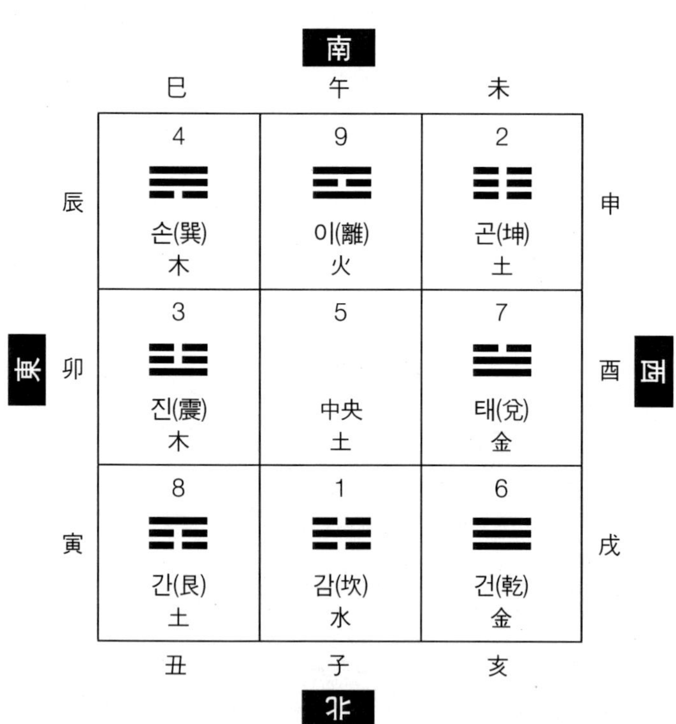

표 1-6 _ 구궁팔괘(九宮八卦)와 12지지(十二地支)

가는 물러남이 있는 천지만물 변화의 이치(理致)를 설명한 것이다.

2. 단군(檀君)

고려 충렬왕(1285) 때 국사 일연(一然)께서 저술한 『삼국유사(三國遺事)』와 고려 인종(1145) 때 김부식의 『삼국사기(三國史記)』에 의하면 중국 요 임금 때 환인(桓因)의 아들 환웅대왕(桓雄大王)께서 풍, 백, 유, 운, 사 무리 3천을 이끌고 태백산 꼭대기 신단수(神檀樹) 아래에 이르러 곡식, 수명, 질병, 선악, 형벌 등 인간의 360가지 일을 주관하셨다. 이때 곰과 호랑이가 환웅께 사람 되길 빌자 신령스런 쑥 한 다발과 마늘 20개를 주면서 100일 기도하면 소원대로 되리라 하니 곰은 참아 삼칠일(21일) 만에 웅녀(熊女)로 변하여 아들을 낳으니 이가 곧 단군왕검(檀君王儉)이시다. 단군왕검은 왕위에 오른 지 50년 되는 기원전 2333년 경인년(庚寅年)에 평양의 아사달(阿斯達)에 도읍을 정하고 국호를 조용한 아침의

지리산 청학동 삼선궁 앞 태극연못(상)과
필자가 풀잎선사와 차 마셨던 장소(하)

땅이라는 뜻인 '조선(朝鮮)'이라 정하고 1천5백 년 동안 나라를 다스렸다.

기원전 221년, 중국을 처음 통일한 시황제가 49세에 죽고 기원전 109년 한나라 무제가 고조선을 멸하자 고구려, 백제, 신라 삼국시대에 이른다.

1) 고구려(高句麗)

요동지역 졸본부여의 하백(河伯)의 딸 유화(柳花)가 천재의 아들 해모수와 정을 통해 알을 낳으니 금와왕은 상서롭지 못하다 하여 길에 갖다 버리라 하였다. 버려진 알은 소나 말도 밟지 않고 새들도 날아와 품어 사내아이가 태어난바, 영특하고 빼어날 뿐만 아니라 활을 잘 쏘아 주몽(朱蒙)이라 불렀다. 기원전 37년, 스스로 성을 고(高) 씨라 하고 나라를 세우니 고구려 시조 동명성왕이시다.

2) 백제(百濟)

기원전 18년, 고주몽의 셋째아들(둘째아들 이라고도 함) 유리가 나라를 세우니 이분이 시조 온조왕이시다.

3) 신라(新羅)

이(李), 정(鄭), 손(孫), 최(崔), 배(裵), 설(薛) 여섯 부의 조상들이 기원전 57년, 알에서 태어난 혁거세(赫居世)를 왕으로 모시고 그 알이 박과 같다 하여 성을 박(朴) 씨라 하였다. 우리나라 286 가지 성씨(姓氏)를 살펴보면 기자조선의 이(李)씨, 박혁거세의 박(朴)씨, 발해 대조영의 대(大)씨, 단군의 후손 연안 차(車),담양 전(田), 평산 신(申)씨, 기자조선의 행주 기(奇)씨, 주무왕의 후손 소주 가(賈)씨, 강태공의 후손 평해 구(丘)씨, 공자의 제자 민손의 여흥 민(閔)씨, 아랍계 덕수 장(張)씨 등이 있다. 그중 김(金),이(李),박(朴),최(崔),정(鄭) 우리나라 5대 성씨 중 전체 인구의 1/5를 차지하는 김알지의 후손 김(金)씨. 죽어서도 동해의 용이 되어 호국하겠다는 신라(新羅) 문무대왕의 비문에는 [나는 흉노왕의 후손이다.]라고 적혀 있다.

이 기록이 무엇을 의미하는가?

공개적인 학계의 주장은 "신라 김 씨 왕족은 북방초원에서 한반도로 진입한 흉노족(匈奴族)이다."는 것이다. 이제부터 민족사를 보는 시야를 넓혀보자. 흉노(匈奴)란 중국 한(漢)민족이 초원의 용감무쌍하고 자유분방하며 정직하고 영민한 몽골족을 낮추어 부르는 용어가 아닌가. 환단고기(桓檀古記)에는 알타이 산맥을 중심한 바이칼 호수의 유목민이었던 기마군단은 중국 서북부와 동남부, 티벳(토번),연해주를 포함한 만주, 시베리아와 한반도에 대제국을 세운다. 단오의 기원인 굴원의 글에는 "동이족(東夷族)은 군사대국이요 문화대국이며 황제 헌원의 후예로써 갑골문자의 은나라를 세우고 우왕에게 치수의 법을 전해 주었다."라고 하였다. 중국을 최초 통일한 시황제는 동이족을 막기 위한 만리장성을 쌓는다.

그 후 진시황제를 무너뜨리고 한나라를 세운 유방(劉邦)또한 동이족 위 씨에서 유 씨로 바꾼다. 기원전 109년 한 무제가 환인, 환웅, 단군의 배달국 고조선(古朝鮮)을 치고 낙랑군을 세우자 김일제는 귀순하고 기마대제국은 5부족 16국으로 나뉜다. 천손의 후예 배달국 고조선의 부활을 꿈꿨던 동이족 부여, 고구려(高句麗)의 광개토대왕. 온조 비류를 태우고 소서노가 오다의 인천 소래포구에서의 백제(百濟). 동방의 주인 동이 치우족은 중국에서 보면 돌궐 흉노요. 일부는 서쪽 중앙아시아 우랄산맥을 넘어 키르기즈 초원에서 흑해와 프랑스를 점령하고 유럽 게르만 민족의 대이동을 불러와 결국은 로마제국을 붕괴시킨 훈족의 아틸라황제. 훈이란 흉노의 발음이다.

현재 헝가리는 왼쪽에 성을 쓴다. 또 일부인 알타이산맥의 퉁구스의 선비흉노는 배를 타고 한반도 부산을 거쳐 김해 가락국을 이룬 김일제의 동생 김윤의 5대손 김해 김수로왕. 일본 고대국가를 형성하는 루트가 된다. 또 일부는 오르도스의 문명을 이룬 내몽골을 거쳐 평양, 경주에 이른 김일제의 7대손 흉노의 왕자 김알지. 평양과 경주의 옛 이름인 서라벌이 넓은 들판이란 뜻이 아닌가. 그는 선사시대부터 농경사회를 이뤘던 남방계 고인돌 지석묘의 토착세력을 장악하고 신라(新羅)를 세운다.

중요한 단서가 되는 신라의 천마총, 황남대총의 적석목관능은 시신을 목관 안에 넣고 냇돌을 쌓은 후 봉토를 입히는데 목관이 오래되어 무너지면 냇돌이 자연스럽게 무덤을 메워 도굴을 방지하는 묘장법이다. 오늘날 부장품에는 용감무쌍하고 자유분방했던 기마군단의 마구와 병기, 그리스. 로마 지역과 교역했던 로만글라스의 유리제품, 스키타이 양식의 금은 세공품, 새와 출자 모양의 금 왕관이 출토되었다.

[나는 흉노왕의 후손이다.] 흉노란 중국민족이 비방하는 종이나 노에 아닌 알타이 산맥의 초원 기마 대제국의 민족이요 나중 세계를 제패한 칭기즈칸 또한 황제 헌원의 후예이다. 가락국 김해 김씨. 김해 허씨. 인천 이 씨가 한 핏줄이요 신라 김알지란 알타이어로 한 자식이란 뜻이다.

이후 신라는 가야를 병합, 백제(660)와 고구려(668)를 차례로 멸망시키고 670년에 삼국통일을 이루었다. 말갈(靺鞨)의 추장이었던 대조영(大祚榮)은 고구려 유민을 모아 699년, 나라를 세우니 발해(渤海)이다. 926년, 발해가 거란에게 멸망당하고 쇠약해진 통일신라는 후삼국을 거쳐 궁예의 부하였던 왕건이 또 한 번의 통일을 이루니 고려(936)이다.

1392년 7월 17일, 태조 이성계가 고려를 멸하고 조선을 세움.

1910년 일제가 한일강제합방 발표.

1945년 일본이 제2차 세계대전에 패하자 해방을 맞이함.

1948년 대한민국정부를 수립하고 태조 이성계의 맏아들 양녕대군의 직계손인 이승만 박사를 초대 대통령으로 추대.

1950년 김일성에 의한 6·25동란 발발.

1953년 전쟁이 끝나고 오늘에 이르렀다.

2010 백호 경인년(庚寅年)은 6·25동란 60갑자 환갑 되는 60주년이요, 경술국치 100년이 되는 해이다.

역사(歷史)를 모르면 철학(哲學)을 말할 수 없다 하였다. 지금은 각 대학 등 양지의 학문으로 활발한 연구가 이루어지고 있으나 아직도 역학을 점이나 미신으로 여기는 일제의 잔

폐가 남아 있다. 일제는 우리의 민족말살을 위한 간악한 정책으로 온 산야에 쇠말뚝을 박아 맥을 끊었고 창씨개명을 강요하였으며 장독대에 정화수를 떠놓고 가족 안녕을 비는 것까지 미신의 행위라 겁박하였다. 또한 100년이 되는 오늘날까지 위안부 할머니들의 절규를 외면하고 우리 땅 독도를 다케시마라 주장하며 나치 독일에 대한 독일의 1/100만큼도 역사에 대한 반성을 표하지 않고 있다.

KBS의 「도전 역사퀴즈」 프로그램에 손 PD와 성 아나운서가 활약할 때 필자도 함께 구례 피아골 연곡사에 들른 적이 있다. 구례(求禮) 연곡사가 어떤 곳인가? 국립공원 1호 800리 지리산(智異山)과 두꺼비 섬진강(蟾津江), 동편제의 기상(氣像)이 서린 곳이요 임진왜란 때 호남의병과 구한말의 의병, 해방 후 6·25 때는 남부군의 피맺힌 한이 서린 곳이

지리산 연곡사

다. 단풍이 물들 때면 산과 물과 사람이 함께 삼홍(三紅)을 이루는 피아골 우측 언덕 위 제비계곡 연곡사(燕谷寺) 뒤뜰에는 의병장 고광순 순절비가 있다.

창평 고 씨 명문가의 종손이자 대학자이셨던 고광순 의병장이 순절하시고 3년 후 일제에 의한 경술년(庚戌年) 국치를 당한다. 이때 구례 월곡동 저수지 아래 대월헌에서 『매천야록』을 저술하던 매천 황현(黃玹)은 일제의 국권 침탈에 비분하여 음독 자결하면서 절명시를 남긴다. 『매천야록』을 편집하던 동생이신 황원(黃瑗) 또한 푸르디푸른 저수지에 몸을 던진 곳인 구례 광의면에 매천사우(梅泉祠宇)가 있다. 아, 의병장의 충의와 매천의 절개! 도올 김용옥 선생의 『계림수필』에서 절명시를 다음과 같이 해석하고 있다.

鳥獸哀鳴海岳嚬
槿花世界已沈淪
秋燈掩卷懷千古
難作人間識者人
今日眞成無可奈
輝輝風燭照蒼天

"새와 짐승이 슬피 울고 바다와 산도 낯을 찡그린다.

무궁화 이 강산이 속절없이 망하였구나!

가을 등잔 책상 앞의 책들을 가려

천고의 세월을 되 돌이켜 보게 한다.

아, 참으로 이 세상에서 지식인 노릇하기 어렵구나.

이제는 더 이상 어찌할 도리 없네.

가물거리는 바람 속 촛불 내 혼령이 날아갈

저 푸른 하늘을 비추는구나."

2010년 1월 일요일, 가족과 함께 인천역 앞 자유공원에 다녀왔다. 홍선대원군 합하(이하응[李昰應])께서 10여 년간 칼을 갈았던 영종도(永宗島) 용궁사가 있는 인천국제공항에서 큰 아이 미국 출국을 배웅하고 경제대국을 이룩한 대한민국의 인천대교를 건너 도착한 우리나라 최초의 서구식 자유공원(自由公園), 자장면의 발상지, 인천상륙작전의 월미도가 내려다보이는 그곳에 영웅 맥아더 장군이 있다.

우리의 역사 중에 후손인 우리에게 남겨진 문제는 남북통일과 되찾아야 할 북방영토라 생각한다. 고조선과 부여, 고구려, 발해가 3천 년이나 지배하고 호령했던 광개토대왕의 땅. 콩이 많이 나는 두만강(頭滿江) 너머 지금은 중국 연변인 송하 강이 흐르는 간도와 러시아 연해주가 된 우수리 강과 아무르 강(흑룡강)의 드넓은 우리의 영토. 강제로 맺어진 을사보호조약이 무효라면 청나라에 넘어간 간도협약도 당연히 무효라고 할 수 있다. 역사의 흥망성쇠(興亡盛衰)는 돌고 도는 법(法).

3. 사주명리학(四柱命理學)

중국에 바둑이 있다면 우리나라는 윷이 있다. 오늘날에도 해가 바뀌는 새해 설날에 윷놀이를 하는데, 윷에는 우주운행의 비밀이 숨어 있다.

윷은 태극(太極)인 박달나무를 쪼개어 음양(陰陽)을 만들고 다시 네 개로 나누어 사상(四象), 앞뒤 팔괘(八卦)에 도, 개, 걸, 윷, 모의 오행(五行)을 돌려 제왕을 비롯한 지배계층에서는 전쟁과 농사 등 백성들의 안위에 대한 불확실한 미래의 비밀, 즉 천문, 지리, 인사 등에 북극성을 중심으로 28수를 돌려 4280년 선천(先天)을 마치고 후천(後天)을 맞이하는 우주 운행의 뜻이 들어 있다. 즉, 윷은 넉 동[四棟] 빼기를 하는데 한 접은 100이요 한 동은

1천으로 넉 동은 4천이며 북극성을 중심한 28수가 십자형으로 280수이니 합하면 4280년
이 선천이다.

이것은 중국보다 발달한 휴대용 천문관측기구이며 중국 기문이 연국(煙局) 중심이라면
우리나라는 '넓다'라는 뜻인 홍국(洪局) 중심으로, 고구려 유리왕 때 을소 라는 대신의 손자
인 을파소(乙巴素), 고구려의 강감찬 장군, 조선 명종 때 임진왜란을 예언한 남사고(南師古),
조선의 서화담(徐花潭), 토정비결의 이토정(李土亭) 등 많은 연구가 계속되어 오고 있다.

오늘날 역(易)의 통칭인 '사주명리학'은 황제의 구중궁궐에서 황제학(皇帝學)으로 전수되어
오다가 군사(軍事), 과학(科學), 의학(醫學), 철학(哲學), 정치(政治), 경제(經濟), 기상(氣像) 등
국가의 흥망성쇠는 물론 농어민의 생업과 인간의 운명(運命)까지 연구되어 오고 있다.

1) 사주명리학의 종류

역(易)　·주역(周易): 주(周)나라때의 易

　　　　·관상(觀相): 골상, 족상

　　　　·기문둔갑(奇門遁甲): 三奇 天地人 乙丙丁과 甲의 핵심을 庚으로 보호 둔갑하는
　　　　　　　　　　　　　삼기육의(三奇六儀)의 줄임말.

　　　　·사주학(四柱學)

　　　　　정통사주(正統四柱)

　　　　　기문사주(奇門四柱)

　　　　　육효사주(六爻四柱)

　　　　　월영도(月影圖): 일명 토정비결(土亭秘訣)

　　　　·구궁(九宮)

　　　　·풍수지리(風水地理)

　　　　·하락이수(河洛理數)

　　　　·자미두수(紫薇斗數)

　　　　·수상(手相)

　　　　·육임(六壬): 점술의 황제

　　　　·이기(理氣)

　　　　·성명(姓名)

　　　　·구성학(九星學)

　　　　·단시점(斷時占): 제갈공명이 말 위에서 친 점

· 매화역수(梅花易數): 중국 송나라 때 소강절(邵康節;1011~1077) 선생이 매화를
　　　　　　　　　　 감상하다가 새가 떨어진 것을보고 이웃집 처녀가 다리를
　　　　　　　　　　 다칠 것을 예언함
· 육효점(六爻占)
· 점성술(占星術): 서양의 별자리 점

2) 사주(四主)

　사람이 태어난 해, 달, 일, 시의 간지를 말함인데, 열 개의 천간(天干)과 12지지(地支)를 출생 연월일시에 대비하여 타고난 여덟 글자를 사주팔자(四柱八字)라 하고 이를 연구하는 것을 사주학(四柱學) 또는 명리학(命理學)이라 한다. 조선의 과거시험 답안지뿐만 아니라 오늘날 인간의 운명, 동물의 출생일시나 각 정당의 창당일, 회담일, 건물의 완공 일시에 대해서도 추론하기도 한다. 실생활에서 혼인 때 신랑의 출생 연월일시 사주단자(四柱單子)를 신부 집에 증표로 적어 보내면 신부 집에서는 길일(吉日)을 택해 한지에 혼인 날짜를 다섯 면으로 접어 보내기도 한다.

　위 보기에서처럼 신(神)이란 신비한 자연의 질서를 말하는 은유적 표현인바 몽골 샤머니즘과 각 나라의 토속신앙 등 점성술 또한 정당한 것을 물어야지 사악한 것을 묻는 것은 금기시한다. 통칭 역(易)을 연구하는 것은 신과 인간의 조화(造化)와 겸손의 중정(中正) 사상은 물론 공자(孔子)께서 말씀하신 온고지신(溫故知新)이니 옛것을 알고 새로운 것을 알면 남의 스승이 될 뿐만 아니라 과거, 현재, 미래를 예측하고 취길피흉(取吉避凶)할 수 있게 되는 것이다.

　그러므로 본 학문을 연구하는 독자 제위는 사주명리(四柱命理)가 교과서라면 기문둔갑(奇門遁甲)은 참고서요 염라대왕의 장부라는 별칭이 있듯이 함께 연구하기를 꼭 당부한다.

4. 음양오행(陰陽五行)

음양오행은 우주만물을 생성(生成)하는 절대적 요소로서 대자연의 법칙과 도(道)이다.

1) 음(陰)

그늘 음, 암컷, 낮은 것, 아래 하(下), 땅, 어둠, 달과 밤, 가을 겨울, 길짐승, 오목한 것, 여성적, 부드럽고 느리고 복잡하다, 어둡고 약하고 미끄럽고 살찐 편, 비활동적, 내성적, 소극적, 짝수 2, 4, 6, 8, 10

2) 양(陽)

볕 양, 수컷, 높은 것, 위 상(上), 하늘, 밝음, 해와 낮, 봄여름, 날짐승, 뾰족한 것, 남성적, 억세고 급하고 단순하다, 밝고 강하고 거칠고 마른 편, 활동적, 외향적, 적극적, 홀수 1, 3, 5, 7, 9.

음양(陰陽)은 본래 일기(一氣)에서 분열하여 별개이면서 공존한다. 또한 음이 있으므로 양이 존재하고 양이 있으므로 음이 존재하니 상대적이며, 음이 변하여 양이 되고 양이 변하여 음이 되므로 음양의 변화는 생극제화(生剋制化)의 법칙이 함께한다.

즉, 음이 생(生)하는 곳에 양은 사(死)하고 양이 생하는 곳에 음은 사하며 음생음(陰生陰)·양생양(陽生陽)하고 음극음(陰剋陰)·양극양(陽剋陽)하며 음생양(陰生陽)·양생음(陽生陰)하기도 한다.

음생음(陰生陰)이란 마치 어머니와 딸의 관계처럼 같은 성(性)의 친구이자 동지요 희생의 모성으로 생(生)하는 것이다. 음극음(陰剋陰)이란 마치 며느리에게 가혹한 시어머니처럼 여자의 적(敵)은 여자와 같은 것이다. 오늘날 컴퓨터의 0은 음이요 1은 양이니 시생(始生)하고 성장(成長)하며 쇠멸(衰滅)하는 대자연의 이치(理致)가 있다. 그러므로 독자 제위는 스스로 이러한 이치를 깨달아야 할 것이다.

3) 오행(五行)

목화토금수(木火土金水) 다섯 가지 성분이 서로 생극제화(生剋制化)하면서 사계절(四季節)에 따라 천변만화(千變萬化) 변화하여 흐르는 이치이다.

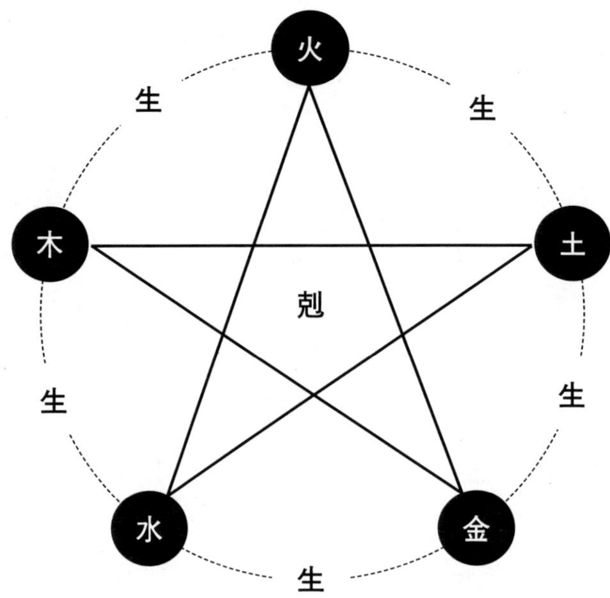

목(木): 지구상의 풀과 나무
화(火): 태양과 불
토(土): 지구의 땅과 흙
금(金): 쇠와 금·은·동
수(水): 비, 강과 바다의 모든 물

生: 木生火, 火生土, 土生金, 金生水
剋: 木剋火, 土剋水, 水剋火, 金剋木

표 1-6 _ 오행생극도(五行生剋圖)

4) 간지음양오행(干支陰陽五行)

간지란 천간(天干)과 지지(地支)를 줄인 말이다.
천간(天干): 열 가지로, 십 천간(十天干)이라고도 한다.

甲	乙	丙	丁	戊	己	庚	辛	壬	癸
갑	을	병	정	무	기	경	신	임	계

지지(地支): 열두 가지로, 12지지(地支)라고도 한다.

자	축	인	묘	진	사	오	미	신	유	술	해
子	丑	寅	卯	辰	巳	午	未	申	酉	戌	亥
쥐	소	범	토끼	용	뱀	말	양	원숭이	닭	개	돼지

陰陽 干支	陽	陰	陽	陰	陽	陰	陽	陰	陽	陰
天干	甲	乙	丙	丁	戊	己	庚	辛	壬	癸
地支	寅	卯	巳	午	辰·戌	丑·未	申	酉	亥	子

표 1-7 _ 간지의 음양오행(陰陽五行)

주의

명리(命理)에서 지지(地支) 巳午亥子는 체와 용이 바뀌게 된다. 중국 고대 황제(黃帝)가 치우(蚩尤)를 치기 위해 하늘에 축원기도 후 창안했다는 천간과 지지 중 천간(天干)은 열 가지 하늘의 모양을 본떠 일명 십간(十干)이라고도 한다. 간은 방패 '간(干)'을 쓰나 원뜻은 나무의 줄기, 몸, 뼈대 간(幹)을 의미한다.

甲丙戊庚壬 다섯 가지를 오양간(五陽干)이라 하고 乙丁己辛癸 다섯 가지를 오음간(五陰干)이라 한다. 지지(地支)는 천간의 배필로 열두 가지 땅의 모양을 본떠 일명 십이지지(十二地支)라 한다.

지(支)는 지탱할 지, 버틸 지를 쓰나 나뭇가지[枝]라는 뜻을 내포한다. 지지(地支)는 子에서 시작하여 亥에서 끝남이 곧 시작이니, 만물생성의 근원과 양변음(陽變陰)·음변양(陰變陽)하는 자연의 순환법칙을 나타낸다.

십 천간에 12지지를 돌려 지구가 자전하는 이치를 나타내는 육십갑자(六十甲子)는 甲이 여섯 번 움직여 1년의 음력 일수인 360×360＝129600년의 천지개벽의 수와 천간과 천간, 지지와 지지, 천간과 지지의 생극제화(生剋制化) 변화(變化)를 공부하는 것이 명리학(命理學)의 핵심이다.

5. 절기(節氣)

우리가 살고 있는 지구는 스스로 자전하면서 태양을 공전 순환한다. 절기(節氣)란 지구가 1년간 태양을 공전하는 것을 24절기로 나눈 것으로, 황도를 15일씩 나누어 12절(節)과 12기(氣)를 합하여 24절기라 한다.

명리학(命理學)은 양력(陽曆)도 음력(陰曆)도 아닌 절기력(節氣曆)을 기준 한다.

① 입춘(立春) - 봄이 선다는 뜻으로, 입춘대길(立春大吉)·건양다경(建陽多慶) 등 새해의 복을 비는 풍습이 있다.

우수(雨水) - 봄비가 내려 초목이 싹트는 이때는 대동강의 얼었던 물도 풀린다고 한다.

② 경칩(驚蟄) - 겨울잠을 마친 동물들이 놀라 꿈틀거림.

춘분(春分) - 봄을 나누는 것으로, 밤낮의 길이가 같다. 가을의 추분과 대조.

③ 청명(淸明) - 따뜻한 동남풍이 불어 날씨가 맑고 밝다.

곡우(穀雨) - 농사에 유익한 비가 내려 곡식이 잘 자라게 된다.

④ 입하(立夏) - 여름이 서게 되니 여름의 시작.

소만(小滿) - 보리가 익음.

⑤ 망종(芒種) - 까끄라기 망(芒). 보리와 같은 까끄라기 곡식이 익어 먹게 되고 벼 종자를
심어 시름을 잊는다.

하지(夏至) - 낮이 길고 밤이 가장 짧다.
기문둔갑 음둔(陰遁)의 시작.

⑥ 소서(小暑) - 가벼운 더위. 본격적인 여름.

대서(大暑) - 큰 더위.

※삼복(三伏; 초복은 하지 후 세 번째 庚日, 중복은 네 번째 庚日, 말복은 입추 후 첫 번째 庚日)

⑦ 입추(立秋) - 가을이 선다는 뜻으로, 가을의 시작.

처서(處暑) - 더위가 그침. 모기의 입도 삐뚤어지는 때.

⑧ 백로(白露) - 흰 이슬이 내림.

추분(秋分) - 가을을 나누다. 밤낮의 길이가 같다. 춘분과 대조.

⑨ 한로(寒露) - 찬 이슬이 내림.

상강(霜降) - 서리가 내림.

⑩ 입동(立冬) - 겨울이 선다는 뜻으로, 겨울의 시작.

소설(小雪) - 작은 눈이 내리기 시작.

⑪ 대설(大雪) - 큰 눈이 내림.

동지(冬至) - 밤이 가장 길고 낮이 짧다.

기문둔갑의 양둔(陽遁)의 시작점. 옛날에는 한 해의 시작으로, 오늘날에는 작은설이라 하여 액
운을 막기 위해 팥죽을 끓여 먹는 풍습이 남아 있다.

일부 학자들은 최초의 사주(四柱) 甲子 연월일시가 되기 위해서는 동지기준설(冬至基準設)을 주
장하기도 하나 자평명리학(子平命理學)에서는 입춘(立春)을 기준한다.

⑫ 소한(小寒) - 대한이 소한 집에 놀러왔다 얼어 죽었다는 추위.

대한(大寒) - 큰 추위.

6. 만세력(萬歲曆) 보는 법

천상열차분야 지도

우리나라에서 사용하는 1만 원권 지폐에는 앞면에 세종대왕, 뒷면에는 북두칠성 A와 B의 5배 거리에 북극성(北極星)을 중심한 조선의 천문도인 국보 228호 「천상열차분야 지도」와 1669년 조선 현종 때 송이영이 만든 국보 230호 혼천의 시계가 있다. 천상열차분야 지도는 1395년 조선 태조 때 고구려의 천문도를 기본 자료로 만든 것이다.

2008년 4월 8일, 우리나라 최초의 우주인 이소연 박사가 우주로 들고 간 것도 「천상열차분야 지도」였다.

현재 전 세계에서 사용하는 양력(陽曆)은 기원전 46년, 로마의 율리우스 시저가 이집트 원정 때 매년 라인 강의 범람과 천체의

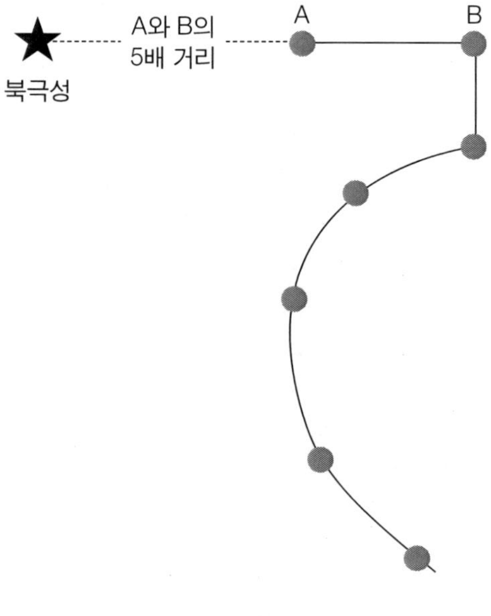

움직임을 비교 관측하여 이집트 수학자들이 만든 역법(曆法)을 보고 만든 것이다. 1년을 365일로 하되 4년에 한 번 윤일(閏日)을 두어 만들었으나, 지구가 태양 주위를 한 바퀴 공전하는 데 걸리는 기간이 365.2422일인데 율리우스력은 365.25일이므로 0.0078일의 오차가 발생하였다. 이에 1582년, 교황 그레고리우스 13세는 각 교회와 의논한 끝에 10월 5일을 10월 15일로 한다는 새 역법을 만들어 공표하였다. 새 역법 또한 30일과 31일을 불규칙하게 두고 2월의 경우 평년은 28일, 윤년은 29일을 둔 불완전한 역법이다.

음력(陰曆)은 일명 태음력(太陰曆)으로, 태양계의 수, 금, 지, 화, 목, 토, 천, 해, 명 아홉 개의 별 중 지구의 위성인 달의 변화 주기 29.53059일을 한 달로 하여 농경생활에 널리 응용되어 왔으나 1년은 354.357일이 되므로 10일 8852의 차이가 발생하게 된다.

명리학(命理學)에서 사용하는 만세력(萬歲曆)을 1/10로 줄인 천세력이라는 것도 있으나 오늘날 사주명리는 윤년(閏年)과는 상관없이 중국 송(宋)나라 때 서자평(徐子平) 선생이 작은설이라는 동지(冬至) 기준에서 입춘(立春)을 기준으로 새해를 정하고, 그동안 연주(年主) 중심에서 태어난 날을 중심한 사주(四柱) 전체의 왕쇠(旺衰)와 강약(强弱)을 참고 중화용신(中和用神)으로 운명을 판단하게 되었다.

그러나 기문둔갑(奇門遁甲)은 현재도 고법(古法)에 충실하여 동지(冬至)와 하지(夏至)를 기준으로 한다.

사주 작성의 예

※양력 2009년 1일 1일생

시	일	월	년
0	丙	甲	戊
0	午	子	子

※양력 2009년 2월 4일생

시	일	월	년
0	庚	丙	己
0	辰	寅	丑

사주명리는 1월 1일 양력(陽曆)도 설날의 음력(陰曆)도 아닌 입춘(立春)을 기준으로 한 24절기력(節氣曆)을 사용하므로 1월 1일생은 소(丑)띠가 아닌 전년(前年)의 쥐(子)띠가 된다.

그러므로 양력 1월 1일에 33회 제야의 종소리 끝과 함께 우직하고 근면한 소띠 새해가 밝았다는 방송은 철모르는 사람들의 철없는 이야기이다.

※양력 2009년 6월 23일생

시	일	월	년
0	己	庚	己
0	亥	午	丑

이날은 음력으로 윤(閏) 5월 1일이나 사주명리는 윤년(閏年)과 상관없이 그대로 만세력을 참고하여 사주(四柱)를 작성하면 된다.

시간을 잃어버린 민족, 대한민국

지구는 23.5도 기울어져 태양을 중심으로 공전과 자전을 하고 있다. 우리나라 초대 대통령인 이승만의 16년 정권을 1961년 5월 16일 쿠데타로 무너뜨린 박정희 장군은 이 해 8월 10일, 대한민국 세계 표준시를 서울 127도 30분에서 일본의 시간인 동경 135도를 기준으로 한다고 발표하였다.

어찌 일본 동경의 정오(正午) 12시가 서울의 12시란 말인가? 원래 오(午)시라면 11시부터 13시 까지 2시간을 말한다. 서울은 일본보다 32.05분 후에 정오가 되므로 필자는 인위적 표준시보다는 물리적 자연시(自然時)를 따른다. 그러므로 오늘날 서울에서 11시 32분부터 13시 32분에 출생하였다면 오(午)시가 된다.

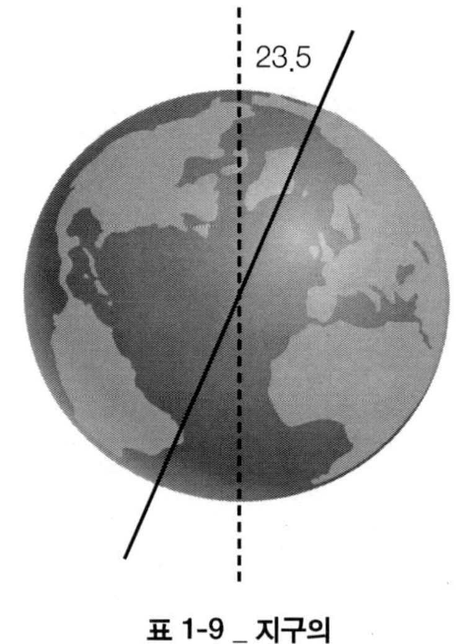

표 1-9 _ 지구의

참고	목포	인천	광주	서울	대전	강릉	부산	포항
	34.26	33.32	32.17	32.05	30.19	24.23	23.48	22.33

사주(四柱)에서 시주(時柱)를 잘못 작성하게 되면 사주팔자 중 두 자(字)가 잘못된 것이니 사주육자(四柱六字)가 되는 것이요, 그만큼 운명을 판단하는 데 큰 착오를 일으키게 되는 것이다. 그러므로 민족의 주체의식을 위해서도 표준시간을 빨리 찾아와야 할 것이며 되찾아 오기 전까지는 자연시를 따르는 것이 옳다. 또한, 세계인을 판단할 때는 미국, 중국, 일본 등 제 나라 시간을 그대로 따르면 될 것이다.

7. 시주(時柱) 작성법

예를 들어 2009년 1월 1일 오전 11시 30분 서울 출생자일 경우 만세력을 참조하여 사주 (四柱) 연월일을 작성한다.

0	丙	甲	戊
0	午	子	子

시주(時柱)를 작성하는 데는 두 가지 방법이 있다.

태어난 일간(日干)에 따라 외우는 방법
甲己일 甲子시부터
乙庚일 丙子시부터
丙辛일 戊子시부터
丁壬일 庚子시부터
戊癸일 壬子시부터

태어난 일간(日干)의 합화된 오행(五行)을 극(剋)하는 양간(陽干)을 사용하는 방법
위 보기처럼 丙火 일간이므로 丙辛 합화 수(水)
수(水)를 극하는 오행은 토(土)
양간(陽干)만을 사용하므로 무토(戊土)
월(月)은 인(寅)월부터 시작되고
시(時)는 자(子)시부터 시작되므로
무자(戊子)시부터 순행하여 서울 11시 30분은 사시(巳時)가 되므로 무자, 기축, 경인, 신

묘, 임진, 계사 순으로 육십갑자(六十甲子)가 이루어져 계사(癸巳)시가 된다. 일부 역학자는 오시(午時)라 주장한다.

완성된 사주(四柱)

時	日	月	年
癸	丙	甲	戊
巳	午	子	子

1) 정자시(正子時)와 야자시(夜子時)

일부 역학자는 자시(子時)를 자정(子正)을 기준으로 하여 0시 이후를 정자시(正子時), 밤 11시부터 0시까지를 야자시(夜子時)라고 주장하기도 하나 필자는 취하지 않는다. 하루가 교차되는 자시에서 하루가 지났다면 다음날이요, 아직 지나지 않았다면 오늘인 것이다.

2) 서머타임

만세력을 참조하여 그대로 사용하면 될 것이다.

사주 응용(四柱應用)

時	日	月	年
시간	지구	달	해
실(實)	화(花)	묘(苗)	근(根)
자식, 수하	본인(本人), 배우자	부모, 형제	조상, 부모
말년	중말년	중년	초년
후세	가정	사회	국가
미래		과거	
뒤		앞	
우		좌	

표 1-10 _ 사주응용도

1. 운(運)

1) 대운법(大運法)

사주(四柱)에 대운 간지를 작성할 때는 만세력을 참고하여 출생한 해(年)를 기준으로 한다.

양남음녀 미래절 순행(陽男陰女 未來節 順行)
음남양녀 과거절 역행(陰男陽女 過去節 逆行)

태어난 월주(月柱)에서부터 천간 지지와 함께 육십갑자(六十甲子)
양남음녀 순행(順行)하고
음남양녀 역행(逆行)한다.

2) 대운수(大運數) 작성법

오양간(五陽干; 甲丙戊庚壬) 해(年)에 태어난 남자
출생한 생일(生日)에서부터 앞으로 다가오는 미래절(未來節)까지의 총일 수를 3으로 나눈
후 나머지 수가 1인 경우 절산(切算)하여 버리고 나머지 수가 2인 경우 가산(加算)한다.

오음간(五陰干; 乙丁己辛癸) 해(年)에 태어난 남자

출생한 생일(生日)에서부터 지나온 과거절(過去節)까지의 총일 수를 3으로 나눈 후 같은 방법으로 절산, 가산한다.

예) 양력 2009년 1월 1일

時	日	月	年
0	丙	甲	戊
0	午	子	子

男(하늘의 목숨 乾命) 대운수(大運數); 1

61	51	41	31	21	11	1
辛	庚	己	戊	丁	丙	乙
未	午	巳	辰	卯	寅	丑

女(땅의 목숨 坤命) 대운수(大運數); 8

68	58	48	38	28	18	8
丁	戊	己	庚	辛	壬	癸
巳	午	未	申	酉	戌	亥

예) 양력 2009년 2월 4일

時	日	月	年
0	庚	丙	己
0	辰	寅	丑

男(乾命) 대운수(大運數); 0

60	50	40	30	20	10	0
己	庚	辛	壬	癸	甲	乙
未	申	酉	戌	亥	子	丑

女(坤命) 대운수(大運數); 0

60	50	40	30	20	10	0
癸	壬	辛	庚	己	戊	丁
酉	申	未	午	巳	辰	卯

예) 양력 2009년 1월 6일

時	日	月	年
0	辛	乙	戊
0	亥	丑	子

男(乾命) 대운수(大運數); 10

60	50	40	30	20	10
辛	庚	己	戊	丁	丙
未	午	巳	辰	卯	寅

※대운수가 10인 경우는 세운을 참조

1	2	3	4	5	6	7	8	9
戊	己	庚	辛	壬	癸	甲	乙	丙
子	丑	寅	卯	辰	巳	午	未	申

女(坤命) 대운수(大運數); 1

61	51	41	31	21	11	1
戊	己	庚	辛	壬	癸	甲
午	未	申	酉	戌	亥	子

3) 대운(大運)

　대운(大運)은 사주명(四柱命)에 절대적인 영향을 주면서 10년에 한 번씩 교차 순환되므로 "10년이면 강산도 변한다", "화무십일홍(花無十日紅)"이라는 말이 있다. 사주 본명(本命)이 전생의 인연(因緣)에 따른 선천적(先天的)으로 타고난 차나 선박이라면 대운(大運)은 이 세상에 태어나 만나게 되는 인생항로요 차도(車道)요 후천적인 운(運)이라고 할 수 있다. 물론 중화(中和)를 이룬 완전한 명(命)은 어떠한 운(運)이 와도 구애됨 없이 발전하고 순탄한 명을 살아갈 수 있으나 대부분 중화(中和)를 잃고 치우친 명은 운(運)의 영향에 따라 길흉화복(吉凶禍福)을 피할 수 없는 숙명(宿命)을 안고 있다.

　사주 본명(本命)과 대운(大運)을 합하여 운명(運命)이라고 한다. 대만에서는 명운(命運)이라고도 한다. "명(命) 좋은 것이 운(運) 좋은 것만 못하다."는 말이 있다. 타고난 명(命)이 좋아도 운(運)을 만나지 못하게 되면 청운(靑雲)의 큰 뜻을 이룰 수 없게 되고, 반대로 명(命)이 부족해도 운(運) 때를 만나게 되면 뜻을 이룰 수 있게 된다. 그러므로 운(運)이 있다면 반드시 복(福)이 있다.

　요사스런 사람도 복(福)을 만나게 되고 훌륭한 사람도 재앙(災殃)을 만날 수 있는 것이니 "운명(運命) 아는 자, 하늘을 원망치 않는다."고 하였다. 지금은 때가 아님을 안 강태공(姜太公)은 빈 낚시를 드리우고 은인자중 수신제가(修身齊家) 후 주 무왕(周武王)을 만나 공(功)을 이룬다. 영웅은 때를 만나야 공을 세우듯 마치 물속에 잠긴 잠룡(潛龍)이 얼음이 녹고 때를 얻게 되면 하늘로 승천하고 봉황새는 크게 날갯짓하며 장군이 백만 대군을 얻고 백마에 은 안장을 얹어 출병할 수 있는 것은 모두가 대운(大運)에 달린 것이다.

　그러나 운(運) 때를 알지 못하고 경거망동(輕擧妄動)하게 되면 깜깜한 어둠속에서 역풍을 만나는 것처럼 배는 암초에 부딪쳐 전복되고 파선하게 될 것이다. 운(運)은 언제나 오는 것도 아니요 영원히 오지 말라는 법도 없다. 사주 본명(本命)이 싹이요 시작이라면 운(運)은 자신이 다스리는 땅과 바다요 뿌리며 결과이다.

　일부 명리학자는 천간(天干) 5년, 지지(地支) 5년으로 대운(大運)을 나누어보기도 하나 대운(大運)은 상하(上下) 끊어서 보지 말 것이며 지지(地支)를 중히 여기되 천간(天干) 또한 가볍게 여겨서는 안 된다. 그러므로 운명(運命)을 볼 때는 본명만을 가지고 논(論)하지 말 것이며 후천의 결과인 대운(大運)까지 살펴 결론을 내려야 한다.

　상명(上命)은 길운(吉運) 때 기회를 놓치지 않고 크게 발전하고 흉운(凶運)이라도 안부존영하고 비교적 평온하다. 하명(下命)은 호운(好運) 때 잠시 잔칫집에 들른 것뿐이니 즐겁고 의록은 있으나 비운(悲運) 때는 부족한 명이 운(運)에서조차 취할 게 없게 되어 가난하지 않으면 천(賤)할 것이요 흘러 떠다니게 된다.

대운(大運)

寅卯辰 때 동방목운(東方木運)
巳午未 때 남방화운(南方火運)
申酉戌 때 서방금운(西方金運)
亥子丑 때 북방수운(北方水運)이라고 한다.

4) 세운(歲運)

대운이 10년 동안 자신이 다스리는 땅이라면 연운(年運) 또는 세운은 1년 동안 내가 만나는 사람이며 한 해의 특징적인 사건이다. 소운(小運) 또는 신수(身數)라고도 한다.

참고

· 월운(月運) : 1개월의 운(運)
※주의: 양력도 음력도 아닌 절기(節氣)를 기준으로 하여야 한다.
· 일운 또는 일진(日辰) : 하루의 운
· 시운(時運) : 2시간의 운을 말한다.

대운은 지지(地支)를 중히 여기나 세운은 천간(天干)을 중히 여기되 지지 또한 가볍게 여겨서는 안 된다.

그러므로 사주 본명을 천(天), 대운을 지(地), 세운을 인(人)이라 하는 것은 임금 왕(王)자도 셋이요 해·달·별, 하늘과 바다, 흙과 바람의 땅이요 국가에는 행정·입법·사법이 있고 유교에서는 군·사·부, 불교에서는 법신·보신·화신이요 기독교에서는 성부·성자·성신을 말함이며 가정에서는 부모와 자신과 자손이 있는 것이다.

역(易)의 원리는 변화에 있다. 사주명은 운(運)에 따라 더디거나 일찍 발복하게 되는데, 운(運)이 왔다고 즉시 바뀌는 것은 아니니 곧바로 활동을 권유했다간 난처한 입장에 놓일 수도 있다.

양지동차강(陽地動且强) 속달현재상(速達顯災祥)
음지정차전(陰地精且專) 비태매경년(否泰每經年)

즉, 12지지 중 子寅辰午申戌의 양지(陽支)는 성정이 동적이요 기세가 강건하여 재앙이

든 길상이든 길흉(吉凶) 작용이 대단히 빠르게 나타나고, 12지지 중 丑卯巳未酉亥의 음지(陰支)는 성정이 정적이고 기세가 단순하여 길흉(吉凶)이 해를 경과한 후에야 알 수 있다 하였다.

적천수에
휴구계호운 역계호세(休咎係乎運 亦係乎歲)

좋고 나쁜 것은 대운(大運)에 달렸고, 더욱 중요한 것은 세운(歲運)에 있다는 뜻이다. 그러므로 대운이 아무리 좋아도 세운에서 형충파해 비운(悲運) 때는 세운이 비켜갈 때까지 경거망동(輕擧妄動)해서는 안 된다. 대운, 세운을 행운(行運) 또는 운로(運路)라 하는데 행운의 흐름이 희용신운으로 흐르면 운로가 좋다고 하고 반대로 기구신운으로 흐르면 운로가 나쁘다고 한다. 운(運)은 연월일시 사주육친(六親)에도 대비 형충회합을 잘 살펴 논(論)하여야 한다.

5) 복음년(伏吟年)

움직이지 못하고 엎드려서 신음한다는 뜻으로, 사주 연지와 같은 글자가 들어오는 해를 말한다. 또한 기문구궁에서 육의 삼기를 중심으로 한 연국(烟局)이 甲甲 乙乙 丙丙 처럼 같은 천지반 때 해당한다.
복음년(伏吟年) 때 해당 육친(六親)이 흉(凶)을 맞게 된다. 가령 부모 때는 부모님이나 장인·장모, 가까운 웃어른 중에 초상을 치르게 된다.

6) 삼재(三災)

세 가지 재앙을 뜻하는데, 사주 연지(年地)를 중심으로 세운에서 들어오는 신살(神殺)이다.

亥卯未생 巳午未년
寅午戌생 申酉戌년
巳酉丑생 亥子丑년
申子辰생 寅卯辰년에 삼재(三災)가 든다 한다.

3년 중 첫해를 '들 삼재', 둘째 해 묵는 '잘 삼재', 마지막 해를 '날 삼재'라 한다. 삼재는 삼재팔난(三災八難)이니 세 가지 재앙(災殃)과 여덟 가지의 어려움을 말한다. 즉, 수재(水災), 화재(火災), 풍재(風災)의 자연재앙과 인간의 모든 어려움을 말한다.

불교에서는 악(惡) 삼재를 삼재풀이로 액땜을 하기도 한다. 그러나 길운(吉運) 때는 배가 길(吉)하므로 복(福) 삼재이기도 하다.

7) 삼살방(三煞方)

이사할 때 삼합오행에서 대각선으로 마주보는 방향을 말한다.

亥卯未년 서쪽(西)
寅午戌년 북쪽(北)
巳酉丑년 동쪽(東)
申子辰년 남쪽(南)으로 이사하게 되면 살아서 나갈 수 없다는 흉(凶) 방향을 말한다.

> **참고** 하늘 9, 지하 10이라 하여 9일과 10일에 손 없는 날을 택해 이사하기도 한다.

8) 개두(蓋頭)와 절각(截脚)

(1) 개두(蓋頭)
대운, 세운에서 지지(地支) 용신이 천간에 흉신(凶神)을 모자처럼 쓰고 있어 천간의 운을 사용하지 못할 때 사용하는 말이다.
예) 木 용신 때 庚寅, 辛卯 운(運)이면 길(吉)이 반감된다.

(2) 절각(截脚)
대운, 세운에서 천간(天干) 용신이 지지에 마치 다리가 잘린 것처럼 장애가 있어 천간을 온전히 사용하지 못할 때를 말한다.
예) 木 용신 때 甲申, 乙酉 운(運)이면
　　대운(大運) 때 10년간 흉(凶)하고
　　세운(歲運) 때는 1년간 길(吉)이 반감된다.

9) 전파화호(戰破和好)

(1) 무엇을 전(戰)이라 하는가?
예) 丙 대운에 庚 세운 때 대운이 세운을 극벌하는 것이요

　　庚 대운에 丙 세운 때 세운이 대운을 극벌하는 것이니, 즉 극(剋)이다.

(2) 무엇을 파(破)라 하는가?
예) 子 대운에 午 세운 때 대운이 세운을 충(冲)하는 것이요

　　午 대운에 子 세운 때 세운이 대운을 충(冲)하는 것이니, 즉 파(破)이다.

(3) 무엇을 화(和)라 하는가?
예) 庚 대운에 乙 세운, 乙 대운에 庚 세운이 합(合)하여 희, 용신을 합할 때.

기반(羈絆)되어 좋은 일이 없고, 기구 신을 합할 때는 나쁜 일이 없다. 또한 金 용신 때
는 乙庚 합화 金 되니 길(吉)하고, 木 용신 때는 금극목 되니 흉(凶)하다.

(4) 무엇을 호(好)라 하는가?
예) 金 용신 때 庚申 운이면 대운 때는 10년이 길(吉)하고, 세운 때는 1년이 길(吉)하다.

2. 신수(身數)

1) 비겁(比劫)

(1) 길운(吉運)
"희망의 새 아침. 태양이 서서히 떠오르는 현상."

친구, 형제, 선배, 동료. 지인이 귀인(貴人) 되어 어려운 일 해결된다.
· 수어지교(水魚之交)
　유비가 제갈량을 만나 마치 물고기가 물을 만나듯 가는 곳마다 모두가 내 편. 은혜로운 친
　구요 건강도 좋아 용기백배. 좋은 새는 나무를 가리지 않고 현명한 이는 벗을 가리지 않아도
　좋다.

·관포지교(管鮑之交)

관중과 포숙아의 우정처럼 입술과 이 사이 되어 길흉(吉凶) 간에 서로 돕고 의지하며 뜻을 함께하는 동지와 동업(同業). 순풍에 돛 달듯 순조롭다. 가뭄에 단비 만나듯 재수대통(財數大通)하며 하늘이 도우니 성공(成功)과 경사(慶事)로다.

(2) 흉운(凶運)

"가까운 사람을 삼가 조심하라."

·학생

불량 친구 꾐에 빠져 부화뇌동(附和雷同). 가출로 부모 속을 태우고 금전낭비에 성적부진. 지망교 경쟁 치열 1차 실패 수.

·청춘남녀

괜한 고집으로 교제하던 이성과 멀어지거나 결혼 불성립. 새로운 이성이 나타나기도 한다.

·가정주부

오래 헤어졌던 친구, 친지와 만나 모임에 참여하는 기쁨도 잠시, 친정 형제와 재산 다툼. 돈 빌려 가면 돌려받지 못하고 계는 깨진다. 모임은 시간, 금전 낭비에 하는 일마다 방해요 배신과 오해가 따른다. 부부다툼에 시모(媤母)와 대립. 가만있어도 구설수, 내 돈 쓰고 욕먹고 하루가 멀다 하고 빚 독촉이 성화로다.

·직장인

독사 같은 주변인에 배신과 모략, 질투 따른다. 형제와 갈등, 옛 친구 동창 계모임에 이로울 게 없다. 보증 서게 되면 믿었던 도끼에 발등 찍히고 돈에 사람까지 잃는다. 직장상사와 시비, 진급에 누락되고 견책, 좌천에 마음 상처받고, 심지어 부친(父親)과 처궁(妻宮)에도 재액과 우환이 따르니 어찌 가정이 평안하겠는가? 재물 모이지 않고 손재수에 심하면 상처(喪妻), 이별, 송사에 건강 조심하라.

·사업인

"꿀 속에 독약이 들어 있다." 순망치한(脣亡齒寒)이라, 입술이 없으면 이가 시린 법. 형제 갈등에 가정에는 처(妻)의 재액(災厄)과 가정우환이 따른다. 사업장은 노조와 대립갈등. 사슴을 쫓는 사냥꾼은 산을 보지 못한다. 감언이설(甘言利說)에 속아 동업(同業), 사기, 배반당하기 쉽다. 타 회사와 경쟁 치열. 인장, 문서 차질과 도처에 장애물. 사주(四柱) 다(多) 비겁 재(財) 하나일 때 군겁쟁재(群劫爭財) 한 점 고기를 두고 서로 물고 싸우듯 눈 뜨고 손재 부도수(不渡數). 함께 하늘을 일 수 없는 사이인 불구대천지수(不俱戴天之讎)의 원수가 되고 만다. 특히 양인격(羊刃格)에 신왕자(身旺者) 충거로 흉(凶)을 제거하거나 신약자(身弱者) 합화로 흉(凶)을 화

(化)하게 되면 길(吉)하나 신약자(身弱者)에 충(冲). 신왕자(身旺者)가 합(合) 때는 마치 칼을 품고 있는 것처럼 갖가지 재앙(災殃)이 따르고 선종(善終)하지 못한다. 동업하지 말지어다.

2) 식상(食傷)

(1) 길운(吉運)

화창한 봄날에 백화제방(百花齊放). 동산에 백 가지 꽃들이 다투어 만발하고 벌과 나비가 쌍쌍이 춤추고 노래하니 근심 걱정 사라지고 희소식.

· 학생

총명 수려하고 다재다능(多才多能). 상급학교에 무난히 합격. 문단에 서도 인기 상승.

· 청춘남녀

결혼 성사되고 임신, 출산의 기쁨.

· 가정주부

"비단옷에 수를 놓고 풍년가에 태평성대." 아들 딸 낳고 재수 있어 가구, 의복 장만, 부동산 재산증식, 투자 확장. 자손이 재계에 입신. 부군 경사에 건강 좋고 승진. 요리책 쓰고 외식. 해외 여행.

· 직장인

"천우신조로 행운의 복권. 하는 일마다 순조롭다." 지붕 위에 북두칠성이 빛나니 슬하에 기쁨. 옥동자 잉태, 출산. 가정화목하고 약자 편에서 음덕 베푸니 꽃이 피면 열매가 맺듯 뜻하지 않은 횡재수에 부하, 처자에 경사요 진급, 영전. 살맛나는 세상 부러울 게 없다.

· 사업인

"오동나무에 봉황새가 앉아 뜻하지 않은 횡재수에 재수 대통." 조모님의 유산, 장모님이 사업체 마련하여주고 호박이 덩굴째 굴러들어 온다. 자주색 비단이 흰 비단보다 열 배는 비싸 무역, 생산, 문화, 사회 육영사업에 투자 확장. 낚시 하면 월척이요 가내의 기쁨과 경사가 중중 번영과 도약 발전.

(2) 흉운(凶運)

"봉황새가 닭장에 갇혔으니 날고자 하나 날 수가 없다."

· 학생

"새도 깃털이 자라지 않으면 높이 날 수 없다." 부자 되는 헛된 꿈과 화려한 연예인 되는 망상에 친구 간 불화. 문제아. 지망교 낮추고 전학하면 면한다.

·청춘남녀

외모와 재력만 보다 배신하거나 배신당할 수. 결혼은 유보해야 한다.

·가정주부

"구시화문(口是禍門)이라. 입으로 짓는 업이 제일 무섭다." 소문난 잔치에 먹을 것 없다 하였다. 허영, 이성간 문제로 부군 신상에 마(魔)가 있기 쉽다. 자녀 변동 수에 근심 따르고 부부불화. 불의의 재난, 질병, 사고 등으로 생사 이별. 복 없는 때 짜증과 불만으로 남편을 들볶고 신데렐라의 꿈을 꾸면서 이혼하고 재취해도 결과는 마찬가지. 혀는 날카로운 도끼와 같다 하였으니 말조심하고 여필종부(女必從夫)로 각별한 내조 필요한 때이다.

·직장인

"쌓인 눈이 아직 녹지 않았다. 언제나 꽃이 피려나." 신하는 임금의 잘못을 대신들에게 말하지 않는다 하였다. 허세 과욕으로 상사에게 대들다가 매사에 불이익. 정직, 해직, 좌천, 대기발령, 심하면 실직. 시비, 관재구설수, 불명예. 움직이면 부작용. 방종, 투기, 오락, 주색을 삼가고 인심을 얻어야 할 때이다.

·사업인

"아직은 때가 아니다." 꽃샘추위에 일찍 핀 꽃. 수난의 때. 억지로 되는 일 없으니 일확천금의 헛된 꿈으로 설비 과잉투자. 새로운 계획. 속 빈 강정이요 빛 좋은 개살구. 두 마리 토끼 쫓다 꿩도 매도 다 놓치고 아닌 밤중에 홍두깨요 종업원 불화, 부상, 기계 파손, 거래처 변동. 비가 올 듯 말 듯 바라는 비는 내리지 않고 증권, 도박, 주색잡기(酒色雜技), 술과 계집에 노름까지 부도 일보 직전. 부귀와 명예 갖고 싶은 것을 못 가지는 탐욕은 고통과 괴로움의 근본이다. 아랫사람의 말에 귀 기울여야 한다.

3) 재성(財星)

(1) 길운(吉運)

"행운(幸運)의 여신(女神)이 미소"

·학생

근면 성실하여 장학금 받고 합격.

·청춘남녀

좋은 인연으로 현모양처 배필 만나 가정 꾸리고, 봄바람에 선녀가 춤을 추듯 기쁨과 희망.

·가정주부

알뜰살뜰 온갖 정성 다하니 시댁 부자 되고, 우리 며느리 최고라는 칭찬과 시어머니 곳간 열쇠 물려받고, 콩 심은 데 콩 나듯 생각지도 않은 부군의 승진, 봉급 인상, 보너스 받고 주택 마련. 가정에 웃음꽃이 만발.

· 직장인

근면, 성실, 애처가에 만인모범. 딸 두고부터 승진. 하는 일마다 순조롭고 씨 뿌리고 노력하는 대로 재물이 불어난다.

· 사업인

땀 흘린 만큼 대가 따르니 바다에서 진주 얻고, 땅을 파서 천년보옥에 백 년 산삼 꿈인가 생시인가? 새로운 아이디어, 사업 확장, 매사 순조롭다. 강남 갔던 제비가 몰고 온 박 씨 재수 대통. 여기저기 주문 쇄도. 상자에 금과 옥이 가득하고 창고에 금은보화가 가득 쌓여 부귀영화로다.

(2) 흉운(凶運)

"과욕은 화(禍)를 부른다."

· 학생

돈과 여자 생각에 성적 오르지 않고 1차 시험에 낙방. 외출에 용돈 지출만 늘어난다. 연목구어(緣木求魚)라, 나무에 올라 물고기를 구할 수 있겠는가? 분수에 맞은 특수교에 지망하라.

· 청춘남녀

여성은 선물과 감언이설에 유혹당하기 쉽다. 남성은 주위의 방해로 사귀던 애인과 헤어지고 진정한 교제는 불성(不成).

· 가정주부

"우환이 닥친 뒤에는 후회해도 소용없다." 시댁과 친정에 잘하라. 억센 시어머니에게 대들다 뺨 맞고, 친정 부친 변고. 소비, 지출, 절제하지 않음. 시댁에서 쫓겨나고 본인은 물론 친정까지 망한다. 죽도록 일해도 내 것 주고 배신에 돈이 원수다.

· 직장인

"인패재패살(人敗財敗殺)로 먹구름." 탐재괴인(貪財壞印) 인수 용신(用神) 관직자는 재운(財運) 때 재물 욕심에 눈멀어 뇌물 먹다 파면 당한다. 투기, 보증, 가짜수표에 사기당하고 공금횡령에 감옥이 눈앞에 있다. 돈 떨어져 신발까지 떨어지고 패가망신(敗家亡身), 모친상에 불효자는 운다.

· 사업인

"달도 차면 기우나니 좋은 시절 다 가고 공든 탑이 무너진다." 산에 올라 물고기를 찾는 격이니 일확천금 허욕으로 사기, 부도, 패가망신 수. 금전융통 안 되고 빚 독촉에 사무실은 문 닫게 된다. 꿩도 매도 다 놓치고 봄에 꾼 한바탕 꿈처럼 일장춘몽(一場春夢), 부귀영화가 한순간. 분수 밖의 일 도모하지 말고 현상유지에 감사하라. 2보 전진 위해 1보 후퇴하면 화(禍)를 면한다.

4) 관성(官星)

(1) 길운(吉運)

"백마에 은 안장을 얹고 남아 비로소 뜻을 이루고 연못 속의 용이 여의주를 물고 마침내 하늘을 난다."

· 학생

옥을 갈아 옥그릇을 만드는 운. 고시에 합격, 옥띠를 두르고 금의환향(錦衣還鄕).

· 청춘남녀

연못 속의 고기가 마침내 바다로 향하는 운. 훌륭한 배필 만나 청혼의 기쁨.

· 가정주부

"넓은 들엔 오곡이 풍년." 귀부인(貴婦人)이 안으로 음식 만들어 가족봉양에, 밖으로 봉제사 접빈객(奉祭祀接賓客)에 부덕(婦德) 또한 바르니 부군 사랑받고 옥동자 순산에 가정화목 부귀영화 발전운.

· 직장인

유비가 제갈공명을 만나듯[수어지교(水魚之交)] 물고기가 물을 만나고, 잉어가 용문에 도달하여 용(龍)이 되고, 용이 날개를 달아 장군봉에 오른다. 만인지중(萬人之中)에 일인지장(一人之長)이요 군계일학(群鷄一鶴)이라. 뜻하는 일 당선되고 표창에 승진, 진급, 영전된다. 역마지살 때 외국유학, 연수 등 그 이름 널리 빛나 명예롭다.

· 사업인

"순풍에 돛 달듯 금자탑을 쌓는다." 역마지살 때 해외사업이 놀라운 발전 따른다. 귀인(貴人) 협조로 국가기관 관청에 인허가 계약 출입하고 납품거래 성공과 발전운.

(2) 흉운(凶運)

"천리나 되는 먼 길을 가야 하는데 해는 서산에 지고 눈물 마를 날 없다."

· 학생

지친 몸과 마음이 허약하여 질병, 신액 따르기 쉽다. 성적이 오르지 않아 시험운도 없다. 유학 등 환경변화를 꾀하고 인내하면 고진감래(苦盡甘來), 마침내 좋은 결실 얻을 수 있다.

·청춘남녀

"꿈은 크나 깨진 그릇에 먹구름." 남명은 군 입대나 사귀던 이성으로부터 절교당하기 쉽다. 여명은 하기 싫은 억지위협 결혼에 혼인 말썽, 망신수 주의.

·가정주부

"가정에 먹구름 찾아드니 밝은 달을 볼 수 없다." 호랑이 꼬리를 밟고 있는 위험한 상황으로 낙태, 난산, 유산 우려에 부군 사업 실패, 실직. 돈 모이지 않고 혹 모였다 해도 관재송사, 득병, 수술이요 심하면 죄짓고 감옥에 생사이별수. 망망대해(范范大海) 일엽편주(一葉片舟), 죽자니 청춘이요 살자니 고생이라. 누구를 원망하리. 고통 달게 받으면 하늘이 무너져도 솟아날 구멍 있다.

·직장인

"생각지도 않은 재난에 공(功)은 헛되다." 한 굴에 두 마리 호랑이 들었으니 둘 중 하나는 죽거나 상할 것. 괜한 권위의식으로 좋은 직장 얻기 어렵고 직장 변화. 천한 직장에 과중한 업무, 중상모략으로 시비구설이 난무한다. 과로, 질병 따르고 관재송사에 불명예. 억울한 누명에 강등, 좌천, 실직. 불효자식에 가정에도 먹구름이라 좌불안석. 역마지살 때 교통사고 등으로 구사일생. 피곤한 운. 건강에 유의할 것.

·사업인

"홍수에 둑이 무너지려는 위험한 상황." 운수 사나워 폭풍우에 한치 앞도 구분할 수 없다. 특히 정부 공공기관의 이권관계에는 불성(不成). 입찰에 떨어지고 문서 사기, 배신, 불행이 겹치게 된다. 가도 가도 끝없는 사막에 광풍이요, 불 꺼진 항구. 맹호가 깊은 산속에서 길을 잃고 함정에 빠져 사면초가(四面楚歌). 벌금과 구형, 소송에 질병과 우환으로 고통 받기 쉽다. 모든 일이 거꾸로 되어가니 이 무슨 조화인가? 지금은 때가 아니다. 강태공이 빈 낚시를 드리우고 때를 기다리듯 인내하고 기도하면 마침내 물은 흘러 바다에 이르듯 호랑이에게 열두 번 물려가도 정신을 차리면 사는 수가 있다.

5) 인수(印綬)

(1) 길운(吉運)

"지극정성이면 하늘도 감동한다. 지성감천(至誠感天)."

·학생

부모님 유덕에 일류 교육받고 공부도 잘해 영광의 합격.

· 청춘남녀

"봉황새가 알을 품고 있다." 각종 자격시험에 합격하고 부모나 웃어른의 중매로 결혼.

· 가정주부

"눈 속에 핀 매화 향기 가득하다." 현모양처 신사임당처럼 현재의 번영은 하늘과 조상의 은덕이요 전생의 공덕에 의한 것. 건강 좋고 부모님 경사에 부군 진급. 문교, 행정, 언론, 문학에 좋은 소식 따른다. 문서 잡게 되니 주택, 살림장만하고 새 옷, 가구에 부동산 매매 순조롭다.

· 직장인

"가화만사성(家和萬事成)." 부모님 장수하시고 어머니 유산 있다. 남모르는 음덕과 봉사에 윗사람의 표창. 문서에 서광이니 보증 증권에 손대고 각종 자격증에 공무원은 교육받고 승진, 영전이요, 일반인은 학원 출입하고 하는 일마다 잘 풀려 묵은 매매 성사되고 새 자동차, 새 집으로 이사한다.

· 사업인

"귀인이 돕는다. 황금의 기회." 문서에 기쁨 따르니 주공 시영 저당집 매입. 작은 집이 큰 집 되고 집두고 새 집짓고 부동산 잔치. 음덕 봉사에 표창 받고 출판 연회에 초대받는다. 선거인은 당선되고 만인의 존경과 명예 높다. 각종 인허가 계약 성사되고 새로운 사업 성공과 발전 따른다.

(2) 흉운(凶運)

"까마귀 우니 집안에 먹구름."

· 학생

책 분실하고 애정소설, 음란만화에 폭력, 컴퓨터 게임. 잡념만 가득하니 꼴찌요 시험에 불합격.

· 청춘남녀

이상한 종교단체 잡기에 빠져 거짓, 배신 등으로 이성과 이별.

· 가정주부

"번민 갈등이 낙엽처럼 쌓여만 간다." 조상 이변에 부모님 병 오래되고 집안 초상. 신상의 악운으로 부군 애정 식어만 가니 귀인 아닌 원수요, 집안 살림 싫증에 외출 시 귀중품 잃어버리고 뜻밖의 문서 하자, 자식 사고 등으로 속을 끓이게 되니 불안, 초조, 각종 부인병에 괴롭다.

· 직장인

"문서 인장에 주의하라." 직장에서는 감당하지 못할 책무와 시기, 질투, 모략 받고 실수 연발. 가정에서는 처자와 불화 우환까지 따른다. 식상(食傷)용신자 파료상관(破了傷官)이라, 밥그릇 뒤엎는다는 도식(倒食)되어 좌천, 감봉, 면직, 심하면 실직에 퇴직된다. 보증, 수표 문서 인장 실수로 관재 발생 주의.

·사업인

"늙은 용이 어찌 하늘을 오를 수 있나?" 새로운 사업에 엉뚱한 일 꼬이고 뒤틀려 투자 손해. 증권. 보증서면 책임 면키 어렵다. 문서 말썽 실패. 부동산 거래 해약되고 사기수표, 새집 짓고 망하고 투자매매 부도. 이러지도 저러지도 못할 진퇴양난(進退兩難). 집안에 부엉이 조류 박제 그림 흉하다.

3. 개운(開運)

하늘이 돕는 것을 순(順)이라 하고
사람이 돕는 것을 신(信)이라 한다.

자신이 남보다 잘났다고 운명을 과신하거나 오만해서는 안 된다. 또한 자신이 남보다 잘나지 못했다고 한탄하거나 열등감에 빠져서도 안 된다.

운명(運命) 아는 자 하늘을 원망치 않는다 하였다. 우주 자연의 원리는 역(易)이다. 10년마다 바뀌는 대운과 년마다 바뀌는 세운 그리고 월마다 오는 월운(月運), 날마다 다른 일진과 시시때때로 변하는 운기(運氣)의 변화에 따라 마음을 잘 다스려야 한다. 달도 차면 기울고 겨울이 오면 봄 또한 멀지 않은 것처럼 인간의 운명(運命)도 이와 같이 오고 가는 것이다. 길흉 간에 자신의 처지를 올바르게 깨닫고 자중(自重)할 줄 알아야 한다. 복(福)과 불행(不幸)은 뜻하지 않게 찾아온다.

그러므로 경거망동하지 않고 겸손한 마음으로 자신을 다스려 분수 밖의 일을 도모하지 말아야 한다. 때를 기다려 사람의 도리를 다하고 어진 이를 숭상하며 나쁜 음심(淫心)을 버리고 각별히 조심하여 수신제가(修身齊家)하여야 한다. 물은 서서히 흘러야 맑은 물이 되는 법, 인내하고 노력하면 누구에게나 행운(幸運)은 찾아든다. 아무리 어려운 때를 만나도 착한 마음으로 남모르는 음덕(陰德)을 베풀면 전화위복(轉禍爲福)되고 부귀(富貴)를 누릴 수 있다.

공자께서
"순천자(順天者)는 존(存)하고
역천자(逆天者)는 망(亡)이다."라고 하셨다. 이것이 개운(開運)이다.

1. 합(合)

1) 천간(天干)의 합(合)

옛 황제께서 동지(冬至) 때 환구(圜邱)에 올라 하늘에 제사를 드리니 십간(十干)을 내리시고 또한 대요(大撓)에 명하여 12지지(地支)를 만들어 짝을 짓게 하시었다.

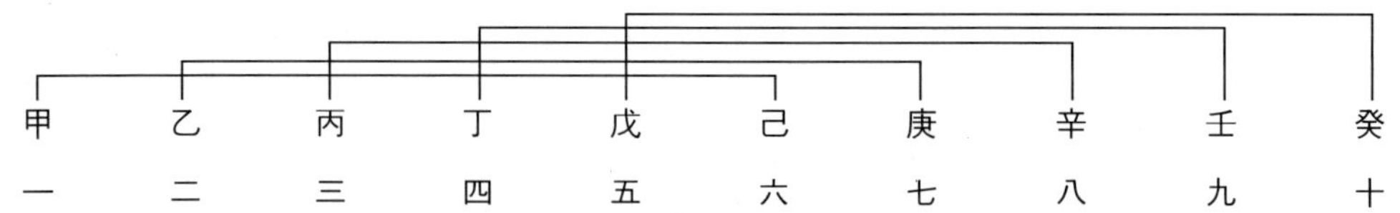

낙서(洛書)는 중앙(中央)에 5가 거(居)한다.

(1) 중정지합(中正之合)

1이 5를 얻게 되면 6이 되므로 甲과 己가 상합(相合)하여 戊辰을 얻고 土로 화(化)하는바 土 중앙에 거목 甲이 바로 서게 되어 '중정지합'이라 한다.

(2) 인의지합(仁義之合)

2가 5를 얻게 되면 7이 되므로 乙과 庚이 상합(相合)하여 庚辰을 얻고 金으로 화(化)하는바 木의 인(仁)과 金의 의리(義理)가 합하여 '인의지합'이라 한다.

(3)위엄지합(威嚴之合)

3이 5를 얻게 되면 8이 되므로 丙과 辛이 상합(相合)하여 壬辰을 얻고 水로 화(化)하는 바 丙 군주(君主)가 辛 미인(美人)을 국법으로 강제 합하니 '위엄지합'이라 한다.

(4) 음란지합(淫亂之合)

4가 5를 얻게 되면 9가 되므로 丁과 壬이 상합(相合)하여 甲辰을 얻고 木으로 화(化)하는바 장정(壯丁)이 신기(腎氣) 강한 임녀(壬女)와 합하니 남녀노소 가리지 않고 음란하게 되어 '음란지합'이라 한다.

(5) 무정지합(無情之合)

5가 5를 얻게 되면 10이 되므로 戊와 癸가 상합(相合)하여 丙辰을 얻고 火로 화(化)하는바 노랑(老郎) 戊土가 어린 신부 癸水와 합하여 '무정지합'이라 한다.

木	火	土	金	水
丁壬合化	戊癸合化	甲己合化	乙庚合化	丙辛合化

천간(天干)의 합은 여섯 번째 합을 이루므로 육합(六合)이라 하고 음과 양, 양과 음이 마치 남녀가 서로 만나 좋아 화합(和合)하게 되는 것처럼 일명 '부부 합(夫婦合)'이라 한다. 천간 합에는 생극제화(生剋制化) 일반이론이 변화되어 천변만화(千變萬化)하게 되는바 마땅한 것이 있고 마땅치 않은 것이 있다.

사주명리 연원일시(年月日時)와 육친(六親)에도 대비하여 길신(吉神)이 생합되어 유정(有情)하게 되면 약(藥)과 은인(恩人)이요 복(福)이 따르게 된다. 그러나 흉신(凶神)과 합하게 되면 극합(剋合)되는 것이니 어쩔 수 없는 악연(惡緣)으로 독(毒)과 원수(怨讐)되어 재화(災禍)가 따르게 되는 것이다. 또한 합화(合化)된 오행이 희용신이면 길(吉)하고, 기구신이면 흉(凶)하다.

2) 지지(地支)의 합(合)

천간 합(天干合)이 정신적 부부 합이라면 지지 합(地支合)은 춘하추동 사시(四時)에 따른 육체적 비밀 부정의 합이다.

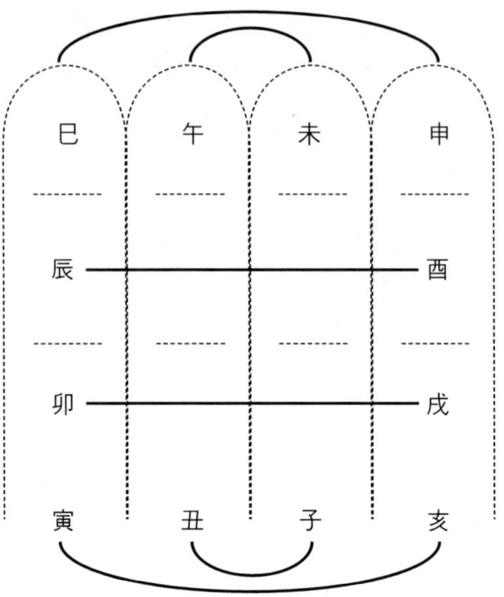

봄 木	여름 火	가을 金	겨울 水	땅 土이나 실제 水	해와 달의 합 火
寅亥	卯戌	辰酉	巳申	子丑	午未

3) 삼합(三合)

천지 합이 인류의 부부 합이라면 삼합(三合)은 부모, 본인, 자식처럼 천륜의 합이다. 마치 주식회사나 정당처럼 천지인(天地人) 각각이 하나의 뜻으로 모여 국(局)을 이루고 강력

三合木局	三合火局	三合金局	三合水局
亥卯未	寅午戌	巳酉丑	申子辰

한 대일합(大一合)을 이루게 된다. 삼합(三合)은 인류의 천지 합보다 우선하고 강력한 변화를 하게 되는데, 변화한 오행(五行)이 길(吉) 때는 배가 되고 기구 신으로 흉(凶) 때는 더욱 살기중중하게 된다.

반합

삼합(三合)은 2자(字)만 있어도 절반의 합을 이루게 된다. 이를 반합(半合) 또는 반회(半會)라고 하는데, 삼합의 절반의 힘을 갖게 된다. 이는 지장 간끼리 암합(暗合)하기 때문이다. 그러나 子午卯酉 사정방(四正方)이 함께하여야 반합이 성립된다. 가령 子午卯酉가 없는 亥辰, 寅戌, 巳丑, 申辰은 불가하다.

 **참고**
삼합 신수(身數) 때
없는 것은 들어오고 있는 것은 나가게 된다. 미혼자는 결혼, 사업자는 동업 합자, 이사 및 전출입, 전직, 입·퇴원, 이혼 등의 변화를 겪게 되므로 길흉(吉凶)을 잘 살펴야 한다.

4) 방합(方合)

삼합의 작용이 넓은 의미의 강력한 합이라
면 방합(方合)은 방위(方位)의 합으로, 좁은
의미의 마치 형제 합과 같다. 2字 때는 방국
합이라 하지 않는다.

동방 木 局	남방 火 局	서방 金 局	북방 水 局
寅卯辰	巳午未	申酉戌	亥子丑

5) 합이불화(合而不化)

합(合)은 상대를 변화시키는 것이요 충(沖)은 상대를 흩뜨리는 것이다. 그러나 합하기는
쉬워도 변화(變化)되기는 어렵다. 가령 甲과 己가 만나 합화(合化)되기까지는 합화 土의 세
력이 있고 합화 土를 방해하는 木의 세력이 없어야 합화(合化)가 일어나게 된다. 그렇지 않
고 甲과 己가 서로 멀리 떨어져 있거나 충극(沖剋)되면 합화(合化)되지 못한다. 타 오행도
위와 같이 추론한다.

(1) 쟁합(爭合)

음 하나에 양 둘(-++)인 己甲甲, 甲己甲의 경우, 서로 합을 다투게 되므로 '쟁합(爭合)'
이라 한다.

(2) 투합(妬合)

양 하나에 음이 둘(+--)인 甲己己, 己甲己의 경우, 양(陽) 하나를 서로 차지하기 위한
질투의 '투합(妬合)'이라 한다.

위와 같이 방해되어 합(合)은 되나 합화(合化)가 이루어지지 않는 바르지 못한 합을 '합
이불화(合而不化)'라 한다. 합이불화가 되면 마치 연애는 가능하나 결혼은 이루어지지 않는
것과 같다. 만약 억지 결혼을 한다 해도 정(情)을 한 곳에 두지 못하고 유부남녀를 좋아해
결혼이 무효가 되는 이혼과 결혼을 반복하게 되는 것처럼 선승후패(先勝後敗) 하게 된다.

6) 탐합망충(貪合忘沖)

합(合)을 탐하여 충(沖)을 잊는 것이니 합이 우선한다는 뜻이다.

가령

己 甲 庚 0

일간 갑은 甲己 합을 탐하여 己土에 마음을 두게 되므로 庚金은 甲의 충(沖)을 잊는 것이다. 甲庚충은 해소됐다고 본다. 마치 무지막지한 庚金 깡패가 시비할 때 己土 아내가 나타나 싸움을 말리고 함께 집으로 들어가는 것과 같아 甲은 위기를 모면할 수 있게 되는 것이다.

그러나 실제로는 위와 같이 근접되어 있을 때 합(合)과 충(沖)은 모두 작용하는 것이요 甲己 합이 우선하고 庚甲 충극(沖剋)은 나중에 작용하는 우선순위가 있다. 사주명리는 중화(中和)에 있으므로 합을 충으로 풀고 충을 합으로 해소하여 중화(中和)를 이루었다면 길(吉)하다. 그러므로 역(易)의 변화는 천변만화(千變萬化)하므로 일론(一論)만을 고집하지 말고 자세히 살펴 길흉(吉凶)을 논해야 한다.

7) 기반(羈絆)

기반이란 말이나 소의 얼굴을 얽는 굴레로, 용신(用神) 때 합화(合化)되지 못하고 마치 달려야 할 말[馬]이 마구간에 묶여 제 역할을 할 수 없는 것과 같은 것이다. 그러므로 합(合)이 불화(不化)되고 기구신(忌仇神)을 면(免)하더라도 좋은 일이 없게 되고 무위도식 허송세월로 평범한 명이 된다. 이때 충운(沖運)으로 기반을 풀게 되면 그 운(運)에서는 해소되어 마치 말이 달릴 수 있는 것처럼 제 역할을 할 수 있게 되어 성공(成功)과 발전이 따르게 된다.

8) 가화(假化)

거짓으로 합화(合化)됨을 말한다. 가령 乙庚 합화를 원할 때 乙木의 세력이 뿌리에 근(根)하여 마치 마음에도 없는 억지 결혼을 하는 것과 같다. 그러나 실제 임상에서는 기반(羈絆)과 같아 운(運)에 따라 가화(假化)되므로 잘 살펴야 한다.

적천수에
가화지인역다귀(假化之人赤多貴) 이성고아능출류(異性孤兒能出類)

거짓으로 화격(化格)을 이룬 사주도 부귀를 누릴 수 있다. 또한 화격(化格)을 이루게 되면 고아(孤兒)의 명도 능히 큰 인물이 될 수 있다. 화격(化格)은 일간이 합하여 격을 이룸인데,

외격(外格)으로 화기격(化氣格) 또는 화상(化像)이라고도 한다.

9) 합살유관(合殺留官)·거관유살(去官留殺)

(1) 합살유관(合殺留官)
정관(正官)과 칠살인 편관(偏官)이 함께 있을 때 합(合)되어 편관인 칠살(七殺)은 제거되고 정관(正官) 하나만 남게 됨을 말한다. 거살유관(去殺留官)이라 하기도 한다.

(2) 거관유살(去官留殺)
정관(正官)과 편관(偏官)이 함께 있을 때 합(合)되어 정관은 제거되고 편관인 살(殺)이 남게 됨을 말한다.

壬 丙 癸 戊
辰 戌 亥 午

신약(身弱)한 丙火가 壬癸水 투출하여 관살혼잡(官殺混雜)하다. 관살이 왕(旺)하면 가난하거나 요절한다 하였다. 관살을 다루는 방법은 식상(食傷)으로 제거하거나 인수(印綬)로 설(洩)하는 방법도 있다.
위 명주 다행히 戊癸로 합(合)하여 거관유살(去官留殺)하고 합화화(合化火)로 불꽃을 더하게 되니 과갑(科甲)하고 왕명을 받았다.

(3) 거류서배(去留舒配)
가야 할 것은 가고 머물러야 할 것은 머무르고 짝을 찾는 것은 짝을 맺는 것으로, 사주명이 부족하나 합(合)의 조절이 잘되어 결과가 좋다는 뜻으로 사용되는 말이다.

10) 명암부집(明暗夫集)

밝고 어두운 곳에 남편이 무리지어 있다는 뜻이다. 특히 여명(女命)에서 남편인 관성(官星)이 천간(天干)과 지지(地支)에 관살혼잡(官殺混雜)되면 가장 천(賤)하고 불길(不吉)하게 본다. 명암부집 명(命)은 합충운(合沖運) 때 부부유정하지 못하고 부정(不貞)하게 되어 아기를 낳고 살다가도 정통도주(精通逃走)하게 된다. 乙辛癸巳, 丁己亥日의 명(命) 때 해당한다.

11) 합다(合多)

합다란 '합(合)이 많음'을 말한다.

丙 辛 壬 丁
申 巳 子 丑

천지(天地) 모두 합(合)으로 이루어진 사주다. 사주에 충(沖)도 없고 합(合)도 없다면 결함 없고 탐(貪)하는 것도 없으니 성품이 안정되고 부귀수복(富貴壽福)을 누릴 것이나 그러한 명(命)은 많지 않다.

위 명주 辛金 일주로 미모가 양귀비와 같았다. 18세에 결혼하여 남편은 과색으로 일찍 죽고 말았다. 명주(命主) 또한 가는 곳마다 마음에 들지 않은 이 없어 스스로 음란(淫亂)함을 감추지 못하다가 흉운(凶運) 때 스스로 목을 매어 자살하고 말았다. 孔子께서 "지나치면 모자라는 것만 못하다." 하였다. 지나치면 병(病)이요 다정(多情)도 병(病)이 된 명(命)이다.

12) 대세운(大歲運)의 합(合)

사주는 대운, 세운과도 합(合)하여 길흉(吉凶)이 나타나게 된다. 대운, 세운에서 길신(吉神)이 들어오게 되면 길(吉)하고 흉신(凶神)이 들어오게 되면 흉(凶)하다. 이와 반대로 길신(吉神)이 나가게 되면 흉(凶)하고 흉신(凶神)이 나가게 되면 길(吉)하다.

(1) 합거(合去)
가령 사주 甲이 대운, 세운 己土를 만나러 간 것을 '합거(合去)'라 한다.

(2) 합래(合來)
대운, 세운 甲이 사주 己土를 만나러 온 것을 '합래(合來)'라 한다.

2. 형충파해(刑沖破害)

1) 형(刑)

형벌 형(刑)으로, 크게는 국가가 범죄를 저지른 사람에게 주는 제재(制裁)요, 명(命)에서는 관재(官災), 송사(訟事), 감금, 쟁투, 실종, 피랍, 파경, 중독, 수술 등의 각종 사고(事故)를 당하게 되는 형살(刑殺)을 말한다.

(1) 무은지형(無恩之刑)
寅巳申

인사신 3字가 지지(地支)에 감춰진 지장간(支藏干)에서 火土金으로 생(生)을 받는데도 은혜를 모르고 형(刑)을 한다 하여 '무은지형(無恩之刑)'이라 한다. 주의할 것은 寅巳申 삼형(三刑)은 寅巳와 巳申 2字만으로도 삼형 못지않은 작용을 한다.

(2) 지세지형(持勢之刑)
丑戌未

축술미 3字는 각기 土의 세력을 믿고 형(刑)을 한다 하여 '지세지형(持勢之刑)'이라 한다. 마찬가지로 丑戌未 삼형(三刑)은 丑戌과 未戌 2字만으로도 삼형 못지않은 작용을 한다.

(3) 무례지형(無禮之刑)
子卯

자묘는 水生木하므로 마치 부모와 자식 간의 관계인데도 형(刑)을 하게 되니 부모를 몰라보는 무례(無禮)한 형이라 하여 '무례지형'이라 한다.

(4) 자형(自刑)
辰辰, 午午, 酉酉, 亥亥

진오유해가 각각 스스로를 형(刑)하여 화(禍)를 자초하므로 '자형(自刑)'이라 한다. 일부 역학자는 자형(自刑)은 무시해도 된다고 주장하기도 하나 필자의 임상에서 건각살(蹇脚殺), 즉 1월생이 寅, 2월생이 卯, 3월생이 辰처럼 월지(月支)와 같은 지지(地支)가 타에 있을 때 소아마비나 나무에서 떨어져 절름발이가 되는 경우처럼 '쌍아리 작용'이라 하여 연년생이나 쌍둥이를 출산하게 되고 직업이나 집을 구입해도 두 채 이상 구입하게 된다. 흉운(凶運)

때는 두 번 이상 결혼하게 됨을 임상하였다.

형(刑)은 연월일시와 육친(六親)에도 대비한다. 흉운(凶運) 때 일지(日支)가 형(刑)을 당하게 되면 관재, 송사, 교통사고, 수술 등 충(沖)보다 더한 형살(刑殺)을 받기도 한다. 특히 여명(女命)이 간합지형(干合支刑) 때 색정(色情)으로 신세 망치는 최악의 명이 되고, 유산으로 인한 수술 등 가정 운이 불길(不吉)하다.

그러나 길신(吉神)으로 작용할 때는 군, 의사, 법관 등 관청에서 법(法)을 다루게 되고 권위와 권력으로 변하게 된다.

예) 癸 壬 辛 丙
    卯 子 卯 子

한 가지 이론으로 子卯 무례하고 壬子 양인이 두 개나 있어 포악한 이라 속단해서는 안 된다. 위 명주 수기유행(秀氣流行)하여 총명하고 학문이 뛰어났다. 또한 사람이 공손하고 예의 바르며 성품이 온화하여 甲 대운(大運) 때 과거급제한 명이다. 그러므로 늘 주장하는 것처럼 생극제화(生剋制化)를 우선하여 단편적 오류를 범해서는 안 된다.

2) 충(沖)

(1) 천간충(天干沖)

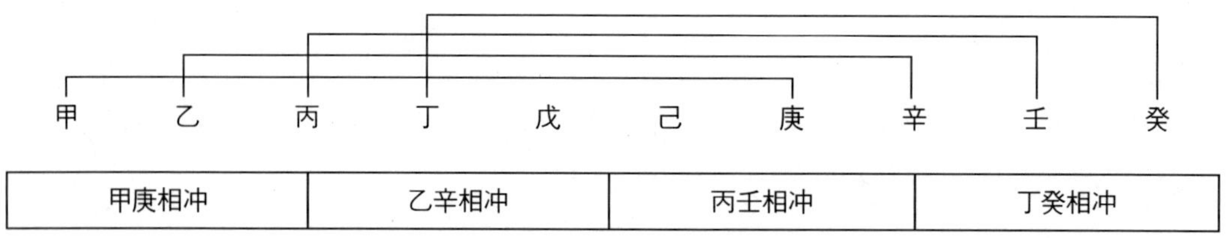

甲庚충: 나무가 강한 무쇠에 金剋木 파괴되고 부서지는 살생, 숙살, 억제.

乙辛충: 작은 나무가 날카로운 칼에 찢기는 손재, 파재, 건강 훼손, 부부 이별.

丙壬충: 겉은 화려하나 水剋火되어 손재, 파재, 형액.

丁癸충: 문서쟁투, 관재구설, 귀신에 의한 정신질환, 언어장애, 불치병

천간은 일곱 번째에 서로 충(沖)하므로 일명 '칠충(七沖)'이라 한다(편관 七殺 아님). 일부 학자 중에는 戊己도 충(沖)이라고 주장하기도 하나 土는 중앙(中央)이므로 충극(沖剋)은

성립되지 않는다.

　충(沖)은 양(陽)과 양(陽), 음(陰)과 음(陰)이 서로 대립(對立)하고 방위 또한 남(南)과 북(北), 동(東)과 서(西) 정반대로서 합(合)이 서로 좋아 화합의 의미라면 충(沖)은 서로 쟁투하고 불화(不和)하며 파경, 이산, 불육 등 극(剋)하고 흩뜨리는 개념이다. 연월일시와 육친(六親)에도 대비한다.

　길(吉)하면 유정지충(有情之沖)이요

　흉(凶)이면 무정지충(無情之沖)이라 한다.

(2) 지지충(地支沖)

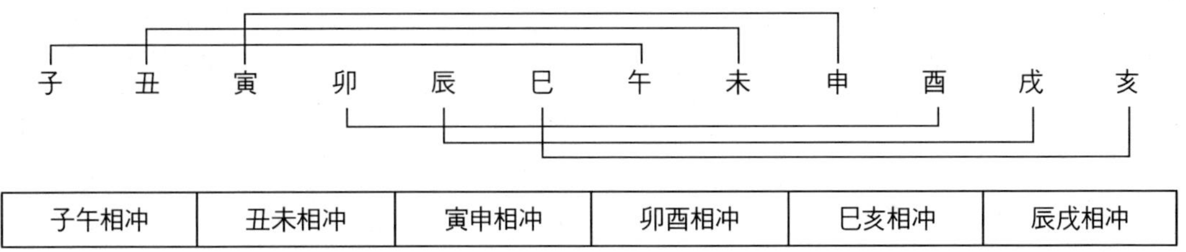

子午相沖	丑未相沖	寅申相沖	卯酉相沖	巳亥相沖	辰戌相沖

　지지(地支) 또한 포함하여 일곱 번째에 충(沖)하므로 七沖, 支沖, 지지상충(相沖)이라 한다. 지지충(地支沖) 또한 천간의 충과 같이 양(陽)과 양(陽), 음과 음의 대립이며 방위로도 정반대의 개념이다. 지지충(地支沖) 때 동주(同柱)하는 천간(天干) 또한 기둥이 무너졌으므로 극(剋)으로 본다. 만약 천합지충(天合支沖) 때 시작은 좋으나 결과가 나쁘게 되고 반대로 천충지합(天沖支合) 때 시작은 미약하나 결과가 좋다고 판단한다.

　사주 천지(天地)가 모두 충(沖)이 되면 천충지충(天沖支沖)이라 하며 천지교전(天地交戰)되고 근묘화실(根苗花實)이므로 시작도 끝도 흉(凶)하여 파가불록(破家不祿)하게 되고 빈천하여 편고한 명이 된다.

　연월일시 육친(六親)에도 대비한다. 이를테면 일주(日柱)가 충(沖)되면 부모, 형제, 모처 불합(不合)에 상사와 이웃과도 불화(不化) 두절이요 흉(凶) 때는 부부가 해로할 수 없게 된다. 시주(時柱) 충(沖) 때는 자손이나 부하직원과 쟁투, 불화, 함께 동거할 수 없고

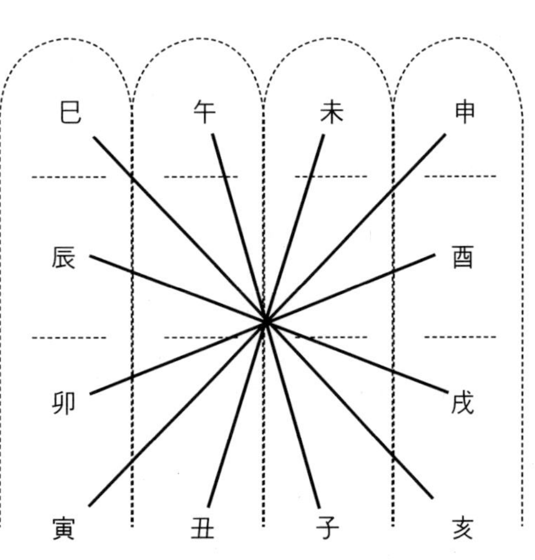

말년에 고독하게 된다. 만약 육친 재성(財星)이 충(沖)되면 재물을 모으기 어렵고 처첩의 분산, 이별 등으로 부부쟁투 많아 해로하기 어렵다.

연월일시 가까울수록 충극(沖剋)은 심하고 멀리 떨어져 있을수록 약화되어 동(動)하게 된다. 동(動)하면 달리게 되니 길(吉) 때는 고속승진 등 놀라운 발전이 따르게 된다.

(3) 붕충(朋冲)

辰戌丑未는 감추어진 지장간(支藏干)끼리 충(沖)을 일으키게 되는데 형제끼리의 충돌과 같아 '붕충(朋沖)'이라 한다.

고서(古書)에 나오는 '묘고봉충설(墓庫逢冲說)'이란?
辰戌丑未 묘고(墓庫)가 충(沖)을 만나게 되면 감추어졌던 창고가 열리게 되어 길(吉)하다는 말은 자세히 살펴야 한다. 단, 재고(財庫)에 한해서 개고(開庫)되어 길(吉)하지만 해당 육친(六親)은 극(剋)을 받아 흉(凶)하다.

(4) 왕자충쇠쇠자발(旺者冲衰衰者拔)
쇠신충왕왕신발(衰神冲旺旺者發)

적천수에 왕성한 자가 쇠약한 자를 충(沖)하면 쇠약한 자는 뿌리까지 뽑히게 되고 쇠약한 신이 왕신을 충(沖)하면 왕신은 도리어 발복(發福)한다 하였다. 그러므로 생(生)과 합(合)은 무조건 좋고 충(沖)과 극(剋)을 흉(凶)이라고 해서는 안 된다.

(5) 탐합망충(貪合忘冲)

가령 甲己庚 때 甲己 합을 탐하여 庚甲冲을 잊는다. 합(合) 참고.

(6) 충이불충(冲而不冲)
극이불극(剋而不剋)

지지(地支)는 충(沖)이라 하고 천간(天干)은 극(剋)이라 한다. 충을 해도 충(沖)이 되지 않고 극을 해도 극(剋)이 되지 않음을 말한다.

· 천전(天戰)
천간에서 甲庚, 乙辛 등의 경우처럼 서로 극(剋) 때 천전(天戰)이라 한다.
· 지전(地戰)
지지에서 子午, 卯酉, 寅申 등의 충(沖) 때 지전(地戰)이라 한다. 천지(天地)가 교전(交戰)

때도 천변만화하는 역(易)의 음양오행(陰陽五行)은 상황에 따라 약(藥)도 되고 독(毒)도 되는 것이며 마땅한 것과 마땅하지 않은 것이 있다.

丙 庚 丁 辛
子 午 酉 卯
위 명주 청나라 건륭(乾隆) 황제의 명이다.

1735~1795년까지 60년 동안 재위하면서 최전성기를 이룩하였다. 적천수에 "양인국(羊刃局)이 전국(戰局)되게 되면 뜻이 높고 병권을 잡아 위풍을 떨친다." 하였다. 지지(地支) 子午, 卯酉는 이자불충(二者不沖)으로 충(沖)이 되지 않고 庚金 일주 丙丁火가 火剋金 하나 관살혼잡아닌 庚酉 양인(羊刃)되어 나라를 위한 보검으로 子午卯酉 동서남북을 정복하고 천하태평(天下泰平)을 이루었다.

(7) 유정(有情)·무정(無情)

·유정(有情)

오행(五行) 생극조화(生剋造化)가 유정하면 길(吉)하다.

목왕득금(木旺得金) 방성동량(方成棟樑)
화왕득수(火旺得水) 방성상제(方成相濟)
토왕득목(土旺得木) 방능소통(方能疏通)
금왕득화(金旺得火) 방성기명(方成器皿)
수왕득토(水旺得土) 방성지소(方成池沼)

木이 왕성한데 金을 얻으면 국가사회의 동량이 되고
火가 왕성한데 水를 얻으면 인재(人材)요
土가 왕성한데 木을 얻으면 비옥한 옥토가 되고
金이 왕성한데 火를 얻으면 큰 그릇이 되고
水가 왕성한데 土를 얻으면 연못 속의 잠룡이 인물(人物)이 된다.

·무정(無情)

오행(五行) 생극조화(生剋造化)가 무정하면 흉(凶)하다. 동서남북이 서로 맞서 화합(和合)하지 못하고 대립, 불화, 충돌하게 되면 시끄럽고 되는 일 없이 불안, 초조, 배신, 파재, 송사, 생사이별, 병액이 따르게 된다. 또한 하루도 평안한 날 없이 성패(成敗)가 반복되고 투쟁적 삶에 파경을 맞게 되는 것이다.

목약봉금(木弱逢金) 필위파작(必爲破斫)
화약봉수(火弱逢水) 필위식멸(必爲熄滅)
토쇠우목(土衰遇木) 필조경함(必遭傾陷)
금쇠우화(金衰遇火) 필현소용(必見消鎔)
수약봉토(水弱逢土) 필위유색(必爲游塞)

木이 약한 중에 金을 만나게 되면 필히 깨지고 부러지며
火가 약한 중에 水를 만나게 되면 불은 반드시 꺼지고
土가 쇠한 중에 木을 만나게 되면 흐트러져 먼지가루가 되고
金이 쇠한 중에 火를 만나게 되면 반드시 녹아 흔적 없이 되고
水가 약한 중에 土를 만나게 되면 필히 막히고 흡수된다.

(8) 용신 충(用神 沖)

충극(沖剋)으로 상해 받은 오행(五行)은 용신(用神)으로 삼기 어렵다. 충극으로 격(格)과 용신(用神)이 손상되었다면 마치 불치의 병(病)을 안고 살아가는 것처럼 일생 동안 근심이 많다.

(9) 대운, 세운의 충(沖)

· 명충(明沖)

사주원국의 충(沖)을 '명충(明沖)'이라 한다.

· 암충(暗沖)

대운, 세운의 충(沖)을 '암충(暗沖)'이라 한다.

길신(吉神)을 대운, 세운에서 충(沖)으로 제거하면 불리하고, 흉신(凶神)을 대운, 세운에서 충(沖)하면 충거(沖去)되어 흉(凶)은 없는 것과 같고 흉이 길(吉)로 바뀌어 오히려 반갑고 유정하다.

 **주의** 사주원국에 寅寅인 경우 申운에 寅 하나는 충거(沖去)되나 하나는 남아 육친(六親)에 영향을 주게 된다.

　　대운, 세운의 충(沖)이 지지 희용신(喜用神)을 상해하게 되면 마치 우리를 뛰쳐나간 호랑이에게 몸을 다치듯 일신의 질병, 사업부도, 파산, 파직 등을 당하게 되고 역마(驛馬) 충(沖) 때 교통사고의 재앙(災殃)을 당하게 된다. 만약 사주 신왕(身旺)하면 화(禍)를 겨우 면하더라도 정신적 충격을 당하게 된다. 대운, 세운에서 용신(用神)을 충(沖)하면 최악에 이르게 되니 대흉(大凶)하다.

3) 파(破)

　　파(波)는 글자 그대로 '깨질 파(break)', 육파살(六破殺)이라 하는데 화합하지 않고 사용하지 못하도록 부수거나 파괴, 파손, 파경, 붕괴 등으로 추론한다. 앞뒤 네 번째 여섯 가지를 말한다.

子酉	午卯	寅亥	申巳	丑辰	未戌

4) 해(害)

　　해(害)는 '남을 해치다'. '육해살(六害殺)'이라 한다. 연월일시 육친(六親)에도 대비한다. 日時 午丑 때 처첩 비관음독, 子未 처산망(妻産亡), 寅巳 형살(刑殺), 申亥 탐합망해(貪合忘害). 기타 卯辰, 酉戌은 방합(方合)으로 작용은 미미하다.

子未	丑午	寅巳	卯辰	申亥	酉戌

1. 원진살(怨嗔殺)

남녀 겉 궁합(宮合)을 볼 때 생(生), 합(合), 용신(用神) 때는 길(吉)하고 극(剋), 충(沖), 원진(怨眞) 때는 흉(凶)하다고 한다.

원진(怨嗔)은 원수 보듯 못마땅하고 미워하고 싫어하는 것이다. 사랑하니 미움도 있는 것이요 직업으로는 남들이 미워하는 세무사, 경찰, 돈놀이 등의 직업이 좋고 아랫사람을 채용할 때 운전기사, 비서, 파출부 등의 주종관계에 참고하며 불운(不運) 때는 재혼하게 되면 면한다고 한다. 그러나 명리학(命理學)에서는 생극제화(生剋制化)에 부합되지 않는다.

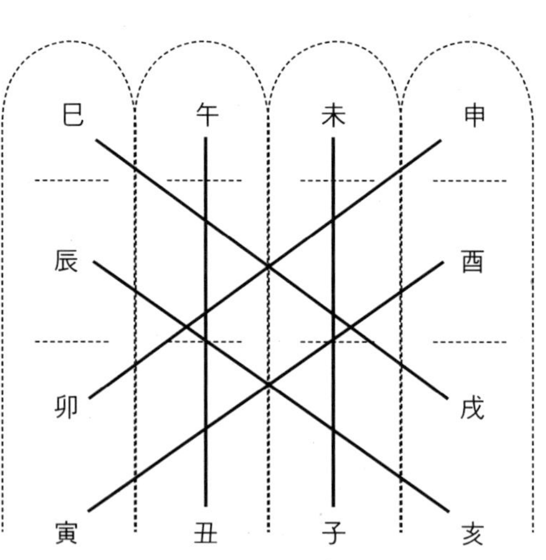

寅酉	卯申	辰亥	巳戌	子未	午丑

① 서기양두각(鼠忌羊頭角)
쥐는 양의 뿔난 것을 미워 시기하고

② 우증마불경(牛憎馬不耕)
소는 말이 논밭 갈지 않음을 증오하고

③ 호증계취단(虎憎鷄嘴短)
범은 닭 울음소리에 부리 짧다고 미워하고

④ 토원후불평(兎怨猴不平)
토끼는 원숭이의 허리 굽은 엉덩이를 불평하고

⑤ 용혐저면흑(龍嫌猪面黑)
용의 코가 하필 돼지코를 닮아 돼지의 검은 얼굴을 싫어하고

⑥ 사경견폐성(蛇驚犬吠聲)
뱀이 허물 벗다 개의 짖음에 놀라 싫어한다.

2. 천을귀인(天乙貴人)

100가지 재앙을 물리치는 길신(吉神) 중 최고이다. 지혜 총명하고 주위 귀인의 도움으로 중앙관서, 학교, 학원 등의 교육계에 근무하였고 역마(驛馬) 때 외교관을 수행했다.

대운, 세운 때 합격 등 발전.
월운(月運) 때 매사형통. 고대하던 집 매매.
합(合) 때 더욱 길(吉)하다.
공망(空亡) 때 효력 상실.
형충파해 때는 귀인(貴人)이 될 수 없다.

일간(日干)	甲, 戊, 庚	丙, 丁	乙, 己	辛	壬, 癸
天乙貴人	丑未	亥酉	子申	寅午	巳卯

3. 백호대살(白虎大殺)

일명 대백호살(大白虎殺)로 연월일시 모든 육친(六親)에 대비한다. 흉살(凶殺)의 왕으로 살상, 대수술, 총상, 산망(産亡), 교통사고, 혈관 급사 등 불의의 사고(事故)를 당하게 되고 거칠고 무정하여 특히 여명(女命)은 극부(剋夫)의 명이 된다.

甲辰	乙未	丙戌	丁丑	戊辰	壬戌	癸丑

백호살(白虎殺)은 사주, 지지, 암장(暗藏)까지도 대비한다. 역경(易經)의 구궁법(九宮法)에 따라 형충(刑沖) 때는 더욱 배로 흉(凶)하다. 기문(奇門)에서는 객사한 귀신 등으로 추명 이 사방위를 정하는 데 응용한다. 공망(空亡) 때는 효력이 상실한다.

4. 천라지망살(天羅地網殺)

1) 천라(天羅)

戌亥

하늘에 구름이 덮여 성장에 장애가 따르고 마치 개가 돼지우리에 들면 쫓겨나듯 일찍 고향 떠나 자수성가(自手成家)의 명.

2) 지망(地網)

辰巳

용이 뱀의 굴속에 있는 것이다. 그물 라·망은 마치 하늘과 땅에 그물을 쳐놓은 것처럼 흉운(凶運) 때 전국에 지명 수배되고 가난, 고독하게 된다. 의사, 약사, 역술 등 활인업에 성공하는 이가 많다.

5. 귀문관살(鬼門關殺)

辰亥	子酉	未寅	巳戌	午丑	卯申

일간(日干) 위주 잡귀신이 들락거린다는 흉살(凶殺)이다.

木 일주: 저능아, 간질
火 일주: 정신쇠약, 정신박약
金 일주: 불감증
水 일주: 신기(神氣) 있음.

신왕(身旺) 때 타 육친(六親)에 대비.
신약(身弱) 때 본인(本人)에 해당.
흉운(凶運) 때 우울증, 두통이 심하면 동반자살하기도 한다.

귀문관살을 가지고 있으면 공동묘지, 사당 등을 피해야 한다.

6. 괴강살(魁罡殺)

· 천강(天罡): 辰
· 하괴(河魁): 戌

오양간[甲丙戊庚壬]이 辰戌 때 해당되나 주로 庚壬 네 개의 작용이 강하다.

戊戌	庚辰	庚戌	壬辰	壬戌

괴강(魁罡); 辰.戌

길운(吉運) 때 영웅, 투사, 열사, 두령으로 대권(大權)을 잡고 대부대귀(大富大貴)하게 된다. 그러나 흉운(凶運) 때 여명(女命)은 바를 정 자(正字)가 네 개나 있으니 바른 소리 잘하고 전생(前生)에 죄짓고 죽은 남자의 귀신이 무리로 있는 것과 같아 길흉(吉凶)이 극단으로 나타나게 된다. 군, 경찰, 스포츠계 남성과 인연이 있고 본인(本人) 또한 주동자, 가구주(家口主)로 풍파가 많다.

7. 십이신살(十二神殺)

지지 삼합(地支 三合) 年, 日 기준

三合 \ 十二神殺	겁살	재살	천살	지살	년살	월살	망신	장성	반안	역마	육해	화개
巳酉丑	寅	卯	辰	巳	午	未	申	酉	戌	亥	子	丑
亥卯未	申	酉	戌	亥	子	丑	寅	卯	辰	巳	午	未
申子辰	巳	午	未	申	酉	戌	亥	子	丑	寅	卯	辰
寅午戌	亥	子	丑	寅	卯	辰	巳	午	未	申	酉	戌

1) 겁살(劫殺)

12신살(十二神殺)은 연월일시 육친(六親)과 初·中·末年 그리고 대운, 세운에도 응용(應用)하는데 동주(同柱)하는 천간(天干) 또한 함께 작용된다.

연주(年柱): 선조(先祖)

월주(月柱): 부모(父母)

일주(日柱): 본인(本人) 또는 배우자

시주(時柱): 자손(子孫)

겁탈할 겁살(劫殺)은 흉(凶) 때

비겁(比劫): 형제, 친구

식상(食傷): 수하. 여명(女命)은 자손

재성(財星): 처첩, 재물. 여명은 시댁식구

관성(官星): 직장, 자손. 여명(女命)은 부군(夫君), 정부(情夫)

인수(印綬): 어머니, 외가, 문서, 보증. 여명(女命)은 친정 등의 이유로 탈재(奪財), 도난(盜難), 실직, 파산(破産)이 따르게 된다.

2) 재살(災殺)

재앙 재(災)는 일명 '수옥살(囚獄殺)'로 흉(凶) 때 납치, 감금, 포로, 망명 등으로 응용(應用)된다.

비겁(比劫): 형제, 친구로 인해 관재 발생

식상(食傷): 자손, 부하. 사고 또는 배신

재성(財星): 여자로 인한 재산 송사

관성(官星): 직장 상사, 부군

인수(印綬): 주택 압류, 저당 등으로 응용

군, 경, 형무관 등의 직업이나 상대의 사업을 하면 면할 수 있다.

3) 천살(天殺)

전생(前生)의 죄로 흉(凶) 때 인력으로는 감당하기 어려운 천재지변(天災地變)을 당하는 살이다.

4) 지살(地殺)

일지(日支) 때 객지 타향에서 분주하고 이사가 많다. 역, 종점에서 먼 곳에 고향을 둔 배우자와 산다.

비겁: 형제, 친구. 해외

식상: 자손. 해외 유학

재성: 해외결혼, 무역 운수업

관성: 외교관, 해외지사

형충(刑沖) 때 교통사고 등으로 응용한다.

5) 연살(年殺)

일명 도화살(桃花殺)로 함지(咸池), 목욕(沐浴), 패지(敗地) 등이다.

年: 도삽도화(倒揷桃花) 선대주색, 연상 여인, 늙은 신랑과 인연

月: 월령도화(月令桃花) 부모 풍류, 재가, 서출(庶出)

日: 나체도화(裸體桃花) 연애결혼,배우자 풍류

時: 편야도화(偏野桃花) 자녀의 사춘기 연애사건, 말년풍류, 연하와 연애사건

원내도화(園內桃花): 일지 기준 月 도화. 유부남녀와 연애

곤랑도화(滾浪桃花): 천간합(合), 지지형(刑). 성병(性病)

복숭아꽃 '도화(桃花)'는 육친(六親)에도 대비한다.

길(吉) 때 사교, 인기 등으로 응용한다.

> **참고**
>
> 재(財): 처(妻)가 암합(暗合)
> 木 일간 - 己 - 寅, 亥
> 火 일간 - 辛 - 寅, 巳
> 土 일간 - 癸 - 辰, 戌, 巳, 申
> 金 일간 - 乙 - 巳, 申
> 水 일간 - 丁 - 申, 亥
>
> 관(官): 부군(夫君)이 암합(暗合)
> 木 일간 - 庚 - 卯, 辰, 未
> 火 일간 - 壬 - 午, 未, 戌
> 土 일간 - 甲 - 午, 未, 丑
> 金 일간 - 丙 - 酉, 戌, 丑
> 水 일간 - 戊 - 子, 辰, 丑

6) 월살(月殺)

일명 고초살(枯焦殺)이라고 한다. 죄 많은 신명(神命)으로 철학, 박수, 무당 등 종교와 인연 때 면한다(官殺多, 傷官多, 戌亥, 卯酉戌, 丑寅, 丁, 己酉, 화개 공망 時 인수). 이날 씨를 뿌리면 발아되지 않아 농가에서는 피한다(申子辰월 戌일). 자손이 귀하다 하여 택일(擇日)에서도 제외한다.

7) 망신(亡身)

글자 그대로 망신으로, 연월일시 육친에도 대비한다.

8) 장성(將星)

강한 중심 고집으로 연월일시 육친에도 대비한다.

9) 반안(攀鞍)

말안장의 높은 자리. 길(吉) 때 금의환향(錦衣還鄉)한다.

10) 역마(驛馬)

동서남북을 달리는 파발마(擺撥馬). 지살(地殺)보다 넓은 의미로 분주하게 된다.

年: 세마(歲馬)
日: 일마(日馬)

길(吉) 때 외교관, 무역, 운수, 통신사업에 명예, 인기, 발전.
흉(凶) 때 분주, 충살(沖殺) 때 음주, 교통관련 사고, 벌금.
도화(桃花) 때 이성 관계 번잡, 가출, 도주.

寅巳: 비행기
申: 자동차. 기차
亥: 선박

참고 천마(天馬): 역마와 비슷하나 해외여행, 이민.

월지(月支)	子午	丑未	寅申	卯酉	辰戌	巳亥
天馬	寅	辰	午	申	戌	子

11) 육해(六害)

길고 오래된 병(病), 고독.

12) 화개(華蓋)

학문, 예술, 문화, 종교, 신앙.

길(吉) 때 총명하고 재주 많은 팔방미인.
흉(凶) 때 종교단체 개종, 고독.

8. 공망(空亡)

인연 없다, 비었다, 망하다, 파괴, 공허를 뜻한다. 日本에서는 '천중살(天中殺)'이라 하여 중요시한다. 60갑자 간지(干支)결합에서 남는 지지(地支) 2字를 공망(空亡)이라 한다.

가령 일주(日柱) 위주 甲子이면 천간 10字, 지지 12字 결합, 즉 甲子,乙丑, 丙寅, 丁卯, 戊辰, 己巳, 庚午, 辛未, 壬申, 癸酉에서 남는 戌亥 공망. 日은 연주(年柱)로 본다. 사주 연월일시 및 육친(六親)에도 대비한다(지지[地支] 공망 때 천간[天干]에도 영향).

·年 공망
선조, 족보, 가문 잃고 초년고생.

·月 공망
부모, 형제 인연 없고, 사회 혈연, 지연, 학연 조직 없어 일찍 고향 떠나 타향에서 자수성가. 중년고생.

·日 공망
정서불안 부부궁 부실. 공방 또는 독신. 중·말년 고생. 심하면 비관자살. 단, 피아공망(彼我空亡)은 부부가 같은 공망(空亡) 때 부부해로.

·時 공망
자식과 인연 없고 흠 또는 문제아, 무자(無子)되기 쉽다. 말년고생.

1) 육친(六親)의 공망(空亡)

·비겁(比劫)
형제자매, 친구. 흉(凶).

·식상(食傷)
문제 자식, 질병, 가출, 이별 등으로 자식, 수하 인연 없고 무덕(無德).
식신생재(食神生財)가 되지 않아 재물 또한 모이지 않는다.

·재성(財星)

부친 무덕. 처(妻) 문제로 부부불화. 우환, 무덕, 독수공방. 심하면 상처. 금전 애로, 손재수에 사업 불발, 재사불성.

·관성(官星)

직업, 직장 변동, 송사, 자손 흠. 여명(女命)은 남편무덕. 심하면 상부.
단, 길(吉) 때 사업 확장, 권력과 명예 관운이 없다고 할 수 없다.

·인수(印綬)

부모와 인연 없어 학업중단. 일찍 고향 떠나 타향에서 자수성가. 어머니, 외가, 친정 문서 보증으로 인한 사기, 손해, 명예훼손, 관재구설 발생.

2) 오행(五行)의 공망(空亡)

·목공즉절(木空則折)
나무가 잘 자라다가 공망(空亡) 맞아 중도에 부러지고 열매를 맺지 못하고 공치고 허탕.

·화공즉발(火空則發)
불이 더 잘 타게 되니 발전.

·토공즉붕(土空則崩)
잘되어 가다가 공망(空亡)을 맞아 땅이 붕괴되니 파재, 허무, 적막. 경거망동, 변동 금물.

·금공즉명(金空則鳴)
종을 치면 소리가 더 멀리 퍼져 의외로 발전과 명예가 높다.

·수공즉류(水空則流)
물은 흘러야 하니 바다 건너 해외 진출 때 막혔던 일 성사.

> **주의** 오행공망 중 火金은 크게 영향을 받지 않는다.

· 해공(解空)

합(合) 때 공망(空亡)이 해소되어 소멸된다.

· 물공(勿空)

사주 신왕(身旺) 때 공망(空亡)에 크게 영향 받지 않는다(12운성 중 장생, 건록, 제왕지 때도 같다).

· 진공(眞空)

사주신약(身弱)하고 12운성 중 쇠, 병, 사 때 흉(凶)은 증가한다.
양(陽) 일간 때 양공망(陽空亡). 음(陰) 일간 때 음공망(陰空亡).

길성(吉星) 공망 때 길(吉)은 감소되어 흉하다.
흉성(凶星) 공망 때 흉(凶)은 감소되어 길하다.
형충(刑沖) 공망 때는 길흉(吉凶)이 배가된다.

대운, 세운의 공망(空亡)은 취하지 않는다.

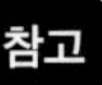 **참고** 총망(總亡)
신수국(身數局)에서 중궁(中宮)의 지반수와 같은 궁이 공망(空亡) 때 힘써 쌓아온 공(功)이 일시에 무너지게 되어 백사불성. 공직자는 영광 없고, 상인은 손해. 심하면 북망산천(北邙山川) 한 줌 재가 된다.
단, 대운이 길(吉)할 때는 심신 불안정. 해가 진 뒤이니 문단속을 하고 휴식을 취해야 한다. 이때 변동하게 되면 도둑이 들게 된다.

· 허방(虛方)

신수국(身數局)에서 공망(空亡)의 대충 방향을 '허방'이라 한다. 옛 전쟁 시 허방(虛方)을 공격하면 백전백승(百戰百勝)하게 된다. 오늘날에는 이동, 사업, 부동산 관련 재물을 구할 때 응용한다.

제5편
12지지론
十二地支論

·천간(天干)

하늘, 남자, 양, 위, 강하고 동적, 단순.

·지지(地支)

땅, 여자, 음, 아래, 약하고 정적, 복잡.

·寅申巳亥

사맹(四孟), 사생(四生), 사절(四絶): 사계절의 첫 번째, 삼합의 첫째, 역마.

·子午卯酉

사중(四仲), 사왕(四旺), 사패(四敗): 사계절의 두 번째, 삼합의 가운데, 도화.

·辰戌丑未

사계(四季), 사묘(四墓), 사고(四庫): 절기의 마지막, 삼합의 끝, 화개.

1. 자(子)

십이지의 첫 번째. 11월 일양(一陽)이 시생(始生)하는 동지(冬至), 한밤중 자정(子正), 하루 5경 중 삼경(三更), 쥐(鼠), 십이생초의 박쥐, 제비. 본래 양(陽)이나 지장간(支藏干)을 취용하는 육친법(六親法)에 따라 음수(陰水), 방위 정북(正北), 감괘(坎卦), 흑색, 2數, 지혜, 당사주(唐四柱)에서의 천귀(天貴).

子丑육합. 申子辰삼합. 亥子丑북방합. 子午충. 子卯상형. 子酉파. 子未해. 원진.

壬水의 왕지. 겁재. 양인(羊刃). 辛金의 장생지. 亥卯未생의 도화 함지.

2. 축(丑)

십이지의 두 번째. 12월. 이양지기(二陽之氣). 첫 닭이 울 때 새벽 1~3시. 하루 5경 중 사경(四更). 대한(大寒). 소(牛). 십이생초의 게. 자라. 동토(凍土). 습토. 음토. 북방. 간괘(艮卦). 황색. 10수(十數). 신용. 탕화. 당사주(唐四柱)에서의 천액(天厄).

子丑육합. 巳酉丑삼합. 亥子丑방합. 丑未충. 丑戌未삼형. 丑辰파. 午丑해. 원진. 귀문관살.

木의 관대. 火의 양지. 金의 묘(墓) 고장지(庫藏地). 巳酉丑생의 화개.

3. 인(寅)

십이지의 세 번째. 1월 正月. 초춘(初春). 三陽之氣. 이른 새벽 3~5시. 하루 5경 중 오경(五更). 호랑이(虎). 십이생초의 표범. 너구리. 간괘(艮卦). 양목(陽木). 동방. 3數. 인정. 청색. 당사주의 천권(天權).

寅亥육합. 寅午戌삼합. 寅卯辰방국. 寅申충. 寅巳申삼형. 寅亥파. 寅巳해. 寅酉원진. 未寅귀문관살.

甲木의 건록. 관대. 丙火의 장생지. 庚金의 절지. 水의 병지. 申子辰생의 역마.

4. 묘(卯)

십이지의 네 번째. 2월. 맹춘(孟春). 두 번째 닭 울음. 아침 5~7시. 토끼(兎). 십이생초의 여우. 고슴도치. 진괘(震卦). 음목. 습목. 정동방. 8數. 풍(風). 수족. 간담. 현침살. 인정. 녹색. 당사주의 천파(天破).

卯戌육합. 亥卯未삼합. 寅卯辰목방국. 卯酉충. 子卯상형. 午卯파. 卯辰해. 卯申원진. 귀문관살.

木의 왕지. 火의 패지. 金의 태지. 水의 사지. 寅午戌생의 년. 함지. 도화.

5. 진(辰)

십이지의 다섯 번째. 3월. 춘절에서 하절로 바뀌는 과도기. 아침 먹고 오전 7~9시. 용(龍). 십이생초의 물고기. 이무기. 손괘(巽卦). 풍. 습토. 당뇨. 영웅. 간사. 허풍. 동남방. 5數. 신용. 황색. 가색(稼穡). 잡기(雜氣). 당사주의 천간(天奸).

辰酉육합. 申子辰삼합. 寅卯辰동방국. 辰辰형. 辰戌충. 丑辰파. 卯辰해. 辰亥원진. 辰戌괴강. 천라지망.

木의쇠. 火의 관대. 金의 양. 水의 입묘. 고장지. 申子辰생의 화개.

6. 사(巳)

십이지의 여섯 번째. 4월. 입하. 초하(初夏). 오전 9~11시. 뱀(蛇). 십이생초의 지렁이. 거북이. 손괘(巽卦). 남동방. 체(體)와 용(用)이 바뀌어 양화. 7數. 예의. 명랑. 변덕. 적색. 심장. 소장. 고혈압. 풍. 눈. 당사주의 천문(天文).

巳申육합. 파. 형(선합후형; 先合後刑). 巳酉丑삼합. 巳午未남방합. 寅巳申삼형. 巳亥충. 巳申파. 寅巳형. 해. 巳戌원진. 귀문관살. 辰巳지망살.

木의 병지. 火의 임관. 건록. 金의 장생지. 水의 절지. 亥卯未생의 역마

7. 오(午)

십이지의 일곱 번째. 5월 일음(一陰)이 시생하는 하지(夏至). 중하(仲夏). 점심때 정오 11~13시. 말(馬). 십이생초의 사슴. 노루. 이괘(離卦). 정남방. 체와 용이 바뀌어 음화. 2數. 예의. 명랑. 홍색(紅色). 주색(酒色). 심장. 소장. 혀. 의심. 정신. 현침살. 화재. 비관음독. 당사주의 천복(天福).

午未육합. 寅午戌삼합. 巳午未남방합. 午午자형. 子午충. 午卯파. 午丑해. 원진. 탕화. 귀문관살.

木의 사지. 火의 왕지. 丙일간의 양인. 金의 욕. 패지. 水의 절지 태. 巳酉丑생의 함지. 홍염살. 도화.

8. 미(未)

십이지의 여덟 번째. 6월 이음(二陰). 점심 먹고 오후 1~3시. 양(羊). 십이생초의 매. 기러기. 곤괘(坤卦) 南西方. 소서(小暑). 삼복지기(三伏之氣) 수분 없는 염토(炎土). 조토(燥土) 火에 가깝다. 辰土를 만나기 전에는 불용가색(不用稼穡). 신용. 10數. 황색. 비위(脾胃). 당사주의 잘 떠돌아다닌다는 천역(天驛).

午未육합. 亥卯未삼합. 土 아닌 木으로 변신. 巳午未 남방합. 丑戌未삼형. 丑未충. 戌未형. 파. 子未해. 원진. 未寅귀문관살

木의 묘고(墓庫). 火의 쇠지이나 약하게 득근(得根)하고. 土는 왕(旺). 金의 관대지. 水는 토극수(土剋水) 당하고. 亥卯未생의 화개

9. 신(申)

십이지의 아홉 번째. 7월 여름이 물러나는 입추(立秋) 초추(初秋). 삼음(三陰). 오후 3~5시. 원숭이(잔나비). 십이생초의 고양이. 유인원. 곤괘(坤卦) 西南方. 의리. 백색. 9數. 대장. 당사주의 천고(天孤).

巳申육합. 형(先合後刑). 申子辰삼합. 金 아닌 水로 변화. 申酉戌서방합. 寅巳申삼형. 寅申충. 巳申파. 申亥해. 卯申원진.

木의 절지(絶地). 火의 병지(病地). 土의 도기(盜氣). 金의 건록, 관대지. 금왕(金旺). 水의 장생지(長生地). 寅午戌 생의 역마.

10. 유(酉)

십이지의 열 번째. 8월 중추(中秋). 사음(四陰). 초저녁 오후 5~7시. 닭(鷄; 봉황) 십이생초의 꿩. 까마귀. 태괘(兌卦). 正서방. 4數. 의리. 폐. 청백색. 12지 중 가장 깨끗하고 예쁘고 아름답다. 금은보석. 침(針). 당사주의 천인(天刃).

辰酉육합. 巳酉丑삼합. 申酉戌 서방합. 酉酉자형. 卯酉충. 子酉파. 酉戌해. 子酉귀문관살. 寅酉원진.

木의 태 절지. 火의 사지(死地). 土의 도기(盜氣). 庚금의 왕지. 辛금의 건록. 水의 욕. 申子辰생의 함지. 도화.

11. 술(戌)

십이지의 열한 번째. 9월 만추(晩秋). 마른 흙 조토(燥土). 오음(午陰). 술 마시는 저녁 7~9시. 하루 5경 중 초경(初更). 개(犬). 십이생초의 이리. 늑대. 건괘(乾卦). 제방. 천문. 천라지망. 괴강. 서북방. 5數. 신용. 황색. 위비장. 당사주의 천예(天藝) 예술. 신앙

卯戌육합이나 극합(尅合)으로 合化되지 않는다. 寅午戌삼합. 申酉戌서방합. 丑戌未삼형. 辰戌충. 未戌파. 酉戌해. 巳戌원진. 귀문관살. 木의 양지 뿌리내릴 수 없고. 火의 묘지. 土의 왕지. 金의 쇠지. 水의 관대. 寅午戌생의 화개.

12. 해(亥)

십이지의 열두 번째. 10월 맹동(孟冬). 육음(六陰). 밤 9~11시. 하루 5경 중 이경(二更). 돼지(豚). 십이생초의 멧돼지. 물고기. 건괘(乾卦) 북서방. 체(體)는 음이나 용(用)은 陽壬水. 1數. 지혜. 예지력. 흑색. 인정. 신앙. 바다. 호수. 신장. 방광. 천문(天門). 꿈이 잘 맞고. 천라지망. 당사주의 천수(天壽)식복에 수명 있다.

寅亥육합. 亥卯未삼합. 亥子丑북방합. 亥亥자형(自刑). 巳亥충. 寅亥합.파. 申亥해. 辰亥원진. 귀문관살.

木의 장생지(長生地). 火의 절지. 土는 토류(土流)되고. 金의 병지. 水의 건록. 관대지. 巳酉丑생의 역마.

제6편 육친론 六親論

※육친(六親)

일간(日干)을 자신으로 기준한 생극제화(生剋制化)의 원리(原理)로 육친을 정한다. 육친(六親)은 부모(父母), 형제(兄弟), 처자(妻子) 여섯 가족을 말한다.

· 비겁(比劫) - 일간과 오행이 같은 자 - 비견(比肩) - 음양이 같음
　　　　　　　　　　　　　　　　　 겁재(劫財) - 음양이 다름
· 식상(食傷) - 일간이 생(生) 해주는 자 - 식신(食神) - 음양이 같음
　　　　　　　　　　　　　　　　　 상관(傷官) - 음양이 다름
· 재성(財星) - 일간이 극(剋)하는 자 - 편재(偏財) - 음양이 같음
　　　　　　　　　　　　　　　　　 정재(正財) - 음양이 다름
· 관살(官殺) - 일간을 극(剋)하는 자 - 편관(偏官) - 음양이 같음
　　　　　　　　　　　　　　　　　 정관(正官) - 음양이 다름
· 인수(印綬) - 일간을 생(生)하는 자 - 편인(偏印) - 음양이 같음
　　　　　　　　　　　　　　　　　 정인(正印) - 음양이 다름

비화자(比和者) 비겁형제(比劫兄弟)

아생자(我生者) 식상자손(食傷子孫)

아극자(我剋者) 재성처재(財星妻財)

극아자(克我者) 관살관귀(官殺官鬼)

생아자(生我者) 인수부모(印綬父母)

1. 비겁(比劫)

비겁은 비견, 겁재를 합한 말.
나와 같은 자(비화자; 比和者), 서로 견줄 비, 도울 비, 나란히 할 비.
어깨를 나란히 하는 형제, 자매, 친구, 힘이 되는 은인, 협력자, 동지.

年: 부모 같은 형제
月: 장남, 장녀
日: 동년배 형제
時: 자손 같은 동생이나 어린 친구

1) 비겁 길(吉) 때

똑똑한 형제. 식상을 생하고 재를 다스리니 득비이재(得比理財). 신왕재왕(身旺財旺) 때 동업으로 거부(巨富)요. 신왕관왕(身旺官旺) 때 관, 직장에서 고위직으로 출세, 발전, 건강.
양인합살(羊刃合殺), 권인상정(權刃相停), 살인상정(殺刃相停)은 같은 뜻으로 겁재(劫財)가 편관(偏官)과 합(合)하여 나를 돕는 격으로 군, 의사 등에서 출세, 발전한다.
사주 대부분 비겁(比劫)에 방해하는 관살(官殺) 없을 때 비겁에 종(從)하는 격(格)의 종류.
木일주 곡직격(曲直格), 火일주 염상격(炎上格), 土일주 가색격(稼穡格), 金일주 종혁격(從革格), 水일주 윤하격(潤下格)을 이루면 귀명(貴命)이 된다.

2) 형충파해 흉(凶) 때

일명 '겁재(劫財)'로 재(財)를 극한다. 관청의 다스림을 받게 되고 형제(兄弟)의 변고, 식상(食傷)에 설기되므로 불효자에 마음 상하며 심신의 병마에 시달리게 된다.

· 군겁쟁재(群劫爭財)
비겁태왕(比劫太旺)한데 일점 재성(財星) 때
서로 차지하려 쟁투하게 되니 처세가 원만치 못하고 라이벌, 폭력, 방해로 인덕(人德) 없고 일찍 아버지를 극(剋)하므로 부모 유산은커녕 받더라도 여러 형제와 나누어가져야 한다. 부모, 형제, 친구, 자손, 수하 무덕(無德)하다. 결혼이 늦고, 의처증 또는 처(妻)와 재물이 병약(病弱)하다.

3) 흉운(凶運) 때

원수의 배신, 처가 바람나 도망하며 파산(破産)에 곤궁이요 심하면 상처(喪妻)하기 쉽다.

· 자매강강(姉妹剛强)
여명(女命)이 비겁 태왕(太旺) 때

팔자 세어 결혼 늦고 독신녀 또는 시부모(媤父母)와 불화. 시기, 질투 많다. 계 들면 깨지고, 돈 빌려주면 돌려받지 못하며 관재구설. 친정 식구 때문에 신경 쓸 일 많고 남편을 깔보니 부부불화, 의부증, 상부(喪夫). 남편의 외도가 심해 첩(妾) 꼴을 보고 살던지 본인이 재취, 소실. 가정의 주도권을 잡고 독수공방(獨守空房)하기 쉽다.

2. 식상(食傷)

식상은 식신(食神)과 상관(傷官)을 합한 말.
내가 생(生)하는 자(아생자; 我生者). 먹을 식, 밥 식. 여명(女命)은 나의 자손(子孫).

年: 선조 패업
月: 부모 때 파산
日: 부부궁 흠
時: 자손 상심

1) 식상 길(吉) 때

· 가상관(假傷官)
신왕에 식상을 필요로 할 때 또는 월지(月支) 외 타 오행(五行) 식상(食傷) 때 가상관이라 한다.

· 식상생재(食傷生財)

신왕(身旺)에 식상이 왕(旺)하여 관(官) 용신이 어려울 때 미약한 재(財)를 용신하는 말. 만약 재(財) 없이도 자연 생재(生財)하므로 재운(財運)이 좋고 의식주 풍족하므로 부(富)하다.

· 식상제살(食傷制殺)

나를 극하는 칠살(七殺)을 제극(制剋)하므로 질병, 부상, 재앙을 견제. 재앙(災殃) 없고 심신 건강하다.

· 종아격(從兒格)

사주 식상으로 이루어지고 방해하는 인수(印綬) 없을 때 식상에 종(從)하여 귀명(貴命)을 이룬다.

중화(中和)를 이룬 명(命)은 명랑, 낙천적 신사로 지혜, 지식, 상식을 겸비한 박사요, 대학, 언론, 방송, 과학연구, 육영, 식품사업 등에 재복 있다. 마음 넓고 부하, 제자 사랑에 그들 또한 출세하고 인정 많은 자선사업가요 베풀면서 안정된 경제로 일생 재앙(災殃) 없다. 직장인은 인기 좋아 승진 발전이 따르고 사업가는 투자확장, 하는 일마다 발전. 넉넉한 체격 좋고 조부모, 장모, 처덕과 함께 경사가 중중하므로 장수하고 복록을 누리게 된다.

여명(女命) 또한 음식 솜씨 좋고 요조숙녀요 말솜씨와 표현력 좋아 육영, 방송, 식품사업, 교육계에 성공한다.

2) 형충파해 흉(凶) 때

상(傷) 다칠 상, 상처 상, 근심할 상, 해칠 상.

· 진상관(眞傷官)

월지(月支) 정기가 상관 때 신약(身弱)하여 진짜로 정관(正官)을 극(剋) 하므로 진상관이라 한다.

· 상관상진(傷官傷盡)

상관(傷官)이 손상을 받음.

파료상관(破了傷官), 상관패인(傷官佩印)이라고도 한다. 신왕(身旺)에 용(用)하려는 관(官) 없고 식상을 용신(用神)할 때 인수(印綬) 운에 인극식상(印剋食傷)하므로 용신이 파극(破

剋)됨을 말한다.

·제살태과(制殺太過)

신약(身弱)에 살왕(殺旺)하게 되면 식상으로 제살(制殺)함이 마땅하다. 그러나 식상이 지나치게 제살함으로써 관(官)이 미약하게 되거나 신왕(身旺)에 관을 용신하는 명에 식상(食傷) 운을 만나 용신이 파극(破剋)됨을 말한다.

관식투전(官食鬪戰)하게 되면 관운(官運) 없고 상관(上官)에 반발하다 사표 쓰고 쫓겨나게 되고, 관(官)은 국가법을 말함이니 국법(國法)을 무시하여 왕권 때는 역적이요 벼슬을 내리지 않았다. 데모 앞장에 진법무민(盡法無民)이라, 무법자로 범죄를 저지르게 된다. 사업가는 무리하게 투자하여 종내 부도(不渡)나고 사기, 배신 등 사회 반항아로 관재구설(官災口舌)이 따르게 된다.

여명(女命)은 상관견관위화백단(傷官見官爲禍百端)이라 화(禍)가 100가지로 나타나게 되는데 부군(夫君) 미워 무시하는 말 잘못하여 매 맞고 이혼당하며 질병에 재앙(災殃)이 중중하다. 이때 관(官) 투출하거나 미약 때 심하면 상부(喪夫)하고 청상과부. 송사, 배신이 따르나 관(官) 없으면 과부(寡婦)는 면한다.

·자왕모쇠(子旺母衰)

모쇠자왕(母衰子旺)이라고도 한다. 어머니는 쇠약한데 자식은 왕성함을 말한다.

식상태왕(食傷太旺)하게 되면 앉으나 서나 재(財)를 생(生)할 욕심 앞서고 초년 조모(祖母) 손에 성장. 동서작첩(東西作妾) 장모(丈母)가 여럿이요 일확천금(一攫千金) 생각에 불법, 투기, 밀수, 허세로 지출 많고 타인멸시 속 들여다보이는 억지주장, 배신, 사기 등으로 재주 많은 자 끼니 걱정이요 알코올 중독, 처궁(妻宮) 부실하며 자손불발(子孫不發) 하게 된다.

여명(女命)은 허영으로 사기결혼 당하기 쉽고 첫 자손 낳고 이별이요 남편 덕 없는 이 자식까지 속 썩이고 유모, 보모, 식모, 기생의 명. 부군작첩으로 독수공방에 심하면 동반자살하기도 한다.

·형충(刑冲): 식상은 생식기를 뜻하므로 자궁, 유방 등 암(癌)과 질병으로 수술수가 따르고 자궁 외 임신 또는 난산, 제왕절개로 출산하게 된다.

·도화(桃花): 자손 풍류.

·귀문관살(鬼門關殺): 자손 정신쇠약 이상.

·백호대살(白虎大殺): 자손 횡액, 불구 자손, 심하면 무자(無子) 되기 쉽다.

3. 재성(財星)

재성은 정재(正財)와 편재(偏財)를 합한 말.
내가 극하여 다스리는(아극자; 我剋者) 재물 재, 재화 재.
남명은 부(父), 처(妻), 재물(財物).
여명은 부(父), 재물, 시어머니(媤母).

年: 선대 부자. 연상 여인.
月: 부모 때 발흥.
日: 정처(正妻). 본인 성공.
時: 자손 사업. 말년 결혼

1) 재성 길(吉) 때

·재관인식(財官印食)
재관인식을 '사길신(四吉神)'이라 한다.

·정재(正財)
식신으로부터 생(生)을 받고 관(官)을 생한다. 정정당당한 유산, 내가 땀 흘려 얻는 안정적·고정적 경제수입. 정식 결혼한 아내 정처(正妻).

·식상생재(食傷生財)
식상이 재를 생함. 어떠한 난관도 극복하여 성공하게 된다.

·신왕재왕(身旺財旺)
사주명도 왕하고 재도 왕함.

월지 근(根)한 재(財) 때 부친 이름 높은 명문가 자손에 상속유산 많고 경제학 박사요 부유한 처가와 인연. 똑똑하고 훌륭한 처자와 결혼하게 된다. 재물 인연 좋아 사업가, 경제계 총수. 자연 재생관(財生官) 관을 생하게 되므로 국회의원 또는 공직의 수장(首長)으로 출세한다. 부귀(富貴)하고 거부(巨富)의 명(命). 여명 또한 귀부인(貴婦人)의 命.

· 재고(財庫)

木 일주: 辰戌丑未

火 일주: 丑

土 일주: 辰

金 일주: 未

水 일주: 戌

돈이 떨어지지 않고 금융업에 성공한다.

· 재자약살(財滋弱殺)

사주 신왕(身旺)하고 미약한 관(官)을 재(財)로 생(生)함.

최고의 신부(新婦)감. 결혼 후부터 든든한 내조로 하루가 다르게 발전. 큰 재산을 일구고 남편은 처덕(妻德)으로 부귀(富貴)하게 된다.

· 종재격(從財格)

사주 대부분 재(財)로 이루어져 있고 방해하는 인겁(印綬, 比劫) 없을 때 재에 종(從)하는 귀명(貴命).

특히 火일주 십중구부(十中九富)한다.

· 득비이재(得比利財)

신약(身弱) 사주 약한 비겁이 재성(財星)을 취하는 것.

· 財 희 용신(喜用神) 때 훌륭한 아내 덕으로 성공 발전.
· 財 천을귀인(天乙貴人) 때 용모 아름답고 훌륭한 아내와 행복한 삶.

2) 형충파해 흉(凶) 때

· 편재(偏財)

편된 재물, 위험한 투기, 횡재 등 속성속패.

재취부인, 소실, 이별할 수 있는 애인, 빼앗길 수 있는 정부처첩.

· 재성과다(財星過多)의 해(害)

　재성이 과다하여 오히려 해(害)가 되는 명. 재수(財數; 재물을 얻는 운수) 없다. 재물은 모두가 탐내는 것으로, 특히 천간(天干)에 투출한 재물은 보증 등으로 도둑맞기 쉽다. 외부내빈(外富內貧)이라 겉보기만 잘 사는 것 같으나 실속 없고 처덕 또한 없어 심하면 처첩을 빼앗기게 된다.

· 재다신약(財多身弱)

　재(財)가 많아 신약(身弱)해진 명(命).

　부친, 형제 많아 자수성가. 일찍 부(富)를 일구었다. 불연이면 조실부모. 양부모를 섬기거나 가세가 기울어 재극인(財剋印)하므로 학업 중도 포기. 일찍 부모 곁을 떠나 타향에서 혼전살림. 부옥빈인(富屋貧人)이니 큰집에 살면서도 처(妻)의 극성 심해 처가 시어머니를 모시지 않고 본인 또한 처에 신세지고 공처가의 명. 오히려 재성을 다스릴 수 없게 되어 분에 넘치는 재물과 처첩을 탐하면 재생살(財生殺) 재물로 인한 관청의 재앙(災殃) 또는 처첩으로 곤욕을 치르게 되고 관살은 자식이라 자식에게조차 존경받지 못하고 패가망신(敗家亡身)하게 된다. 그러나 비겁운(比劫運) 때 형제, 친우가 귀인이요 부귀(富貴)하다.

　여명(女命)은 두 아버지를 모시거나 부모 무덕하여 엄한 시어머니 시집살이 심해 불연이면 두 시어머니를 모시는 명. 재생살(財生殺)하게 되므로 힘들게 벌어 남편에게 주면 좋은 소리 못 듣고 친정과 시댁이 쇠락하게 된다. 돈 전(錢) 字는 쇠금 변에 천할 천. 천한 직업에 일생 곤고하다. 그러나 비겁운(比劫運) 때 남편 덕으로 골프장에 출입하고 부귀하다.

· 탐재괴인(貪財壞印)

　'탐재파인(貪財破印)'이라고도 한다.

　신약명(身弱命)은 인성을 용신하여야 하는데 인성을 돌아보지 않고 재(財)를 합탐(合貪)하는 말. 재성(財星)은 자연 재극인(財剋印)하게 되므로 어머니가 병약하거나 어머니 말을 듣지 않게 된다. 학생은 학업중도 파하고 여자에 빠져 혼전살림. 처가 어머니를 업신여기거나 심하면 모선망(母先亡)하게 된다. 불운(不運) 때 사업자는 투기하다 부도나고 돈 전(錢)자는 쇠금 변에 창칼(戈)이니 공직자는 뇌물 먹다 파면, 실직, 심하면 감옥살이하게 된다.

· 財 공망(空亡): 재복 없다.

· 財 백호대살(白虎大殺): 부친 객사. 처의 변고.

· 財 급각살(急脚殺): 처(妻) 수족 이상.

· 財 도화(桃花): 처가 바람남.

· 財 귀문관살(鬼門關殺): 처의 신경쇠약, 정신이상.

· 財 형충파해(刑沖破害): 재복 없고 처덕 또한 없어 용모가 추하거나 고약한 배우자를 만나 빈민촌에서 하루 벌어 하루 먹고 살게 된다. 심하면 처(妻) 흉변으로 부부해로(夫婦偕老) 하지 못한다.

4. 관살(官殺)

관살은 정관(正官)과 편관(偏官)을 합한 말.

나를 극제(剋制)하여 다스리는 아극자(我剋者). 벼슬 관, 기관 관.

남명은 아들, 딸, 자손, 조카, 벼슬, 직장, 직장상사.

여명은 남편, 시누이, 며느리, 정부(情夫).

年: 선조 때 벼슬. 여명은 늙은 신랑[老郞].

月: 부모 때 관직.

日: 남편.

時: 자손 관직. 여명은 연하(年下).

1) 정관(正官) 길(吉) 때

· 명관과마(明官跨馬)

관은 재성의 생을 받고 인수(印綬)를 생한다. 관이 지지(地支)에 재성을 깔고 앉으면 '명관과마(明官跨馬)'라 한다. 마치 말을 타고 밝은 벼슬길로 나아간다는 뜻으로 여명은 남편이 영귀(榮貴)하는 상이다.

· 재관이덕(財官二德)

천간 관(天干官), 지지 재(地支財). 명관과마의 다른 이름이다. 재생관(財生官)하므로 처의 내조 받고 승진 발전이 따르게 된다. 가정이 안정되고 출세하며 재물까지 풍족하게 되므로 최상의 명이다.

· 신왕관왕(身旺官旺)

최고의 길명(吉命). 신왕(身旺) 때는 자신이 법(法)을 만들고 관(官)을 다스릴 수 있다. 바른 교육을 받고 인품 준수, 효(孝)와 충(忠)으로 만인모범, 공명정대하여 관의 신망을 얻게 된다. 관(官)은 국가, 법, 관직, 직장상관이다. 말단 공직에서부터 국가 이익을 위해 노력하여 정정당당하게 승진 녹(祿)이 되고 자연 권력과 명예를 얻고 일국의 장으로 출세하게 된다. 여명은 국모지상(國母之象)이라 정식 결혼한 남편이요 운에 따라 고관(高官)의 명.

· 독살당권(獨殺當權)

사주 비겁 많은 상황에서 편관(偏官) 하나가 천간(天干)에 투출 때 길명(吉命). 정관도 많으면 살(殺)이 되고 편관도 필요하여 용신(用神)할 수 있다면 권세 권(權)이 되고 귀명(貴命)하다.

· 살인상정(殺刃相停)

신왕에 양인(羊刃)과 편관(偏官)을 얻게 되면 마치 장군이 나라 구할 보검을 얻듯 권(權)이 되므로 살인상정(殺刃相停)이라 한다.

· 관인상생(官印相生)

신왕(身旺) 때 정관이 인수를 생하여 왕함을 덜어내고 중화(中和)를 이루게 되면 관과 인이 쌍전(雙全)하여 마치 고관이 직인을 갖고 있는 찰 패인(佩印)의 상으로 귀명(貴命).

· 살인상생(殺印相生)

신약(身弱) 때 편관이 인수를 생하여 일주의 근원인 인수(印綬)를 용(用)할 수 있으므로 신약용인격(身弱用印格)을 이루어 길명(吉命).

· 거관유살(去官留殺)

정관, 편관이 함께 있을 때 정관은 식상에 극제(剋制)되고 편관(偏官) 하나만 남을 때 귀명(貴命).

· 거살유관(去殺留官)

반대로 편관은 식상에 극제되고 정관(正官) 하나만 남을 때 귀명(貴命).

·합살유관(合殺有官)

편관인 칠살(七殺)은 타 오행(五行)과 합(合)되어 정관(正官) 하나만 남을 때 귀명(貴命).

·합관유살(合官有殺)

반대로 정관은 타 오행과 합되어 편관(偏官) 하나만 남을 때 귀명(貴命).

·거류서배(去留舒配)

위와 같이 정관, 편관이 혼잡할 때 불필요한 관살을 충거(沖去), 합거(合去)로 제거하게 되면 마치 가야 할 자는 가고 머물러야 할 자는 머무르게 되어 관살혼잡(官殺混雜)이라 하지 않고 길명 때 거류서배(去留舒配)라 한다.

·기명종살(棄命從殺)

일주(日柱)가 대부분 관살(官殺)로 이루어진 명이 방해하는 식상 없을 때. 자신을 버릴 기(棄). 관살의 세력에 따를 종(從)하는 종살격(從殺格). 남명은 고관(高官)이 되고 여명은 한 남편을 고분고분 섬기는 정부인(貞夫人)의 명.

2) 편관(偏官) 흉(凶) 때

·사흉신(四凶神)

네 가지 나쁜 흉성으로 겁재, 상관, 칠살, 편인.

관살은 나 자신인 일간(日干)을 직접 극(剋)하므로 가장 두렵다. 편관은 일곱 번째 순서에 해당되므로 일명 칠살(七殺)이라 한다.

관(官)은 비겁을 극하고 식상으로부터 극을 받고 재(財)의 생을 받으며 인수(印綬)를 생한다. 정관이 국가, 법, 규범, 관청이라면 칠살(七殺)은 나를 지배하여 구속하고 괴롭히는 질병, 재앙, 임시 직장이다. 다행히 길 때는 편(偏)되게 권모술수로 돈 주고 승진 벼슬하거나 법무관, 군, 군속, 경찰, 형무관 또는 길운(吉運) 때 하루아침에 고관(高官)이 될 수 있다.

남명은 오행(五行) 같을 때 아들, 다르면 딸. 자손 또는 양자손(養子孫).

여명은 혼전에 사귄 남성, 정부, 재혼한 남편.

> **주의** 정관(正官)도 많으면 칠살(七殺)의 작용으로 흉(凶)이 된다.

· 관살혼잡(官殺混雜)

관살이 혼잡하게 되면 나 자신을 심하게 극제(剋制)하므로 허약해져 신약(身弱)하다. 신약(身弱)하게 되면 관을 다스릴 수 없이 오히려 관(官)의 다스림을 받고 구속되게 된다. 비겁을 극(剋)하므로 형제, 친구 무덕(無德)하여 고독하고 관식투전(官食鬪戰)되면 조부모, 장모 무덕하고 복록과 수(壽)를 누리기도 어렵다. 결혼하고부터 재생관(財生官)하므로 재살태왕(財殺太旺). 처(妻)의 불평불만과 자식, 조카, 수하의 재앙(災殃)이 따른다. 임시직장 변화 많고 각종 질병에, 처자(妻子)에게 멸시당하고 사생아(私生兒)를 두거나 모처불합(母妻不合), 사업 백전백퇴(百戰百退), 실제로 감옥에 갇히거나 일생 기(氣)를 펴지 못하고 살게 된다.

여명(女命)은 관살과다(官殺過多)의 해(害). 중혼(重婚)의 암시로 매우 꺼린다. 사고무친(四顧無親) 아무것도 없는 집안에서 출생. 사랑 한번 못 받고 천덕꾸러기 신세요 자신과 인연 맺는 남자가 많은 상. 억지위협에 혼전살림. 심하면 강간당하고 결혼하게 되면 살중신경(殺重身輕)되어 득병(得病)에 남편무덕(無德)하고 관식투전(官食鬪戰)되면 자식과 함께 대들다 이유 없이 매 맞고 안 해본 것 없이 천한 직업에도 득병(得病)으로 돈 모이지 않는다. 낳으니 딸이요 시모불합(媤母不合)에 하루도 편안한 날 없이 누명쓰고 가시밭길 재앙(災殃)이 중중(重重)하다. 천격(賤格)으로 일부종사하지 못하고 재취, 소실, 두 남편을 섬기거나 편부(偏夫), 정부(情夫) 오래가지 못하고 지지 암장과 관합(暗藏官合) 때 부정포태, 낙태, 아기 낳고도 정통도주, 화류계, 창녀(娼女)의 명(命). 심하면 요절, 불구, 정신질환자가 되기 쉽다.

반대로 관성(官星)이 없으면 남자와 인연 없어 시집가려 하지 않고 독신녀(獨身女)가 되기 쉽다.

주의 천간과 지지 간지동(干支同) 때 한 몸으로 혼잡(混雜)이라 하지 않는다.

· 부성입묘(夫星入墓): 12운성 참고

木 일주 金官(丑)
火 일주 水官(辰)
土 일주 木官(未)
金 일주 火官(戌)
水 일주 土官(戌)

여명은 남편의 고장지(庫藏地) 감옥, 무덤으로 무덕(無德).

·官 공망(空亡): 관운과 직장 운 없고 자손 무덕. 여명은 남편 무덕
·官 백호대살(白虎大殺): 자손 객사. 여명은 남편의 변고
·官 도화(桃花): 남편의 바람기.
·官 귀문관살(鬼門關殺): 남편 또는 자손으로 본인이나 자손이 우울증, 정신질환.
·官 형충파해(刑冲破害): 관운(官運) 없고 자손 우환, 불구, 흉사, 실패.

　부덕(夫德) 또한 없어 용모가 추하거나 불구, 무능력하거나 고약하고 변변치 못한 배우자와 인연. 빈민촌에서 본인 가구주로 하루 벌어 하루 먹고 살게 된다. 불연이면 재취, 심하면 부군 감옥, 사절묘(死墓絶)때 상부(喪夫)로 부부해로 할 수 없다.

5. 인수(印綬)

인수는 정인(正印)과 편인(偏印)을 합한 말.
나를 생하는 아생자(我生者). 인수는 도장 인, 끈 수.
옛 관인의 꼭지에 단 끈을 '인수(印綬)'라 한다.
남명은 조부(祖父), 어머니, 이모, 장인, 백숙모. 명예, 종교, 학문, 교육, 연구.
여명은 어머니, 손자녀, 사위.

年: 조부모님 유덕, 할머니 같은 어머니.
月: 부모님 덕망, 총명하신 어머니.
日: 어머니가 처의 자리에 있으니 모처불합(母妻不合).
時: 늦게까지 공부.

1) 정인(正印) 길 때

·사길신(四吉神)
네 가지 좋은 십성(十星). 식신, 재성, 정관, 정인.
인수(印綬)는 관살의 생을 받고 비겁을 생하며 재(財)의 극을 받고 식상을 극(剋)한다. 정

인도 태과하면 편인과 같고 편인도 유용하면 정인과 같아 길신으로 작용한다.

2) 인수 길(吉) 때

부모님 덕망 높고 총명하신 어머님 유덕(有德)하다. 지혜, 총명, 용모단정하고 가정교육 좋아 공부와 인연. 웃어른과 선생님의 사랑받고 최고학부 일류대학에 진학한다. 인품이 준수하고 종교, 철학, 도덕을 숭상하는 신사. 문필 정확. 돈보다는 명예 우선하는 문교, 행정, 언론, 문학가, 예술가, 발명가, 변호사, 정치에 성공하고 존경받는 학자이다.

·오행상생(五行相生)
오행의 상생(相生)은 木生火, 火生土, 土生金, 金生水, 水生木으로 마치 어머니가 자식을 키우듯 생(生)한다.

·강(强)
일주(日柱)가 비겁, 인수로부터 방조(幇助)받으면 강왕(强旺)하게 된다. 특히 비겁(比劫)으로부터 생(生)을 받으면 신왕(身旺)하다 하고 인수(印綬)로부터 생(生)을 받게 되면 신강(身强)이라 한다.

·관인상생(官印相生)
일주신왕(身旺)하고 정관(正官)이 인수(印綬)를 생(生)하면 공직(公職)에서 성공(成功)한다.

·살인상생(殺印相生)
일주신약(身弱)하고 편관(偏官)이 인수(印綬)를 생(生)하면 어머님이 귀인이요 학자(學者)로서 성공(成功)하게 된다.

·패인(佩印)
신왕관왕(身旺官旺) 때 인수(印綬)와 함께하면 명문가(名文家) 출신에 부모님 경사, 표창이 따르고 마치 고관(高官)이 직인을 차고 있는 것처럼 장, 차관(長, 次官)으로 입신하게 된다.

·종강격(從强格)
외격(外格)으로 많은 인성에 따르는 종격(從格). 귀명(貴命).

3) 편인(偏印) 흉(凶) 때

·사흉신(四凶神)
네 가지 나쁜 흉성으로 겁재, 상관, 편관, 편인.
특히 상관, 양인, 칠살, 편인을 '살상효인(殺傷梟刃)'이라 한다.

·인성과다(印星過多)의 해(害)
목숨의 이치를 밝히는 명리(命理)는 중화(中和)를 중요시한다. 중화를 실도하고 편중(偏重)되게 하면 넘치면 모자라는 것만 못하게 되는 과유불급(過猶不及)이요 다자무자(多者無者)라 오히려 없는 것과 같다.
오행(五行)에 비교하면 생이불생(生而不生)이라, 생을 하나 생이 아니다.

·부목(浮木): 마치 물이 지나치게 되면 홍수에 나무가 떠내려가듯 부목(浮木)이요
·화식(火熄): 아궁이에 땔나무를 지나치게 넣게 되면 오히려 불이 꺼지는 화식(火熄)이요
·토초(土焦): 가뭄에 논밭이 갈라지는 토초(土焦)요
·금매(金埋): 쇠가 붕괴되어 묻히는 금매(金埋)요
·수탁(水濁): 금이 많은즉 물은 맑지 못하고 수탁(水濁)하게 되는 이치 (理致)이다.

명(命)에 비교. 어머니가 많은 상이라 이모가 많거나 부친 풍류. 또는 계모, 서모를 모시거나 편모슬하 남의 양자식 노릇하기 쉽다. 쓸데없는 아집으로 학업부진하고 오히려 가방끈 짧다. 재인투전(財印鬪戰)하게 되면 편모의 마음에 드는 며느리 없고 오히려 방해 모처불합(母妻不合)이요 좋내는 부부이별. 사업실패가 따른다.
여명(女命)은 치우친 생각, 시기, 질투로 부군 따르지 않고 오히려 관을 설(洩)하니 부군(夫君)은 무능력(無能力)하게 된다. 재(財)를 극(剋)하므로 돈도 모이지 않고 박복(薄福)하다. 시부모를 모시지 않고 친정 방해로 자연 부부해로(夫婦偕老) 할 수 없게 된다. 또한 인극식상(印剋食傷)이니 흠 있는 자식 걱정에 심하면 자손(子孫) 두지 못하고 시험관 아기나 양자를 고민한다. 독신 또는 기예(技藝)에 흐르거나 이상한 종교에 맹종. 불면 및 각종 질병에 약국 출입이 빈번하고 빈천(貧賤) 단명(短命)하다.

·도식(倒食)
인성(印星)이 많게 되면 재물의 보급로요 수복(壽福)을 부르는 식상(食傷)을 극(剋)하므로

도리어 명(命)이 짧고 박복(薄福)하다. 일명 효신살(梟神殺)로 새끼를 잡아먹는 올빼미나 부엉이처럼 자식 복 없고 식상(食傷)은 생식기에도 해당. 여명(女命)은 유방암, 자궁암 등 질병이 따르게 된다.

·모자멸자(母慈滅子)
어머니의 정이 지나치면 자식을 멸망으로 이끈다.

4) 흉운(凶運) 때

일명 탈식(奪食)이라 밥그릇을 빼앗기게 되니 귀인 아닌 원수(怨讐) 만나 공직자는 좌천, 실직하게 되고 사업자는 수표, 보증에 사기. 투자에 부도(不渡)요 심하면 요절(夭折)하게 된다.

·인수 공망(空亡): 어머니 우환, 무덕(無德). 명예, 인기 없다.
·인수 도화(桃花): 편모, 서모, 이모, 유흥업소의 기생.
·인수 백호대살(白虎大殺): 어머니의 흉변.
·인수 귀문관살(鬼門關殺): 편모 까다롭고 정신쇠약. 신(神)들리거나 심하면 음독.
·인수 역마(驛馬): 어머니 여행 좋아하시고 해외 출입.
·인수 형충파해(刑冲破害): 모친에 해(害)가 따른다.

제7편

격국 용신론
格 局 用 神 論

십이운성(十二運星)

　　명리(命理)의 꽃이라는 용신(用神)을 찾기 위해서는 먼저 오행(五行)의 왕쇠(旺衰)를 살펴야 한다. 십이운성은 삼합법(三合法)에 의해 일간(日干)을 연월일시 각 지지(地支)에 대비(對比)하여 살고 죽는 법을 정하였는데 일명 '포태법(胞胎法)'이라 한다. 포태법은 오행의 왕쇠(旺衰)뿐만 아니라 만물의 생극원리(生剋原理), 즉 생장소멸(生長消滅)의 법칙이 담겨 있다.

　　그러므로 일간(日干)의 강약(强弱)을 쉽게 구분하여 격국(格局)과 용신(用神)에 응용할 뿐만 아니라 십이신(十二神)은 운명작용과 같아 인간사 길흉화복(吉凶禍福)과 집, 묘(墓)의 좌향, 육친(六親)과 매월(每月)의 길흉(吉凶)과 대운, 세운의 작용, 심지어 인간의 수명(壽命)까지 적용 되므로 일간과 각각의 천간(天干)의 왕쇠(旺衰) 또한 잘 살펴야 한다.

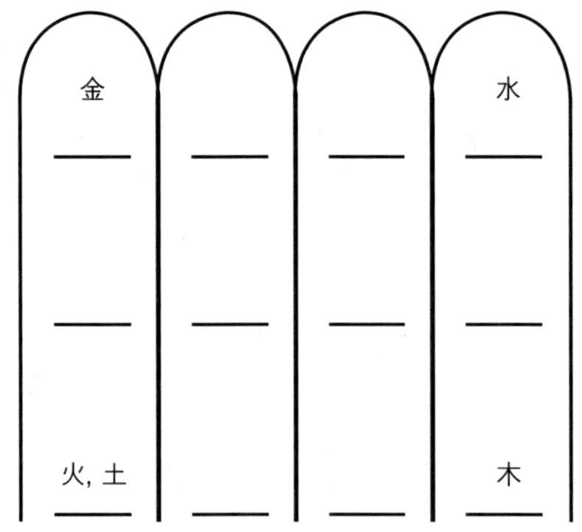

十二 運星 五行	장생 (長生)	목욕 (沐浴)	관대 (冠帶)	임관 (臨冠)	제왕 (帝旺)	쇠 (衰)	병 (病)	사 (死)	묘 (墓)	절 (絶)	태 (胎)	양 (養)
木	亥	子	丑	寅	卯	辰	巳	午	未	申	酉	戌
火,土	寅	卯	辰	巳	午	未	申	酉	戌	亥	子	丑
金	巳	午	未	申	酉	戌	亥	子	丑	寅	卯	辰
水	申	酉	戌	亥	子	丑	寅	卯	辰	巳	午	未

※보통은 부모님의 정자와 난자를 받아 절(포; 胞)부터 시작하기도 하나 필자는 알기 쉽게 장생(長生)부터 시계 방향으로 시작하였다.

주의 십이운성법(十二運星法)에는 몇 가지 논(論)이 있다.

첫째, 양(陽)은 순행(順行)하고 음(陰)은 역행(逆行)한다는 음양순역이론(陰陽順逆理論)을 고집하는 일부 학자가 있으나 순역이론은 낙서(洛書)에서 유래한 이론으로 오행(五行)의 작용과 이치는 신뢰할 수 있으나 그 법을 활용함에 있어서는 한 가지 이론에 집착해서는 안 된다. 예컨대 甲木이 午에 이르러 사(死)함은 설(洩)됨이니 맞는 이론이나 乙木이 亥에 이르러 사(死)한다 함은 亥中 壬水가 친어머니와 같은데 어떻게 사(死)가 될 수 있으며 丁火 또한 寅에서 死하게 되는데 寅中甲木 또한 丁火의 적모(嫡母)인데 어찌 死가 되겠는가? 이는 사리에 맞지 않는 말이며 크게 오류를 범하는 일이라 할 것이다. 그러므로 음간(陰干)이든 양간(陽干)이든 동생동사(同生同死)한다는 이론이 옳은 학설이라 본다.

둘째, 명리정종(命理正宗)에서는 水와 土가 공존(共存)한다 하고, 연해자평(淵海子平)에서는 火와 土가 공존한다 하였다. 그러나 명리정종의 水土 공존론은 부부(夫婦)관계요, 연해자평의 火土 공존론은 부모(父母)와 자손(子孫)의 관계이니 부부는 인륜(人倫)이요 부모와 자손은 천륜(天倫)의 관계이므로 인륜보다는 천륜이 앞선다 할 것이다. 그러므로 필자는 인간사 사계절에 따른 연해자평론(淵海子平論)을 따른다.

셋째, 오늘날 육효(六爻)에서는 水土 동궁(同宮)을 따르고 기문둔갑(奇門遁甲)에서는 양토(陽土)는 水土 동궁, 음토(陰土)는 火土 동궁, 사주명리(四柱命理)는 火土 동궁(同宮)으로 순행(順行)함을 독자 제위는 기억하기 바란다.

(1) 장생(長生)

어머니로부터 이 세상에 출생(出生)함을 뜻한다.

생(生)하고 도와주므로 미래의 희망.

육친(六親)과 연월일시에도 대비하고, 길(吉)과 흉(凶)으로 나눈다.

초년(初年): 선조, 부모, 형제 유덕.

중년(中年): 부부화목하고 총명하여 가문을 빛낸다.

말년(末年): 귀한 자손으로부터 효도 받고 말년이 복되다.

(2) 목욕(沐浴)

출생 후 옷을 벗고 목욕한다는 뜻. 철없이 천방지축 날뛴다는 뜻.

십이신살(十二神殺)에서의 도화(桃花). 일명 패지(敗地).

육친(六親)과 연월일시에도 대비한다.

초년(初年): 선조 주색 패망.

중년(中年): 사치 색난으로 유산 없고, 부모 재가 또는 풍파.

말년(末年): 자손 풍류 또는 본인 재혼.

(3) 관대(冠帶)

관 쓰고 띠를 두르듯 정장을 입고 사회에 진출함.

초년(初年): 비범한 인재.

중년(中年): 아름다운 배우자와 혼인하고 사회에 두각.

말년(末年): 자손 발영.

(4) 임관(臨官)

장성하여 벼슬길에 나아가다. 사회의 중심인물로 남을 다스린다는 뜻.

초년(初年): 장남, 장녀요 사회생활 빠르다.

중년(中年): 건강하고 처세에 밝아 국영 기업체 근무.

말년(末年): 복록을 누린다.

(5) 제왕(帝旺)

일생 중 가장 왕성하여 임금을 보좌하는 전성기.

초년(初年): 명문가 자손에 선조 강건, 부귀.
중년(中年): 장남, 장녀요 만인에 군림.
말년(末年): 달도 차면 기우나니 자손에 흠, 부부해로 하기 어렵다.

(6) 쇠(衰)

왕성함이 지나고 점차 쇠약.

초년(初年): 선대 파산.
중년(中年): 큰일 하기 어렵다.
말년(末年): 자손 걱정, 뜻하지 않은 손재수.

(7) 병(病)

시들고 병드는 것은 자연의 이치.

초년(初年): 선대 병약(病弱).
중년(中年): 본인 병약으로 곤궁.
말년(末年): 자손의 질병으로 고심.

(8) 사(死)

생로병사(生老病死)는 자연의 법칙.

초년(初年): 선조 무덕.
중년(中年): 부모 형제 인연 없고, 배우자와도 불화.
말년(末年): 자손과 인연 없다.

(9) 묘(墓)

죽은 후 땅속에 묻히는 일명 '고장지(庫藏地)'.

초년(初年): 선조의 무덤, 무덕(無德).
중년(中年): 나이에 비해 늙어 보이고, 부모 형제로 고생.
말년(末年): 자손 근심.

비겁고(比劫庫): 형제, 친구 조기 이별. 무덤.
식상고(食傷庫): 수하. 여명(女命)은 자손의 질병, 사고, 무덤.
재고(財庫): 숨겨둔 재물 또는 아버지, 처(妻)의 무덤.
관고(官庫): 상사, 자손의 질병, 사고, 무덤. 여명은 옛 남자 부군의 무덤.
인수고(印綬庫): 오래된 책 또는 집. 어머니의 질병, 사고, 무덤.

(10) 절(絶)

기가 끝난 상태. 포(胞).

초년(初年): 선대 양자.
중년(中年): 부모 형제 무덕(無德).
말년(末年): 자손 또는 말년 고생.

(11) 태(胎)

부모의 씨앗 받아 새로운 생명 포태.

초년(初年): 선대 불발.
중년(中年): 부모 때 이주.
말년(末年): 자손과 재물 지키기 어렵다.

(12) 양(養)

어머니의 태중에서 무럭무럭 성장하는 상태.

초년(初年): 선대불발(先代不發).
중년(中年): 남의 젖을 먹고 자라거나 양자, 타가 기숙.
말년(末年): 자손 효도.

·사왕지(四旺地): 장생, 관대. 임관, 제왕

·사쇠지(四衰地): 쇠, 병, 사, 절.

격국론(格局論)

　본장에서는 일간(日干) 대비, 월지 본기(本氣)에 따른 통변(通辯)으로 알기 쉽게 설명하였다. 우리나라는 대한민국으로 나라의 이름이 있고 사람이나 상품에게도 이름과 상품명인 브랜드가 있듯이 각 사주 육친에 따른 이름을 격국(格局)이라 한다.

　명(命)은 오행(五行)의 법칙이요 격(格)은 오행의 바름이다. 격(格)이 작은 단위를 나타낸다면 국(局)은 좀 더 규모가 큰 세력을 말한다. 격국(格局)은 나라의 국격(國格)이나 상품의 품격(品格), 인간의 인격(人格)처럼 上中下로 나눌 수 있고 크게는 8정격(正格)인 내격(內格)과 외격(外格), 특수격(特殊格)의 세 종류로 나눌 수 있다.

1. 내격(內格)

　부모님께서 나를 낳아주신 선천적 월지 본기(本氣)를 기준으로 한(정인, 편인, 식신, 상관, 정재, 편재, 정관, 편관) 8정격(正格)과 용신(用神)에 붙이는 격국(格局).

1) 건록격(建祿格)

　甲일간 寅월. 丙巳, 戊巳, 庚申, 壬亥.

　일간(日干)이 월지(月支)에서 십이운성(十二運星)의 관대(冠帶)를 놓은 것. 관 쓰고 띠를 두르고 관직에 나가 나라로부터 받는 급료를 녹봉(祿俸)이라 한다. 녹봉을 세운다 하여 세울 건록(建祿)이라 한다.

　건록은 네 가지로 구분하는데

　年(배록; 背祿)

　月(건록; 建祿)

　日(전록; 專祿)

　時(귀록; 歸祿)

나 자신인 일간과 같은 오행을 비화(比和)라 하고 어깨를 나란히 한다하여 어깨 견(肩)을 합하여 비견(比肩)이라 한다. 비견(比肩)은 정격(正格)을 놓지 않는다. 그러나 외격, 특수격으로 귀격(貴格)을 놓을 수 있다.

건록격(建祿格)의 명은 남녀 공히 재(財)를 극(剋)하고 출생. 부모, 특히 아버지 무덕(無德)하고 한 집안의 장남, 장녀요 마음 착하고 분수를 알아 국영 기업체, 국가 공무원 등에 입신한다. 내 세력이 강하니 자신감 넘치고 아부나 간교한 짓은 하지 않는다. 간담상조(肝膽相照)라, 간과 쓸개처럼 마음을 열고 형제간 우애 있고 친구 간 애경사에 적극 참여하며 상부상조(相扶相助) 서로 돕고 의지한다. 큰 재복(財福)은 없어도 건강하여 병원 신세질 일 없다. 자수성가(自手成家)로 일가 창립, 집안을 일으키고 자손을 훌륭하게 키운다.

그러나 형충파해(刑沖破害) 되면 주위 권력자와 친분을 과시하고 잘난 척 안하무인(眼下無人), 독선적이기 쉽다. 형제, 친구 간 상부상조는커녕 극재(剋財)하므로 재물 복 없고 배우자와 별거, 심하면 상처(喪妻)하게 된다.

※공자(孔子)의 출생

『사기(史記)』와 도올 김용옥, 모로하시 데쓰지의 기록을 보면 인간 공(孔) 선생은 선조 송인(宋人)의 무장(武將)이셨던 부(父) 숙량흘 70세와 모(母) 당골네 안징재 16세와의 야합(野合)으로, 학자마다 주장이 다르나 석가모니 부처님과 동시대인 기원전 551년 8월 27일(이탄진 기념일) 중국 노나라, 오늘날 산동성 곡부 50리 남쪽 추현(鄒縣)에서 태어나셨다. 머리가 오목하여 이름은 구(丘)요 이산에서 기도 후 출생하였다 하여 자는 중니(仲尼). 키는 9척 6촌(1척: 22.5센티미터)으로 2미터 10센티미터가 넘는 체구에 출생한 지 3년 후 父를 잃고 17세에 어머니마저 돌아가셨다. 유가(儒家)의 경전인 『시(詩)』, 『서(書)』, 『역(易)』, 『예(禮)』, 『악(樂)』, 『춘추(春秋)』의 육경(六經)은 동양문화에 지대한 영향을 주었고, 그의 묘비에는 '위대한 완성자. 최고의 성인. 문화를 전파하는 왕(王)'이라고 적혀 있다. 선생은 고향을 회고하면서 "나는 어렸을 적에 가난하고 천한 사람이었다."고 하셨다.

『논어(論語)』 첫 장에

子曰 學而時習之 不亦說乎 有朋 自遠方來 不亦樂乎 人不知而不慍 不亦君子乎.
공자께서 말씀하시길, 배우고 때때로 익히는 것, 벗이 먼 곳으로부터 찾아오는 것 이 또한 즐겁지 아니한가. 또한 남이 나를 알아주지 않아도 불만스럽게 생각 않는 것 또한 군자다운 것이다.

또한 공자께서 말씀하시길,

益者三友 損者三友 友直友諒 友多聞 益矣 友便辟 友善柔 友便佞 損矣.

이익 되는 세 벗과 손해되는 세 벗이 있나니 정직하고 성실하며 견문이 넓은 사람을 벗하면 이익이 되고, 아첨하고 불성실하며 말재주만 있는 자와 함께하면 손해가 따른다.

주공(周公)께서 말씀하셨다.

자기 친족을 버리지 아니하고 대신들을 원망하지 않으며 큰 과실이 없는 한 옛 친구를 버리지 않는다. 또한 사람에게서는 완전함을 추구하지 않는 것이 군자(君子)이다.

기원전 춘추시대 제나라 때 재상을 지냈던 관중은 양공의 둘째 왕자 규를 모셨고, 친구 포숙아는 첫째 왕자 소백을 모셨다. 포숙아가 잡혀오자 관중은 탄원하면서 나를 낳아준 이는 어버이이나 친우 포숙아는 나를 탓하지 않았고 무능하다 하지 않았으며 비겁하다 하지 않고 나를 우정으로 벗하였다. 세상은 이들을 칭찬하면서 '관포지교(管鮑之交)'라 일컬었다고 고사(古史)는 전한다.

사랑하는 이여!
어느 시인(詩人)이 말하길 선물 앞세우지 말고 그냥 웃는 얼굴로 오세요.

※건명(乾命)
형제, 자매, 친구, 며느리, 직장 동료.
· 조부(食傷): 명석하신 조부님. 사업으로 부(富)를 이루셨다.
· 조모(印綬): 인자하신 할머니.
· 父(偏官): 돈보다는 명예를 소중히 여기신 훌륭한 아버지. 노년에 건 강 염려.
· 母(食傷): 음식 솜씨 좋으시고 재치 있는 말씀에 어여쁘셨던 어머니.
· 장인(食神): 미남에 박사이니 교육, 생산업, 사회사업 하기 쉽다.
· 장모(印綬): 아들 귀한 명에 보수적이라 장모와 갈등 있기 쉽다.
· 妻(正官): 반듯한 가정에서 엄한 교육받고 자라 결혼 전후에 직장생활하기 쉽다.
· 아들(偏財): 가산이 힘들어지고 학교는 1차보다는 2차와 인연. 학교멀리 가기 쉽다.
· 딸(正財): 복덩이. 집안 일어나고 승진하니 재수 대통한다.
· 며느리(劫財): 독립심 강한 맏며느리. 친정복은 없기 쉽다.
· 사위(偏印): 기예에 능하고 장모와 불화하기 쉽다.

※곤명(坤命)
형제, 자매, 친구, 시아버지.
· 시아버지(劫財): 고달픈 어린 시절로, 자수성가하신 백전노장의 媤父.

· 시어머니(偏官): 알게 모르게 독선적이고 강압적. 기억력 좋으신 媤母.

· 夫君(正財): 가정적, 근면, 성실, 모범적인 애처가. 가계부를 직접 챙기니 답답하다.

· 아들(印綬): 곱게 자라 의타심이 흠이다.

· 딸(偏印): 문학, 예술에 능하고 친정 가까이 살려 한다.

· 며느리(偏財): 돈 벌고 쓰는 데 억척이니 내 아들 무능케 할까 염려다.

· 사위(傷官): 인물 좋고 언변 뛰어나나 내 딸과 부부불화가 염려된다.

2) 양인격(羊刃格)

甲일간 卯월. 丙午, 戊午, 庚酉, 壬子.

일간(日干)이 월지에서 십이운성의 관대 다음 제왕(帝旺)을 놓아 가장 왕성함을 뜻한다. 일부 학자는 음간(陰干)도 양인(羊刃)이라고 주장하나 음간(陰干)은 양인을 놓지 않기 때문에 양인(陽刃)이라 한다.

※적천수
양인국(陽刃局) 전즉정위(戰則程威) 약즉파사(弱則怕事).

양인국이 전국(戰局)되면 위풍을 떨치고 약(弱)하면 일을 두려워한다. 전국(戰局)이란 가령 丙午 양인(羊刃)이 지지 寅午戌 신왕(身旺)하고, 신왕(身旺)하면 편관(偏官)을 기뻐한다 하였으니 편관인 子水가 午양인(羊刃)을 충(沖)함을 말한다. 양인이 칠살(七殺)인 편관과 함께하면 살인상정(殺刃相停) 귀격(貴格)을 놓게 된다.

※살인상정(殺刃相停)
수어지교(水魚之交; 『삼국지』에서 유비[劉備]가 삼고초려[三顧草廬], 즉 세 번이나 오두막집을 찾아가 제갈량[諸葛亮]을 얻음)처럼 마치 물고기가 물을 만나는 것 같고 장수가 나라 구할 보검을 얻은 것처럼 문무겸비(文武兼備)한 장수가 전쟁에 임전무퇴(臨戰無退)로 공(功)을 세우고 마음 높고 심성 고강하여 대장부 불굴의 의지와 기개로 나라에 충성(忠誠)하게 된다. 정승, 판검사, 군, 의사, 경찰, 열사.

그러나 양인이 중(重)하고 극충파(剋沖破)되면 고서(古書)에 "살(殺)이 중(重)하면 성격이 횡폭하고, 양인(羊刃)이 중(重)하면 반드시 흉(凶)하다." 하였다. 마치 주먹깡패요 칼을 든 강도로 남을 살상케 하는 자이다. 사마천의 『사기열전(史記列傳)』에 등장하는 대도(大盜) 척(跖)은 춘추 말기에 날마다 죄 없는 사람을 죽이고 그들의 간(肝)을 회쳐 먹었다 하여 후세

서울 용산 "전쟁기념관" 광장의 형제상

에 그를 '도척(盜跖)'이라 하였다.

※비견, 겁재. 양인은 육친(六親)으로 형제.

남녀 공히 팔자 센 운명이라 부친 형제 무덕(無德)하고 인연 없다.

인(刃)은 창칼과 참을성 없고 고집 센 염소 뿔의 비유처럼 인덕 또한 없다. 보통 직장인은 상사에게는 아부하고 동료와 경쟁이요 부하에겐 오만하다. 상인은 거란족 후예라는 백정. 고기장사로 자수성가 한다.

※흉운(凶運) 때

질병, 사고로 수술하고 부인 두고 남의 여자를 탈취하며 불같은 성질로 형님 하였다 이놈저놈 포학무도(暴虐無道)하고 질악태엄(疾惡太嚴)한 자이니 사람을 악(惡)으로 대하고 재앙(災殃)이 중중(重重)하다. 불연이면 두 번 결혼하고 불구자 또는 빈곤하여 남의 고용살이 고기 배를 타게 되는데 심하면 선종(善終)하지 못한다.

여명 또한 강제 벼락혼인 하고 고집으로 부군에 대항 집안불화 첩 꼴을 보고 살거나 본인이 첩(妾) 또는 상부(喪夫) 독신으로 고독빈천하다.

※오행(五行)에도 대비
·木: 풍류, 가스중독, 목매 자살
·火: 시비, 폭행, 폭발, 화재
·土: 강도, 매몰사고.
·金: 폐·대장암, 교통사고, 총칼에 의한 살상.
·水: 주색(酒色), 물에 빠져 익사.

※콩깍지를 태워 콩을 볶누나

위 왕 조조가 죽자 맏아들 세자 조비는 왕자의 난을 두려워한다. 유약했던 막내 조웅은 자살하고 둘째 조창은 뛰어난 용맹으로 10만 대병을 이끌고 왕위를 다투려 하였으나, 대부 가규가 "집에는 맏이가 있고 나라에는 세자가 있는 법"이라는 설득에 뜻을 접게 된다. 세자 조비는 아버지 조조를 무왕(武王)이라 시호(諡號)를 내리고 재주 뛰어난 셋째 조식을 잡아 들인다. "너와 난 정으로 보면 형제이나 임금과 신하이다. 네가 문장에 뛰어나다 하니 내가 일곱 걸음 걷는 시간에 형제라는 말을 쓰지 않고 시 한 수를 해보겠느냐? 만약 잘못하면 죽이든지 귀양을 보내겠다." 그에 조식은 시(詩) 한 수를 읊어 나간다.

『삼국지(三國志)』 이문열 평역

煮豆燃豆萁 콩깍지를 태워 콩을 볶누나.
豆在釜中泣 솥 속의 콩은 울고 있다.
本是同根生 원래 한 뿌리에서 자라났는데
相煎何太急 어찌 이리도 급하게 볶아대는가.

이후 조식은 41세에 한 많은 생을 마감한다.

※건명(建命)
형제, 자매, 친구, 며느리, 직장동료, 동서, 사업 라이벌.
·조부(食傷): 명석하신 조부님. 사업으로 부(富)를 일으키시고.
·조모(印綬): 인자하신 할머니.
·父(官殺): 돈보다는 명예를 소중히 하신 엄한 아버지. 노년 건강 염려.
·母(食傷): 음식 솜씨 좋으시고 재치 있는 말씀에 어여쁘신 어머니.

· 장인(傷官): 비상한 재치로 관보다는 사업가. 바른 말씀 잘하니 조심.

· 장모(偏印): 아는 것 많고 예능에 취미 많으나 자손 약함이 흠이다.

· 妻(偏官): 안 해본 것 없이 일복 많아 병약하기 쉽다. 하루도 평안한날 없다.

· 아들(正財): 만인모범. 결혼하면 처덕 있고 재무 행정.

· 딸(偏財): 복덩이. 결혼하면 재물 욕심으로 부군 무능력하기 쉽다.

· 며느리(比肩): 독립심 강한 맏며느리.

· 사위(印綬): 공부 잘하고 곱게 자라 용기 부족이 흠이다.

※곤명(坤命)

형제, 자매, 친구, 시아버지, 남편의 첩.

수술 받아 보고 신왕(身旺) 때 흉(凶)을 충거(沖去)로 제거하면 길(吉)하다. 합운(合運) 때 투쟁과 교통사고 등 남편 흉액이 두렵다. 신약(身弱) 때는 반대.

· 시아버지(比肩): 자수성가하신 시아버지. 모임 많아 집안에 손님 내왕많다.

· 시어머니(正官): 매사에 끊고 맺음이 분명하신 시어머니. 고부갈등 냉정함이 흠이다.

· 부군(夫君; 偏財): 사업가. 인기 좋아 잘 돌아다닌다. 한번은 부군 풍류 조심.

· 아들(偏印): 인사, 총무 등 도장 찍는 곳에 근무. 어머니 때문에 걱정많으니 일찍 자립함이 좋다.

· 딸(印綬): 공부 잘하고 효도하는 착한 딸.

· 며느리(正財): 부군 위해 헌신하고 알뜰살뜰 부지런한 살림꾼. 시댁부자 되고 최고 며느리.

· 사위(食神): 인물 좋고 총명. 박사에 애처가. 장모에게 효성, 최고 사 위. 아들 귀함이 흠이다.

3) 식신격(食神格)

甲일간 巳월. 丙辰戌, 丁丑未, 戊申, 己酉, 庚亥, 辛子, 壬寅, 癸卯.

식신은 재물을 생(生)하므로 식신생재(食神生財) 되면 재물이 떨어지지 않고 안정된 경제와 재앙(災殃)의 신 칠살(七殺)을 막아주므로 먹을 것과 수명을 보호하는 수복신(壽福神)이라 한다.

남녀 공히 조모(祖母)의 사랑받고 성장. 넓은 이해심으로 인정 많고 사교가 원만, 많은 사람이 따른다. 풍만한 신체, 명랑, 활발, 낙천적 성격으로 의로운 일에 이해를 떠나 수하를 성의껏 돌봐주고 타인에 봉사. 음덕 베푸니 자선 사회사업. 장모의 도움으로 자유 식품생산업에 횡재수 있다. 처자식 복 많고 총명박사에 연구직. 다재다능(多才多能), 언변 좋아 방송, 교육, 육영사업 등 비교적 일생 큰 액을 당하지 않고 순탄하며 오복(五福)과 장수(長壽)의 명.

·오복(五福; 다섯 가지의 복)

수(壽). 부(富). 몸이 건강하고 편안한 강녕(康寧). 어진 덕을 닦는 유호덕(攸好德). 명대로 살다가 편히 죽는 고종명(考終命).

·불가의 음식

먹을 복 갖고 태어난 식신(食神) 하면 저자가 스님과 담소하면서 먹었던 사찰음식이 생각난다. 불가(佛家)의 음식은 생명. 건강의 약(藥)으로 수행(修行)의 일부인데 4발우(밥, 국, 찬, 물 그릇)에 수행에 방해되는 육식. 젓갈은 물론 오신채(五辛菜; 파. 마늘. 달래. 부추. 양파)를 금지하고 인공 조미료와 방부제 없는 청정 채소와 버섯, 간장과 소금, 들깨, 콩가루, 다시마, 산초가루 등으로 찬을 하는데 오행(五行)의 조화(調和)처럼 짜고 맵지 않아야 함은 물론 과식(過食)은 심신을 흐리게 하고 괴롭게 하니 금하고 소식(小食) 또한 기력을 쇠하게 하므로 금하며 생것은 성내는 마음이 더하니 금하고 지나치게 익힌 것은 음란한 마음에 수행 방해로 금하며 음식은 소중함이니 절대 버리지 않는다 하였다. 필자는 여기에 즐거운 마음과 중국 만리장성과 이집트 피라미드 건설에 먹었다는 마늘을 권한다. 인간의 다섯 가지 욕망인 재물, 여자. 음식, 명예, 수면 욕구 중 먹을 것을 찾아다니는 몬도가네식 식도락가가 이 세상에서 가장 차원 낮은 사람일 것이다. 부끄러움을 아는 인간은 미천한 동물이 아니기 때문에 배고픔과 목마름에서 다만 몸을 지탱할 수 있는 정도로 만족함은 될 것이다.

아시타의 예언에 의한 석가모니 부처님은 하루 한 끼의 식사와 2시간을 주무시고도 80세까지 장수하셨다. 술은 평생 입에 대지 않으셨으나 제자들에게 강요한 적은 없으셨고 지금도 소승불교에서는 고기를 취한다. 절(折)이란 자신의 욕망을 꺾는다는 뜻이 아닌가. 250가지 계율과 금주절욕(禁酒折辱)을 지켜야 하는 비구는 아니나 육신은 우주로부터 잠시 빌려와 쓰고 있을 뿐이요 썩어 없어질 육체보다는 먼저 마음을 잘 다스려야 할 것이다.

공자(孔子)께서는 어떻게 드셨나 살펴보자.

"자로(子路)야, 내가 어떻게 박같이 대롱대롱 매달려서 먹지 않고 지낼 수 있겠느냐?"던 공자(孔子). 밥은 정밀한 것과 회는 가느다란 것을 싫어하지 않으셨다. 또한 밥이 쉬고, 상한 생선, 썩은 고기, 나쁜 색, 나쁜 냄새, 조리가 알맞지 않아도 드시지 않으셨다. 식사 때가 아니면 드시지 않으셨고 벤 것이 똑바르지 않거나 장이 알맞지 않으면 드시지 않았으며 밥보다 고기를 더 취하지 않았다. 오직 술은 일정한 양은 없었으나 취하여 정신을 잃는 데까지는 미치지 않으셨고, 사온 술과 육포는 들지 않으셨으며, 생강은 알맞게 계속 드셨다. 비록 성근 밥과 채소 국이라도 반드시 제사를 지내고 재계하듯 공경을 다하셨다.

子曰, 吾嘗終日不食 終夜不寢 以思 無益 不如學也.

공자께서 말씀하시길 내가 종일토록 먹지도 아니하고 밤새도록 자지도 아니하면서 곰곰이 생각해 보았지만 소용이 없었다. 배우는 것이 제일이다.

※건명(建命)

조모, 외조부, 장모, 사위, 손자, 손녀, 조카, 후배, 제자, 부하 종업원.

· 祖父(偏財): 부유한 집안에 태어나 일찍 객지생활 하셨다.

· 祖母(劫財): 강인하신 할머니.

· 父(印綬): 글씨 잘 쓰시고 어디를 가나 존경받으셨던 아버지.

· 母(正財): 엄한 교육 받고 성장. 시집와서 근면, 성실 알뜰살뜰 살림잘하시고 가족 위해 헌신
  하신 어머니.

· 丈人(偏財): 돈 잘 쓰고 재주 많아 놀기도 잘하시는 공처가. 투기 보증서지 않아야 할 텐데.

· 丈母(劫財): 가장 아닌 가장으로 태어나 억척이신 장모님. 장인과 친정 사이좋게 지내시길.

· 妻(印綬): 부모 유덕에 공부 잘하고 곱게 성장. 교양 있고 인자한 현모 양처.

· 아들(偏官): 명문가문에 태어나 자신만만 정의파. 남 감시. 감독, 조사기관에 근무하기 쉽다.

· 딸(正官): 가문 좋고 총명한 모범생. 공직에 근무하다 결혼하여 사모님 소릴 듣게 된다.

· 며느리(傷官): 총명과 미모로 예능계. 자식 낳고 사치, 허영. 남편 무시. 초기에 버릇 고쳐야 한다.

· 사위(比肩): 건강 좋고 자수성가한 맏사위.

※곤명(坤命)

아들, 딸, 조카, 후배, 제자, 부하 종업원.

· 시아버지(傷官): 다재다능(多才多能) 멋쟁이 시아버지.

· 시어머니(偏印): 교양 있고 손재주 능하신 시어머니. 그러나 부부 불 화, 친가로 인한 고심, 자
  식 상심으로 신경 예민하시니 자존심을 건들게 되면 무서운 적으로 돌변한다. 조심할 것.

· 夫君(正官): 명문가문에서 출생한 귀공자, 부부 유정. 부모에게 효도. 자식 위해 최선을 다하
  는 모범 가장.

· 아들(劫財): 건강하고 책임과 독립심이 강하다.

· 딸(比肩): 건강하고 정직.

· 며느리(偏官): 갑자기 찾아온 며느리, 명문가문 출신이나 굴곡 많아결혼 전후에 직장생활 해
  야 한다.

· 사위(正財): 풍족한 가정에서 성장. 애처가요 정직, 근면, 성실한 사위.

4) 상관격(傷官格)

甲일간 午월. 乙巳, 丙丑未, 丁辰戌, 戊酉, 己申, 庚子, 申亥, 壬卯, 癸寅.

조부 풍류로 조상 한미. 쇠락 가정에 할머니 슬하에서 성장. 머리와 입으로 먹고 사는 이. 꾀는 조조를 능가하고 방송계, 서비스, 도매유통, 세일즈, 브로커. 레스토랑에서 먹고, 비싼 옷에 멋 내는 데 일가견 있다. 뜻대로 되지 않으면 고급 자동차로 치장하고 사기행각을 벌인다. 그놈은 언제나 점잖고 정중하며 저음으로 부드럽게 다가와 아무런 죄의식 없이 거짓말을 입에 달고 유들유들 잘도 돌아다닌다. 그놈은 교회 집사요 장로이며 건설회사 회장이라고 그럴듯한 거짓말로 접근한다. 잠시 돈을 빌려주거나 투자하면 높은 이익배당과 이자를 주겠다는 달콤한 거짓말로 돈과 몸을 빼앗는 가장 치졸한 자이다.

조선의 과거제도에 사주를 적어 내게 한 것은 마음을 잘 바꾸는 자, 난(亂)을 일으키는 자이니 벼슬을 주지 않기 위함이었다. 정관(正官)은 국가, 법, 직장상사에 비유되는데 관(官)을 극(剋)하므로 직장에 불평불만, 상사에 하극상이요, 사표 쓰고 데모 앞장. 실없는 농담으로 사교술은 있으나 오만한 자이니 나보다 잘난 꼴 못 보고 허풍, 허세에 보면 볼수록 밉다. 법을 무시하므로 가는 곳마다 남의 말을 끊고 아는 체 시비구설이요, 앉으나 서나 여자와 일확천금(一攫千金)을 꿈꾼다. 의심 많아 지 꾀에 자기가 넘어가고 오입질과 도박으로 동서작첩(東西作妾), 도처에 장모 많고 부모에 불효. 처궁(妻宮) 변화에 멸자(滅子)하게 되니 자손(子孫)은 불발(不發)이요 작은 이익을 탐내 큰 뜻을 이루지 못한다. 학문을 배워도 유종의 미를 거두기 어렵고 성정이 어긋나 오만무례, 왕자병으로 요주의 인물. 생재(生財)하므로 의록은 있으나 여자를 탐함이 끝이 없고 주색(酒色)과 세와 이(利)를 따라 의리(義理)를 저버리는 자이다. 공자께서 "정치는 재물을 절약하는 데 있고 허영과 사치는 망국(亡國)의 원인"이라 하셨다.

적천수
청즉겸화(淸則謙和) 탁즉강맹(濁則剛猛).
상관격(傷官格)이 청(淸)한 때는 겸손하고 온화하나 탁(濁)한 때는 사납게 달려든다.

※건명(建命)
조모(祖母), 외조부(外祖父), 장모, 손녀.
·祖父(財星): 일찍 고향 떠나 조모님의 공 있으셨다.
·祖母(比肩): 독립심 강한 할머니.

·父(印綬): 글씨 잘 쓰시고 학자풍의 선비.

·母(財星): 가난한 집으로 시집와 온갖 고생하신 장한 어머니.

·丈人(正財): 풍족한 가정에서 성장. 정직, 근면, 성실하신 장인어른.

·丈母(比肩): 가장 아닌 가장으로 온갖 풍파를 견뎌 오신 장모님.

·妻(偏印): 기예 능. 친정 가까이 살기 쉽고 부부생활 불만, 자존심 상하게 하지 말지어다.

·아들(正官): 모범생이니 바른 말 잘하고 반듯한 직장. 결혼하여 부부유정하다.

·딸(偏官): 명분 중히 여기는 거침없는 언행. 결혼 전후에 직장생활. 딸 앞에서 실수하지 말지어다.

·며느리(食神): 인물 좋고 말솜씨, 요리 솜씨 좋은 며느리.

·사위(劫財): 자수성가한 사위. 딸과 불화 있기 쉽다.

※비너스의 여신(女神)

1820년, 에게 해의 밀로스 섬 아프로디테 신전 부근에서 농부가 밭 갈다가 발견하여 프랑스 루브르 박물관에 소장된 비너스.

현재는 여성의 속옷 회사의 상표로 유명한 '베누스'의 영어식 발음 비너스는 그리스 신화에 큰 조개껍데기를 밟고 알몸으로 선 조개 패녀(貝女)인데, 금발머리에 얼굴 대비 신장의 비례가 8대 1인 팔등신의 미녀(美女)이다. 혼돈의 카오스와 질서의 코스모스를 지나 거품에서 태어난 여신은 그리스 동쪽, 터키 남쪽의 사이프러스 섬에 상륙한다. 사랑의 여신. 그녀의 이름은 아프로디테이다. 바비 인형이 36-18-33인치 몸매에 육체적 쾌감, 특히 성적 감각을 자극하는 관능미까지 갖추었다면 모든 신(神)들이 군침을 삼키게 된다. 이에 불벼락을 손에 쥔 신들의 왕(王) 제우스는 그의 아내 헤라의 아들인 헤파이스토스와 결혼시킨다. 그는 추남에 절름발이였다. 미녀와 야수인가? 사랑과 아름다움에는 항상 불화가 따르는 법. 하루는 음란한 아프로디테가 간통하고 돌아다닌다는 소문에 헤파이스토스는 충격을 받고 청동을 두들겨 눈에 보이지 않는 그물과 올가미를 만든다. 간통자를 잡고 보니 전쟁의 신 아레스다. 남의 아내를 탐낸 편관격(偏官格)의 아레스와 남의 지아비를 따르는 상관격(傷官格)의 아프로디테의 사랑은 그녀가 거품에서 태어났듯 물거품인가? 오늘날 음란한 영화나 사진을 '포르네'라 하고 웃음을 파는 음탕한 여인을 '사이프리언'이라 한다. 사랑의 여신 아프로디테가 낳은 아들이 조그만 화살을 가지고 다니는 사랑의 신 에로스다. 그가 가진 금 화살에 맞게 되면 사랑의 열병을 앓게 된다는 에로스의 로마식 발음이 큐피드이니 "큐피드의 화살에 맞았다"고도 한다.

영화나 문학에서 관능미로 남자를 유혹하여 파멸케 하는 요부를 '팜므파탈'이라 하는데,

이는 숙명적으로 남자를 상(傷)하게 하는 상관격(傷官格) 숙명의 여인을 가리키는 말이다.

※여명이 상관격을 놓게 되면

　나라를 위태롭게 하는 경국지색(傾國之色)으로는 최초로 연지를 찍었던 달기, 양귀비, 황진이(본명: 진[眞])이다. 황진이(黃眞伊)는 중종 때 박연폭포, 서경덕과 함께 송도삼절(松都三絶)이라 칭송 받았다. 용모 출중하고 뛰어난 총명으로, 열네 살 때 이웃 총각이 한 번 보고부터 연모하다 병사(病死)한다. 상여가 꼼짝 않고 움직이지 않자 자신의 속옷을 벗어주고 기생 명월(明月)로 입문한다. 당시 살아 있는 성불이라던 지족선사를 유혹하여 파계시키고 조선의 대학자요 성리학과 역학, 이기철학자로 제자 초당두부를 만들었던 허엽, 토정비결의 이지함을 가르쳤던 화담 서경덕(1489~1546) 선생을 유혹하려다 실패하여 스승으로 모시고, "내가 죽거든 길가에 버려 개미가 먹도록 하라."고 유언한다.

　『삼국지(三國志)』에서는 초선의 미모를 다음과 같이 서술한다.

　초승달 눈썹에 호수같이 맑은 눈, 상아를 깎아놓은 듯한 콧날, 복사꽃같이 빛나는 볼, 붉은 꽃잎 같은 입술, 보일 듯 말듯 희고 고른 이, 백옥 같은 피부, 풍성한 머릿결, 싱그런 향기에 화술 또한 뛰어나 감칠맛 나는 말솜씨로 사람의 심금을 울리는 야한 몸매의 여배우. 왕륜은 춤추고 노래하며 자신을 시중들던 16세 가기(歌妓) 초선에게 부탁하여 동탁과 여포를 미인계로 유혹케 한다.

　섬진강 시인(詩人) 김용택(61),
　"내가 시방 홀렸지요? 이러다가는 저 꽃이 생사람 잡겠어요."

　여명은 관부(官夫)를 용신(用神)으로 삼고 자식을 희신(喜神)으로 삼는다. 신약(身弱)에 상관이 중(重)하거나 재성과 관살이 중하거나 화염토조(火炎土燥)·금한수냉(金寒水冷)·토금습(土金濕)·수범목부(水泛木浮)하게 되면 고서(古書)에 경솔하고 음란하여 반드시 남편을 극한다 하였다.

　시어머니와 불화했던 어머니가 원치 않았던 불안한 태교(胎敎)로 출생. 어려서 엄마 몰래 분 바르고 머리 물들이며 눈썰미는 좋아 명품을 탐내고 요리와 손발 움직이는 예능, 사고파는 유통, 서비스, 비서, 음악·미술 교육, 육영 등 특히 남성의 눈을 즐겁게 하니 남성에게 인기가 많다.

　육친과 연월일시 운(運)에도 대비한다.

·비겁운(運)

꽃은 종족번식을 위해 갖은 색과 짙은 향기로 벌과 나비를 유혹한다. 아름답게 보여야 하니 그 어떤 수술의 고통이나 치장에 비용을 아끼지 않는다. 친구와 함께 동서남북 남자를 찾아다니고 만나는 이. 역마(驛馬) 때 해외출입, 국제결혼. 형충(刑冲) 때 기술자, 폭력배, 군, 경찰과 인연이요.

·상관운(運)

첫 자손 낳고 부부궁 부실하니 부군 무능하면 면하나 가슴에 못 박는 독설이요, 관 치러 이 세상에 왔으니 부부 생사별.

·재운(財運)

술이냐 밥이냐, 까끌래 보끌래 남자 없인 못살아, 돈 많은 영감이나 부외부(夫外夫) 두고.

·관운(官運)

고서에 "상관견위화백단(傷官見爲禍百端)"이라, 관(官) 없으면 면하나 100가지 재앙(災殃)에 자궁병 탕약이요 풍뎅이 파리만 모여 연하에 배신당하고 재취지명(再娶之命).

·인수운(印綬運)

남편 덕 없는 이 자식까지 속 썩이고 상심하게 된다. 충성스런 신하는 두 임금을 섬기지 않고 정조 있는 열녀는 두 남편을 섬기지 않는 법. 겉으로 보기엔 화려하고 멋진 인생을 사는 것 같아도 미인박명(美人薄命)이요 가인박명(佳人薄命)이라 용모가 지나치게 빼어나면 운명이 기박하다 하였다. 스스로 잘난 백설 공주병, 장미에 가시요 교미 끝난 수사마귀를 잡아먹는 암사마귀, 꿀 속의 독(毒). 선비는 자신을 알아주는 사람을 위해 죽고 여자는 자기를 사랑하는 이를 위해 얼굴을 단장한다 하였다. 성녀인가? 악녀인가? 명예보다 부(富)를 사랑하고 가난함이 싫어 지아비를 등지고 버린다.

부처께서는 구도의 가장 큰 장애로 여색을 들면서 경계하고 또 경계하라 하셨다. 또한 서양의 수도원에서는 혈기방장한 수도사들을 위해 젊고 예쁜 여자가 죽으면 그 시신을 수도원 광장에 두고 육신의 덩어리인 그 시체가 어떻게 부패되어 가는가를 보여주며 경계를 삼는다. 독자 제위는 이 여인(女人)을 조심하고 경계할지어다.

※곤명(坤命)

아들, 딸, 조모, 외조부.

·시아버지(食神): 인물 좋으시고 봉사활동에, 신사이신 시아버지.

·시어머니(印綬): 늘 자식 걱정하시는 시어머니.

·夫君(偏官): 명예, 의리를 중히 여기는 부군. 자존심 상하게 하지 말 지어다. 부부불화.

· 아들(比肩): 아들에게만 죽자고 매달리니 부부불화. 아들은 자수성가 할 수밖에.

· 딸(劫財): 딸에게만 죽자고 매달리니 부부불화. 딸은 가장 아닌 가 장.

· 며느리(正官): 부모 공직에 엄한 교육받고 반듯한 직장에 근무하다 시집 온 며느리. 나와 불화
　하기 쉽다.

· 사위(偏財): 사랑스런 사위. 강한 성격의 내 딸과 불화하기 쉽다.

5) 정재격(正財格)

甲일간 丑未월. 乙辰戌, 丙酉, 丁申, 戊子, 己亥, 庚卯, 辛寅, 壬午, 癸巳.

적천수
하지기인부(何知其人富)
재기통문호(財氣通門戶)

어찌 그 사람이 부명(富命)인지 알 수 있나?

재기(財氣)가 문호(門戶)를 통(通)하면 부명(富命)이다.

재성은 재물(財物)과 처(妻)로 통변할 수 있다. 재성은 내가 다스리는 자요 식상(食傷)으로부터 생부 받고 관(官)을 생한다. 신왕(身旺)하고 지지 재국(財局)을 이루어 재왕(財旺)하거나 식상(食傷)과 재(財)가 천간(天干)에 투출 유통되면 문호(門戶)를 통했다고 할 것이다.

정재격(正財格)을 놓으면

풍족한 가정에 출생. 부모유덕(父母有德), 유산 있고 본인 또한 착하고 정직하여 경제, 경영, 회계 박사이다. 처덕(妻德) 좋아 결혼하고부터 내조 있다. 관리 통솔력과 어떠한 난관에도 개척정신이 강하므로 부하에게 인기 있고 출세 빨라 경제계 장으로 입신한다. 허욕, 허세, 거짓 없이 근면성실(勤勉誠實). 땀 흘려 노력하고 신용으로 어려움을 극복, 경영에도 성공(成功)을 이룬다. 처(妻)는 어질고 재능 있는 현모양처(賢母良妻)에 애처가요, 건강하므로 귀자(貴子)를 얻고, 재생관(財生官)하므로 정치, 국회의원, 장·차관으로 입신한다.

여명은 현모양처로, 국영 기업체 또는 경제 사업가와 인연. 부군과 자손 위해 헌신하니 친가는 물론 시댁도 부자 되고 귀부인(貴婦人)의 명.

명(命)이 신왕하고 재(財)가 청(淸)하면 처(妻)가 아름답다.

만약 처는 현명한데 가난하거나, 부(富)한데 처가 상(傷)하는 것은 형충파해 탁(濁)함을

살펴야 한다.

『익지서(益智書)』에 이르기를,

여자의 네 가지 아름다운 덕(德)으로 첫째 부덕이요(一曰婦德), 둘째 용모요(二曰婦容), 셋째 말씨요(三曰婦言), 넷째 솜씨이다(四曰婦工也).

· 부덕(婦德)이란 뛰어난 재주는 없으나 마음이 맑고 곧은 절개와 염치 있어 몸가짐이 고르고 행동거지에 수줍음이 있고 동정에 법도가 있는 것이다.

· 부용(婦容)이란 용모가 반드시 곱고 아름다운 것은 아니나 먼지나 때를 깨끗이 씻어 몸이 더럽지 아니하고 옷차림이 정결한 것이다.

· 부언(婦言)이란 말을 잘하는 것은 아니나 남이 본받을 만한 말을 선택해서 하고 예의에 어긋나지 않는 말과 말해야 할 때 말하는 것이며 사람들이 그 말을 싫어하지 않는 것이다.

· 부공(婦工)이란 손재주가 뛰어난 것은 아니나 길쌈을 부지런히 하며 술 빚기를 좋아하지 않고 좋은 맛으로 손님을 접대하는 것이다.

현부 영부귀(賢婦 令夫貴), 악부 영부천(惡婦 令夫踐).

어진 부인은 남편을 귀(貴)하게 하고 악한 부인은 남편을 천(踐)하게 한다. 또한 현부 화육친(賢婦 和六親), 영부 파육친(侫婦 破六親)이니 어진 아내는 육친(六親)을 화목하게 하고 간악한 아내는 육친의 화목을 깨뜨린다.

명(命)이 부유한데도 자식이 불발(不發)하는 경우가 있다.

재물은 베풀어야 대중이 모이게 되는데 인색하여 재물보다 친족을 가볍게 여겼기 때문이다. 재물을 베푸는 데는 공(功)과 실(失)이 있다. 종교 등에 재물을 헌납하는 것은 공(功)은 되지 않고 과실(過失)은 있으나 친족에게 재물을 나누는 것은 공(功)은 있고 과실은 없다.

대하천간(大廈千間) 야와팔척(夜臥八尺)

양전만경(良田萬頃) 일식이승(日食二升)

큰 집이 천 칸이어도 밤에 눕는 것은 단지 여덟 자뿐이요, 좋은 밭이 만 평이라도 하루 두 되면 충분히 먹게 된다.

『한서(漢書)』에 이르길

황금만영(黃金滿贏) 불여교자일경(不如敎子一經)

사자천금(賜子千金) 불여교자일예(不如敎子一藝)

황금이 상자에 가득 차 있어도 자손에게 경서 한 권을 가르치는 것만 못하고, 자손에게 천금을 상속하여도 기술 한 가지를 가르치는 것만 못하다.

대부유천(大富由天)하고 소부유근(小富由勤)이라.
큰 부자는 하늘에 달려 있고 작은 부자는 부지런함에 있다.
사마천의 『사기열전(史記列傳)』에 춘추시대 50년 동안 제나라 재상이던 평중(平仲) 안영(晏嬰; 기원전 ?~500 공자보다 30세 위. 5척 단신)은 재상이 된 뒤에도 고기반찬은 두 가지 이상 놓지 못하게 하고 첩에게도 비단옷을 입지 못하게 하였다. 조선 선조 때의 이원익은 "잃어버린 엽전 한 닢을 찾아오면 두 닢을 주겠다. 나 개인은 손해이나 나라로 봐서는 다시 찾는 일이 될 것이다."라고 하였다.

주(周) 무왕(武王)이 태공망 여상(呂尙)에게 묻는다.
"어찌하여 인간의 부귀빈천(富貴貧賤)이 고르지 않습니까?"
답하기를, "부귀는 하늘의 운명에 달려 있는바 부자는 쓰는 데 절도가 있고 가난한 자는 열 가지 도둑이 든 것처럼 절약하지 않고 씀씀이가 많나이다."
"무엇이 열 가지 도둑[十盜]입니까?"
① 곡식이 익었을 때 제때에 거두지 않는 것이요
② 거두고 쌓는 것을 마치지 않는 것이요
③ 할일 없이 등불을 켜놓고 잠자는 것이요
④ 게을러서 밭을 갈지 않는 것이요
⑤ 공을 들이지 않는 것이요
⑥ 오로지 교활하고 해로운 일만 행하는 것이요
⑦ 딸만 많이 기르는 것이요
⑧ 아침에 일어나기를 게을리 하고 낮잠 자는 것이요
⑨ 술을 탐하고 환락을 즐기는 것이요
⑩ 심하게 남을 질투하는 것입니다.

무왕(武王)이 다시 묻는다.
"집에 십도(十盜)가 없는데도 부유하지 않은 것은 무엇입니까?"
태공(太公)이 대답하길 "집에 삼모(三耗)가 있기 때문입니다."
"무엇이 삼모입니까?"

첫째, 창고가 뚫려 있는데도 막지 않아 쥐와 새가 마구 먹어대는 것이요.

둘째, 거두거나 씨 뿌림의 시기를 놓치는 것이요.

셋째, 곡식을 흘리고 더럽고 천하게 다루는 것입니다.

※건명(乾命)

백·숙부, 고모, 처(妻), 처의 형제, 형수, 제수, 외삼촌, 노복과 재물.

· 祖父(官殺): 재물보다 명예를 우선하신 할아버지.

· 祖母(食傷): 인물이 고우셨던 할머니.

· 父(比肩): 일찍 고향 떠나 자수성가하신 아버지.

· 母(官殺): 결혼 전후에 직장생활 하시고 엄하셨던 어머니.

· 丈人(正官): 만인의 모범이신 어른.

· 丈母(食神): 마음이 너그러우신 장모님.

· 妻(比肩): 정직한 마음씨, 건강하고 귀한 자식 위해 헌신.

· 아들(印綬): 공부 잘하는 아들.

· 딸(偏印): 재주 많은 딸.

· 며느리(偏財): 큰돈을 만지고 재물 우선, 가정불화 염려.

· 사위(傷官): 머리와 입으로 먹고 사는 이. 몸이 허약하기 쉽다.

※곤명(坤命)

백·숙부, 시어머니, 시이모.

· 시아버지(偏財): 돈 잘 쓰시고 호탕하신 시아버지. 풍류 있기 쉽다.

· 시어머니(劫財): 자식 위해 억척이시니 일복 많기 쉽다.

· 夫君(偏印): 장모 처가와 멀어지기 쉽고 문서 실수 조심.

· 아들(食神): 어려서 공부 잘하고 인물 좋다. 금융 재정계.

· 딸(傷官): 인물 곱고 재주 많아 예능, 교육계.

· 며느리(印綬): 친정 가까이 살려 하고, 교육계.

· 사위(偏官): 자존심 강한 명문가 출신. 내 딸과 불화 있기 쉽다.

6) 편재격(偏財格)

甲일간 辰戌월. 乙丑未, 丙申, 丁酉, 戊亥, 己子, 庚寅, 辛卯, 壬巳, 癸午.

현대는 자본주의 시대이다. 누구나 바라는 귀(貴)하고, 거기다 부(富)하기까지 하다면 마치 비단옷에 꽃까지 든 것처럼 좋은 일에 또 좋은 일 금상첨화(錦上添花)일 것이다. 정재격(正財格)은 길(吉)하고 편재격(偏財格)은 흉(凶)하다고 해서는 안 된다. 정재도 태과(太過)하면 편재와 같고 편재도 필요하면 정재보다 더욱 길(吉)하다.

편재격이 신왕재왕(身旺財旺)하면

재명득기(財命得氣) 일간과 재(財)의 기세가 좋아 재물 운이 좋다.

똑똑하신 아버지께서 가정을 주도한 윤택하고 풍족한 집안에서 출생. 부모 유덕(有德)하고 명문가 자손이요 식신생재(食神生財) 때 샘솟듯 두뇌 총명, 명문대학 경제학 박사이다. 뜻이 웅대하여 원대한 개획으로 군계일학(群鷄一鶴) 선각자요, 개척정신 강한 영웅호걸(英雄豪傑)로 경제계 장으로 입신하고 아름다운 처에 처덕(妻德)도 좋아 귀자손(貴子孫)을 얻는다. 또한 재는 재생관(財生官)하므로 재관격(財官格)을 놓게 되면 재관쌍미(財官雙美)라, 마치 금빛 투구에 갑옷 입은 장수요 지지(地支)재에 천간(天干)관 때 명관과마(明官跨馬)이니 정치, 국회의원, 장·차관에 입신양명한다. 한비자가 말한 "소매가 길면 춤을 잘 추고 돈이 많으면 장사를 잘하니" 억만장자 거부(巨富)의 명이 된다.

여명(女命) 또한 부군(夫君)을 출세시키고 집안을 일으키는 여장부 사업가.

※정재격과 편재격의 비교

정재격(正財格)이 곱게 자라 근면, 성실, 정직하며 계산 정확, 신용 제일로 조금은 답답하고 융통성이 결여된 애처가에 안전하고 정당한 부(富)를 쌓는다면, 편재격(偏財格)은 호방한 성격으로 시원시원 처세에도 능하여 문전성시(門前成市) 인기 있고 위험한 투기에도 성공한다. 사업수단 좋아 큰돈을 벌기도 잘하고 쓰기도 잘한다고 할 것이다.

저자의 스승인 기문둔갑(奇門遁甲)의 대가 석천 동소량 선생님의 이야기가 생각난다.

하루는 어떤 이가 찾아와

"선생님, 제가 부자(富者)로 살겠습니까?"

"어떠한 부자 말인가?"

"부자도 어떤 부자가 있습니까?"

"그럼, 부자에는 상부자(上富者), 중부자(中富者), 하부자(下富者)가 있다네."

"그래요?"

"상부자란 국가 경제에 영향력을 행사할 수 있는 삼성 이건희(한국 1위, 세계 205위) 같은 분이요. 중부자(中富者)란 각 팔도의 부자요. 하부자(下富者)란 지방의 한 도시에 내 땅 밟지 않으면 안 되는 부자일세."

"그럼, 어찌 할까요?"

공자 왈(孔子 曰),

"사생유명(死生有命)이요 부귀재천(富貴在天)이라."

"죽고 사는 것은 명(命)에 있고 부자(富者)가 되고 귀(貴)하게 되는 것은 하늘에 있음이다." 하였으니 그저 비를 피할 집 한 채와 가족 건강하고 큰 재앙(災殃) 없이 평범하면 좋지 않겠나? 공자의 안빈낙도(安貧樂道)와 사람의 분수에 대해 말씀하신 것으로 이해한다.

※편재격이 파격(破格) 때

신왕(身旺)하고 재(財)가 약한 군겁쟁재(群劫爭財). 신약(身弱)하고 재(財)만 많은 재다신약(財多身弱) 되면 재물과 배우자 운이 나쁘다. 재운(財運) 때 부도나고 열매 많은 나뭇가지가 부러지듯 윤택한 집안에 태어났으나 부친 돌아가시고부터 가세가 크게 기울어 육친(六親)은 뜬구름처럼 무덕(無德)하고, 특히 재극인(財剋印)하니 학업 중도 폐하고 이향배정(離鄕背井) 물 먹던 곳을 떠나게 된다. 치우친 유동성 재물인 편재인(偏財人)은 부옥에 살면서도 부옥빈인(富屋貧人)이요, 아극자(我剋者) 재를 내가 다스려야 함에도 오히려 다스림을 받아야 하니 질투 많고 포악한 부인에 흉운(凶運) 때는 눈 내리는 겨울날 아녀자에 속는 것도 운명이요 다자무자(多者無者) 외화내빈(外華內貧) 여자로 인한 곤욕과 재물 고통에 병(病)이 된다. 처(妻)의 극성에 학대받고 하루 벌어 하루 사는 일용잡직에 형처극자(刑妻剋子)하는 자도 있다. 날은 저물고 산 넘어 산, 재취해 온 여자, 남의 여자, 이동하는 여자, 헤어질 가능성 있는 여자, 첩(妾)과의 인연자이니 사절묘(死絶墓) 공망(空亡) 때 처(妻)가 없거나 심하면 생사이별(生死離別)이요 강원도 평창의 이효석『메밀꽃 필 무렵』의 허 생원처럼 배고픔과 추위로 팔도편답하게 된다.

太公 曰, "치인외부(痴人畏婦) 현녀경부(賢女敬夫)."

태공께서 말씀하길 "어리석은 사람은 아내를 두려워하고 어진 여인은 남편을 공경한다."

톨스토이는 82세 때 가출하여 "나에게 아내가 다가오지 못하게 하라."는 묘비명을 남긴다. 그러나 재다자(財多者)도 비겁운(比劫運) 때 자수성가, 투기, 모험사업에 횡재하고 하루 아침에 수만금 부자요 인생역전 하게 된다.

여명은 전생부자(前生富者) 출생. 친정보다 못한 집으로 시집가서 보통 키의 선생님 소리 듣는 부군(夫君)에게 배신당하고, 힘세고 독한 시어머니와 고부다툼 엄한 시집살이. 요란한 치장 또는 내숭이요 남편 돈으로 유흥, 골프장 들락거리다 본인(本人)은 물론 시댁(媤宅)까지 망(亡)하고 두 시어머니를 모시거나 흉운(凶運) 때 파출부 또는 돈 때문에 치마끈을 풀게 된다.

천불생무록지인(天不生無祿之人)
지부장무명지초(地不長無名之草)

"하늘은 먹을 복 없는 이를 내지 않고 땅은 이름 없는 풀을 기르지 않는다." 하였다. 그러나 옛말에 가난하고 지위가 낮으면 벗이 적고 부귀하면 우러러보고 가난하면 업신여김을 받는다 하였다. 속담에 '콩 심은 데 콩 나고 팥 심은 데 팥 난다'는 말이 있다. 재다자(財多者)는 조강지처(糟糠之妻)를 아낄 것이며 여명(女命)은 순종하고 사치를 멀리하고, 근검절약하면 하늘은 복(福)을 내릴 것이다. 그것이 인과응보(因果應報)이다.

※건명(乾命)

부친, 백·숙부, 고모, 처, 처의 형제, 첩, 정부, 투기, 횡재.

·祖父(官殺): 가문 중요시한 엄한 할아버지.

·祖母(食傷): 어머니 시집살이 시키시고 인물은 기생 뺨 친 할머니.

·父(比肩): 일찍 객지에서 자수성가하신 아버지.

·母(官殺): 엄한 가문에 성장하여 집안 일복 많으셨던 어머니.

·丈人(偏官): 자존심 강하고 형제 동기간 우애 없기 쉽다.

·丈母(傷官): 장인 몰래 영화구경에 자식 위해 사신 장모님.

·妻(劫財): 가장 아닌 가장으로 억척에 질투 많아 공처가가 살 길이다.

·아들(偏印): 문화, 예능 방면에 관심 많고 마마보이 기질.

·딸(印綬): 어릴 적부터 공부 잘하고 학문과 예능에 능함.

·며느리(正財): 풍족한 가문에서 성장, 알뜰살뜰 살림 잘하니 최고 며느리.

·사위(食神): 세련된 미남. 연구, 학자, 사업가.

※곤명(坤命)

부친, 시어머니.

·시아버지(正財): 풍족한 가문에 모범이신 시아버지.

·시어머니(比肩): 모질고 드센 시어머니에게 순종하는 길이 살 길이다.

·夫君(印綬): 선생님 소릴 듣는 착한 남편.

· 아들(傷官): 먹고 입고 멋 내는 데 일가견.
· 딸(食神): 인물 좋고 착한 내 딸. 그러나 남편 덕이 부족함이 염려다.
· 며느리(偏印): 문학, 예능에 능. 자식 심약하기 쉽고 나와 고부갈등.
· 사위(正官): 가문 좋고 책임감 강한 사위.

7) 정관격(正官格)

甲일간 酉月. 乙申, 丙子, 丁亥, 戊卯, 己寅, 庚午, 辛巳, 壬丑未, 癸辰戌.

적천수
하지기인귀(何知其人貴)
관성유리회(官星有理會)
그 사람의 귀(貴)함을 어찌 아는가?
그것은 관성(官星)을 이해(理解)함에 있다.

관성을 이해함이란 가령 신왕관왕(身旺官旺)하고 관성이 청(淸)하다면 반드시 귀(貴)하다. 그러나 관(官)이 조금 약(弱)해도 재성(財星)이 관을 생(生)하거나 신약관왕(身弱官旺) 때 관이 인수를 생하는 경우처럼 방해하는 오행(五行)이 제거되거나 약함을 부조하게 되면 귀격(貴格)을 이루고 관은 자식으로 논(論)하므로 귀자손(貴子孫)을 얻게 된다.

적천수
하지기인천(何知其人賤)
관성환불현(官星還不見)

그 사람의 천(賤)함을 어찌 아는가?
그것은 관성이 나타나지 않음에 있다.

관성불현(官星不見)에는 세 가지가 있다.
① 상등(上等) 관성불현: 인수태왕(太旺)한데 관이 약(弱)하거나 신약관왕(身弱官旺)한데 인수가 가벼울 때.
② 중등(中等) 관성불현: 비겁 신왕관약(身旺官弱)한데 부조할 재가 없거나 관이 은복(隱伏) 때.

신약관살(身弱官殺)한데 설(洩)할 인수 없을 때.

③ 하등(下等) 관성불현: 관왕(官旺)하여 인수를 기뻐할 때. 재극인(財剋印) 때. 살중(殺重)한데 식상과 쟁투할 때. 관왕(官旺)하여 재를 꺼릴 때. 재가 국(局)을 얻을 때. 관을 기뻐할 때. 타 오행과 합화(合化) 때.

온갖 재앙(災殃)과 빈천(貧賤)이 자신과 자식에게까지 미치게 된다.

공자께서 삼계도(三計圖)에 말씀하시길

일생지계 재어유(一生之計 在於幼)

일년지계 재어춘(一年之計 在於春)

일일지계 재어인(一日之計 材於寅)

일생의 계획은 어릴 때 세워야 하고, 일 년의 계획은 봄에 세우고, 하루의 계획은 새벽에 세워야 한다.

유이불학 노무소지(幼而不學 老無所知)

춘약불경 추무소망(春若不耕 秋無所望)

인약불기 일무소판(寅若不起 日無所辦).

그러므로 어려서 배우지 않으면 늙어서 아는 것이 없고, 봄에 밭을 경작하지 않으면 가을에 바랄 것이 없으며, 새벽에 일찍 일어나지 않으면 그날의 보람 있는 일을 하지 못한다.

정관격(正官格)을 놓으면 바를 정(正)이니 명문가(名文家) 후손에 귀공자(貴公子)이다. 부친께서는 관직과 어머니의 인자한 교육으로 부모님께 효도하고, 친구 간 의리 있고, 인품 준수, 마음 곧고 성실하며, 언행단정, 강직하여 만인모범이다. 정관격(正官格)이 청(淸)하면 귀(貴)하여 소년등과(少年登科)에 결혼운도 좋아 현모양처와 부부유정하고 훌륭한 자손(子孫)을 두게 된다.

※부석사(浮石寺)

옛 영남의 선비들은 과거길에 오를 때 이름 그대로 추풍낙엽처럼 과거시험에 낙방할까 추풍령을 피해 고구려, 백제, 신라 삼국의 격전장이었던 문경새재(聞慶鳥嶺), 경사스런 소식을 듣기 위해 새도 쉬어간다는 조령고개나 부석사(浮石寺)가 있는 죽령고개를 넘어 임금님이 계신 한양 땅에 이르렀다. 『동국여지승람』에 신라 아달라왕 5년(158년)에 죽죽(竹竹)이란 분이 고개를 개척했다고 해서 죽령이라 한다.

정감록의 10승지(十勝地) 중 하나.

필자가 부석사(浮石寺)를 찾은 때는 사과 꽃향기가 만발하던 때와 빨간 능금이 익어 따던 때였다. 그것은 아담과 이브의 사과도, 만유인력의 법칙을 만든 뉴턴의 사과도 아닌 영주의 능금이었다. 일주문까지의 사과밭과 은행나무. 구름도 제 스스로 오가는 소백과 태백 양백지간의 봉황산(鳳凰山) 부석사. 봉황(鳳凰)은 오동나무가 아니면 깃들지 아니하고, 대나무 열매가 아니면 먹지 않으며, 단 샘이 아니면 마시지 않는다는 신령스런 새이다.

우리 민족의 목조 건축 중 가장 오래되고 아름다운 아미타의 궁전 무량수전. 인간사 온갖 번뇌인 희로애락이 부질없음을 일깨워주는 108계단을 올라 만나는 국보 18호 부석사 무량수전. 아미타(阿彌陀)란 '무량한 수명을 가진 자'란 뜻이다. 땅의 24방위를 본 따 인간적인 배흘림 24개의 기둥과 사뿐히 고개든 팔작지붕. 부석사는 일명 뜬 돌[浮石]로서, 신라 문무왕 16년인 676년 화엄종을 뜻하는 빛날 화(華) 자 가람으로, 창건 때 의상스님이 1주일 동안이나 공중에 뜬 돌로 산적들을 물리쳤다는 전설이 있다. 부석(浮石)은 무량수전 뒤편에 있다.

신라 왕족 김일지(金日之) 의상은 선덕왕 13년(644년)에 출가하여 8년 선배 원효와 중국 당(唐)나라 유학길에 올랐다가 원효는 무덤의 해골 물을 마시고 깨달음을 얻고, 의상 단독으로 입당(入唐). 중국 봉래의 신도 집에 머물게 되는데 그 집의 딸이 선묘(善妙)이다. 선묘는 바다의 용(龍)이 되어 귀국길의 의상을 돕는다. 천 년 전 일본(日本)까지 알려진 이국 낭자 선묘의 아름다운 사랑 이야기.

가까운 영주시 순흥읍에는 단종의 숙부요 세종대왕(世宗大王)의 아드님이자 세조 수양대군의 아우인 금성대군을 가두었던 위리안치(圍籬安置)와 소수서원(백운동서원)이 있다.

권력은 피를 부르는 법. 위리안치란 중죄인의 왕족이나 고위관리를 탱자나무 가시 울타리로 가두는 유배지이다. 1457년, 단종 복위운동이 벌어지자 금성대군에겐 사약을 내리고 가담자의 3족을 멸하는 과정에서 살아남은 아이들을 일컬어 "다리 밑에서 주어온 아이"라 했는데 이 말은 오늘날까지 남아 있다.

위리안치에서 10분 거리에 풍기군수였던 주세붕 선생이 세운 조선 최초요 세계 최초의 사립대학인 백운동서원이 있다. 백운동서원은 조선 중종(1542) 때 고려 유학자 안향을 기리고 후학을 위해 스승이 머무는 공간 건물의 그림자까지도 닿지 않도록 배치한 충절(忠節)과 학문 앞에 자신을 낮추는 경(敬)의 정신은 눈여겨 볼만하다. 조선 명종 때 풍기군수 퇴계 이황 선생이 소수서원(紹修書院)이란 서액을 받았다. 3.8 5일장이 아니어도 풍기 인삼과 풍기역 앞에서 산 필자도 애용하는 식물성 인조 비단 견직으로 만든 속옷은 여름에 참 시원하다. 5월 말쯤 희방사(喜方寺)에서는 소백산 철쭉제가 열린다.

극아자(剋我者) 정관(正官)은
관청, 법, 규범, 관직, 명예, 직장, 권력으로 통변할 수 있다.

여명(女命) 또한 국모지상(國母之象)이니 결혼 전 좋은 직장에 훌륭한 남편 만나 내조 잘하고, 명분 있는 언행과 정숙함으로 사회공인(公人)이요, 사모님 소릴 듣는 귀부인(貴婦人)의 명이다. 옛말에 좋은 새는 나무를 가려 깃들고 밝은 신하는 주인을 골라 섬긴다 하였다. 또한 임금은 신하를 예로써 부리고 신하는 임금의 잘못을 대신들에게 말하지 아니하며 충(忠)으로 섬긴다. 그러므로 옥(玉)은 부서질지언정 그 흰빛을 갈[改]려 하지 않고 대나무는 불탈지언정 그 곧음을 잃으려 하지 않는다. 또한 군자(君子)는 죽더라도 관을 벗지 아니하고 부유하여도 교만하지 아니하며 비록 가난하여도 아첨하지 않는다.

참고

연령을 나타내는 한자
15세(지학: 志學): 공자께서 15세에 학문에 뜻을 두다.
30세(이립: 而立): 공자께서 30세에 모든 기초를 세우셨다.
40세(불혹: 不惑): 공자께서 사물의 이치에 의문이 없게 되었다.
50세(지명: 知命): 공자께서 50세에 천명(天命)을 알았다.
60세(이순: 耳順): 공자께서 60 되어 남의 말을 순순히 받아들였다.
70세(종심: 從心): 공자께서 뜻대로 행하여도 도(道)에 어긋나지 않았다.

※건명(乾命)
아들, 딸, 조카, 귀인, 직장상사, 국가관청, 벼슬.
·祖父(印綬): 학문과 인연. 선비요 착하신 신사.
·祖母(財星): 엄한 가정에서 출생. 시댁의 부(富)를 일구신 할머니.
·父(食傷): 총명하신 아버지. 풍채도 좋으시고
·母(印綬): 어려서 공부 잘하고 자애로우신 어머니.
·丈人(印綬): 심성 착하신 선비요 학문과 인연.
·丈母(偏財): 윤택한 집안에서 출생. 시댁과 부군 위해 헌신.
·妻(食神): 학자 집안에서 출생. 총명 후덕하고 요리 솜씨 좋고 인물 고운 아내.
·아들(劫財): 건강하나 형제, 친구, 처와 갈등 있기 쉽다.
·딸(比肩): 건강하나 부모형제 불연이면 자수성가하기 쉽다.
·며느리(偏官): 결혼 전후 명예로운 직장에 근무.
·사위(正財): 풍족한 가문에 근면, 성실, 타고난 재복으로 애처가.

※곤명(坤命)

남편, 시숙, 조카며느리, 직장.

· 媤父(偏官): 명문가 후손의 정의파 독선도 있어 말년에 고독하기 쉽 다.

· 媤母(傷官): 예능에 능하신 시어머니. 변덕에 모시기 힘들다.

· 夫君(比肩): 건강하고 자수성가한 장남, 맏사위. 길흉사에 참석 많다.

· 아들(偏財): 1차 시험에 불합격. 지방 또는 유학.

· 딸(正財): 곱게 자란 복덩이, 시집가 시댁에 헌신.

· 며느리(劫財): 건강하고 억척인 며느리. 고부갈등 있기 쉽다.

· 사위(偏印): 속을 알 수 없는 사위. 예능, 이공에 재주 있다.

8) 편관격(偏官格)

甲일간 申월. 乙酉, 丙亥, 丁子, 戊寅, 己卯, 庚巳, 辛午, 壬辰戌, 癸丑未.

관청, 법, 규범, 관직, 명예, 직장, 권력. 남은 자손(子孫), 여는 부군(夫君)으로 통변.

정관은 길(吉)하고 편관은 흉(凶)하다고 해서는 안 된다.

정관도 조화(調和)를 이루지 못하고 쓸데없이 많으면 편관과 같고, 편관(偏官)도 유용하면 권(權)으로 변화 귀명(貴命)한다.

극아자(剋我者) 편관은 일곱 번째 나를 극하므로 칠살(七殺)이라 한다.

관살(官殺)을 다스리는 방법에는 신왕관왕(身旺官旺)을 제일 상격(上格)으로 하고 일주(日柱)가 조금 약해 운(運)에서 돕거나 식상(食傷)으로 제살(制殺) 또는 충거(沖去)나 합거(合去)로 흉(凶)을 제거하거나 인수(印綬)로 설(洩)하여 돕는 관인상생(佩印), 살인상정, 양인합살, 미인계가 있다.

정관격(正官格)이 정당하게 말단에서부터 승진한다면 편관격(偏官格)은 영웅호걸(英雄豪傑)로써 길운(吉運) 때 하루아침에 장차관으로 발탁된다. 명문가문(名文家門)에 태어났어도 부모형제와 인연 없기 쉽고 객지타향에서 고통과 장애를 헤쳐 나오게 된다. 정의로운 인물로 나라를 위해 충성을 다하고 일국의 장으로 편(偏)된 법무, 군, 사법, 경찰, 스포츠 챔피언. 법(法)을 만들고 관(官)을 조정하며 부린다. 그러나 지나친 의협심과 어딘지 모르게 권위적이고 독선적이며 반항심과 적개심으로 쉽게 가까이하기 어렵다. 항상 자신만만, 용기백배하나 말년(末年)에 고독하기 쉽다. 사업가는 건강하며 관사에 유익이요, 상패훈장에 자손경사 재수 있다.

여명(女命)은 정관 없고 편관만 있을 때 정부(正夫)로 삼는다. 국모지상(國母之象)이니 천하의 영웅 아니면 그를 남편으로 섬길 수 없다. 명관과마, 재자약살, 신왕관왕은 최고 길(吉)한 명이 된다. 명문가 집안에 최고학부 일류직장에 근무하고 천을귀인(天乙貴人) 때 재능과 인품이 뛰어난 훌륭한 남편 만나 좋은 곳으로 시집 감. 日干 관합(官合) 때 남편 사랑 극진하고 부군 경사, 시댁 발달, 재관이덕(財官二德), 재관쌍미(財官雙美), 귀부인(貴婦人)의 명으로 부귀겸전(富貴兼全)한다.

역(易)의 법칙은 해가 뜨고 지는 자연의 순환뿐만 아니라 꽃이 피면 지듯 국가와 인간의 흥망성쇠(興亡盛衰)가 있다.

※영웅 이야기

주 무왕(周武王)이 쇠하고 열세 살의 나이에 진나라 왕으로 등극했던 성은 영, 이름은 정. 기원전 221년, 39세의 나이에 흩어졌던 나라를 모아 중국 최초로 통일을 이루고 진시황제(秦始皇帝)에 오른다. 이후 황제는 천하의 미녀와 진귀한 보물을 끌어 모으고 만리장성과 아방궁, 온갖 토목공사와 분서갱유 등 천하 백성의 폭군으로 불로장생을 위한 불사약(不死藥)에도 불구하고 49세에 죽고 제국은 몰락하게 된다. 과거나 오늘이나 만민이 도탄에 빠지는 난세는 영웅을 낳고 영웅은 시대를 만드는 법. 호랑이 굴에 들지 않으면 어떻게 호랑이 새끼를 잡을 수 있겠는가? 강한 자는 공격을 잘하고 약한 자는 지키지 못한다. 영웅들의 활약상은 『초한지(楚漢志)』와 『삼국지(三國志)』에 잘 나타나 있다.

중국 역사상 가장 강한 장수였던 초나라 패왕 항우(項羽). 마치 양떼 속의 호랑이처럼 싸움에는 6천 근 솥을 들어 올리고, 오추마를 타고 왼손엔 방천극, 오른손엔 초천 검이요, 자리에서는 고리눈을 부릅뜨고 호랑이처럼 중앙에 앉아 있던 초패왕(楚霸王) 항우. 용맹은 스스로 자랑하는 것이 아니요 강한 것은 오래가지 않는 법이라 했던가. 그에 맞선 유방(劉邦)은 32세 때 겨우 말직인 정장벼슬(10리 치안 담당)에 있으면서 남 도와주기를 잘하고 호색(好色)하던 그가 어느 날 큰 담력과 용력으로 큰 구렁이를 베고 개백정 번쾌와 장량(張良, 호: 子房). 한신(韓信; 불우하던 젊은 시절, 시비하는 건달들의 가랑이 사이를 기어감. 후에 토사구팽[兎死狗烹] 당함)의 도움으로 호랑이가 날개를 단 듯 항우를 구리 산에서 사면초가(四面楚歌)에 내몰고 쟁패전에서 천하통일(天下統一) 한(漢)나라를 세운다. 이 세상은 영원한 것은 없는 법. 그 후 한나라 또한 멸망한다. 또 다시 어지러운 천하를 위해 삼국지 유비는 관우 장비와 함께 복사꽃 핀 동산에서 도원(桃園)의 결의[義]를 맺는다.

오늘날까지 숭상 받는 충성스럽고 의로운 관우(關羽)를 살펴보자.

키는 아홉 자에 수염이 두 자요, 봉의 눈에 누에 같은 눈썹이 꿈틀거리는데 얼굴은 잘 익은 대춧빛 같고 목소리는 커다란 종을 울리는 것 같았다. 현덕 유비는 물고기가 물을 만나듯 제갈공명을 만나 새로운 날개를 얻고 오의 도독 주유와 연합, 조조의 꿈을 불살랐던 유명한 적벽(赤壁) 전투. 풍향이 언제 남동풍으로 바뀌는가에 전쟁의 승패가 달려 있었다. 군사에 있어 이기고 지는 것은 싸움에서 매양 있는 일이지만. 발톱 잃고 쫓겨 갔던 범, 조조(曹操)를 주목해 보자.

2009년 12월 27일, 조조의 진짜 무덤을 발견했다는 중국 발 뉴스. 협천자영제후(挾天子令諸侯) 천자를 끼고 제후들을 호령했던 조조. 의심 많았던 그는 도굴을 우려하여 72개의 가묘를 만든다. 본성(本姓)은 하후(夏候) 씨였으나 그의 아버지 조숭이 양자로 가게 되어 조(曹) 씨가 되었다. 조조는 패국(沛國) 초현(譙縣) 사람인데 어릴 적 이름은 아만(阿瞞), 자는 맹덕(孟德)이다. 어려서부터 꾀가 많고 재주가 많아 놀이와 사냥을 좋아하고 춤과 노래를 즐겼으며 권모술책과 임기응변에 뛰어났다. 때론 방탕하기도 하였으나 협기가 있었다. "그대는 태평성대 때는 간적(奸賊)이요, 난세에는 간웅(奸雄)이 될 것이다." 조조가 젊은 시절, 인물평을 잘하는 허소 에게 들은 말이다. 남의 신하가 되는 것과 남을 신하로 삼는 것은 다르다. 조조는 어제의 원수라도 의로운 인물이면 손해를 입어가면서도 관대함을 베풀었다. 인재를 거두고 쓸 때는 사사로운 정보다는 오직 능력을 먼저 헤아렸고 모두 그 그릇에 맞게 썼으며 쓸 때는 지난 허물을 상관하지 않았다. 또한 이해에 거슬리거나 불의한 인물이면 어제의 벗이라도 칼끝을 들이댔다. 조조는 말한다. "나도 사람일 뿐 눈 넷에 입 둘 달린 괴물이 아니다. 다만 그대들과 비교해 지모가 조금 낫다는 것뿐."

산은 높음을 싫어하지 않고 물은 깊음을 싫어하지 않는다 했던가. 서생들아, 가볍게 무덤 속사람을 논하지 말라. 더러운 이름과 향기로운 이름 모두 한 몸에 붙었네. 빼어난 글, 드높은 패기. 힘과 운세에 따라 고개 숙이고 쳐들 줄도 알았고, 무리한 세금을 거두거나 대규모 토목공사를 일으켜 백성을 몰아댄 적도 없다. 또한 공이 있으면 반드시 상을 주고 과가 있으면 벌을 내렸다.

※군사가 맞설 때의 다섯 가지 원칙
싸울 수 있을 때 마땅히 싸워야 하고
싸울 수 없을 때 마땅히 지켜야 하고
지킬 수 없을 때 마땅히 달아나야 하고
달아날 수 없을 때 마땅히 항복하여야 하고
항복할 수 없을 때 마땅히 죽어야 한다.

※관살혼잡(官殺混雜)

남녀불문 안 해본 일 없이 천한 직장 변화 많다. 마치 호랑이 꼬리를 밟고 있는 것처럼 관다신형(官多身刑), 관재구설(官災口舌)이 따른다. 밀감과 유자는 자라 그 열매에 맛과 향기가 있으나 못난 자식은 탱자 가시나무처럼 자라 찌르게 되니 재앙(災殃)을 불러들이는 패륜아요 처자무덕 형처극자 파가불록(破家不祿)한다. 혹 승진한다 해도 오래가지 못하고 사업 백전백퇴. 객지타향에서 그림자와 친구, 말년 고독수.

고서(古書)에 "살중신경(殺重身輕)되면 가난하지 않으면 젊어 요절(夭折)한다."고 하였다. 종교(宗敎)에 의지하거나 다행히 길운(吉運)이면 고생스럽게 살아간다 하여도 추위와 배고픔은 면한다 할 것이다.

여명(女命)은 극아자(剋我者) 관의 다스림을 받고 법의 제재를 받으므로 가장 두렵다. 아무것도 없는 집안에 출생하여 사고무친 사랑 한번 못 받아보고 운명에 굴곡 많다. 파출부로 밤낮없이 일해도 억울한 배신에 먹고살기 힘들어 부모님 왜 날 낳으셨나요? 이 고통, 괴로움 하늘이 알아줄거나 땅이 알아줄거나? 무관성(無官星) 때 남성혐오 독신이나 편관(偏官)은 편부(偏夫), 정당하지 않은 정부(情夫), 두 번째 만난 남편, 혹 재혼한 남편, 오래가지 못하고 이 남자 저 남자 밥 먹듯 이별이요 변동 많다. 식상태왕(食傷太旺) 관식투전(官食鬪戰) 때 만나는 이 깡패요, 억지위협 결혼에 심하면 강간당하고 의심받고 매 맞고 이별수. 호랑이보다도 무섭다는 살(殺)에 쫓기게 되므로 좌불안석 열등감에 굴곡 많은 삶, 일생 근심 많다. 형충(刑沖) 때 관재구설 낙태요, 관성이 암합(暗合) 때는 남편이 외도하거나 日支암장. 관합(官合) 때 아기 낳고 살다가도 정부와 몰래 정통도주(情通逃走)하게 된다.

형충공망 때 본인, 남명은 직장, 자손. 여명은 직장, 남편에 대비한다.
· 공망(空亡): 공이니 자손 없거나 있더라도 딸만 두거나 무덕(無德)하 다. 여명은 남편에 대비.
· 부성입묘(夫星入墓): 부군이 무능력하면 면하나 심하면 감옥. 글자 그대로 일찍 무덤, 상부 (喪夫).
· 백호대살(白虎大殺): 자손. 남편이 교통사고로 불구, 심하면 흉사.
· 귀문관살(鬼門關殺): 자손. 남편의 스트레스와 정신질환 주의. 본인 귀병(鬼病).
· 日時형충 때: 화(禍)와 복(福)은 아침저녁으로 달라 뜻하지 않게 찾아든다. 육친과 골육상쟁, 남편과 생사이별하고, 본인 가구주요 말년에 못난 자손과도 불화하여 고독하다. 관재송사, 신체장애, 소실, 기생팔자로 굴곡 많은 가시밭길 삶을 걷게 된다.

재여가 낮잠을 자는 것을 보신 공자께서,

子曰, 후목(朽木)은 불가조야(不可雕也)요

분토지장(糞土之墻)은 불가오야(不可圬也)니라.

"썩은 나무는 조각할 수 없고 썩은 흙으로 친 담은 흙손질을 할 수 없다."

子曰, 苗而不秀者有矣夫 秀而不實者有矣夫.

"재능은 빼어난데 몸담는 곳이 작은 자도 있다. 그것은 마치 싹이 나고도 이삭이 패지 못하는 것이 있고, 이삭이 패고도 결실을 못하는 경우와 같다."

子曰, 順天者는 存하고 逆天者는 亡이니라.

공자께서 말씀하시길 "하늘의 명에 순종하는 자는 살고 하늘의 명을 거역하는 자는 망하느니라."

그러므로 운(運)에 따라 천명(天命)은 결정되는 법.

때를 기다려 참고 노력하면 반드시 성공 있다.

※건명(乾命)

아들, 딸, 외조모, 직장상사, 벼슬, 법, 관등으로 통변.

· 祖父(印綬): 글 잘하시고 착한 선비.

· 祖母(財): 알뜰살뜰 부지런하신 할머니.

· 父(食傷): 인물과 풍채 좋으시고 총명하신 아버지.

· 母(印綬): 곱게 자라 인자하신 어머니.

· 丈人(偏印): 재주 특출하신 어르신.

· 丈母(正財): 부잣집 맏며느리. 알뜰살뜰 살림 잘하시고.

· 妻(傷官): 인물은 천상여인이나 불평불만 있기 쉽다.

· 아들(比肩): 건강하나 자수성가의 명.

· 딸(劫財): 일찍 사회생활 하는 여장부.

· 며느리(正官): 명문가문에 모범 며느리.

· 사위(偏財): 사업 수단 좋아 증권, 사업 등 재주 많은 팔방미남.

※곤명(坤命)

남편, 정부, 며느리, 시누이, 엄한 직장상사.

· 媤父(正官): 명문가 후손. 바르게 사시려니 고단하다.

· 媤母(食神): 인물에 요리솜씨 좋으시고 착하고 총명하신 시어머니.

· 夫君(劫財): 건강하고 일찍 자수성가한 맏사위. 고집으로 시비, 논쟁 있기 쉽다.

· 아들(正財): 직장에서 모범이요 정직, 근면, 성실한 애처가.

· 딸(偏財): 인기 좋은 팔방미인. 친정보다 못한 집으로 시집감. 통 큰 여장부이니 시댁을 부흥
  시킨다.

· 며느리(比肩): 건강하고 어려 가장 아닌 가장. 자손 훌륭하게 키우나 부부불화 있기 쉽다.

· 사위(印綬): 어려서 공부 잘하고 종교, 학문, 예능에 재주 많으나 약간 보수적.

9) 인수격(印綬格)

木일간 水월. 火일간木. 土일간火. 金일간土. 水일간金.

정인(正印)과 편인(偏印)을 통칭하여 인수격(印綬格)이라 한다. 인수격은 타 격국(格局)과 마찬가지로 월봉(月逢) 인수가 원칙이나 주중(柱中) 인수유기(印綬有氣)와 인수가 용신(用神) 때 인수격을 둔다.

인수격(印綬格)이 청(淸)하면 마치 신사임당(1504~1551) 어머니를 둔 율곡 이이처럼 조부모님 유덕(有德)하고 전통 있는 집안에 부모님 덕망 높다. 웃어른의 사랑받고 가정교육 좋아 어릴 때부터 어른스럽고 점잖다. 총명하고 인품 준수, 정도(正道)가 아니면 행하지 않으니 타의 모범이다. 문필 정확, 학문 뛰어나 일류대학 최고학부 박사요 학자이다. 타고난 성격 온후하고 종교, 도덕을 숭상하며 인자한 마음과 측은지심(惻隱之心)으로 약자를 위해 인정을 베푼다. 창의력과 인내심 또한 강하니 재앙이 따르지 않고 어디를 가나 선생님 소리 듣는 신사이다.

신왕 관인상생(官印相生)되면 타고난 성품 좋아 벼슬길이 청고하다. 한강에 보리를 심고 문장 속에 사상(思想)이 빛나는 이어령(77세) 교수처럼 대학총장(大學總長)이요, 마치 고관이 직인을 가지고 있는 패인(佩印)처럼 장차관으로 일국(一國)의 장(長)이 된다. 직업으로는 사업가보다 명예를 존중하는 종교, 철학, 예술, 문학, 언론, 방송, 정치, 문교, 행정, 교육계에 근무하는 인격자이다.

여명은 맹자(孟子)의 어머니이니 후세 사람이 맹모삼천지교(孟母三遷之敎)라 하여 오늘날까지 그 뜻을 기리고 있다. 외가 조부 닮아 귀엽고 곱게 자라 눈빛 고운 공주풍. 총명하고 정결하여 자태 또한 아름답다. 배움 많아 교양 있고 알뜰살뜰 살림 잘한다. 자식을 위해 희생으로 먹이고 입히는 자애로운 어머니상이니 그 자손의 끝없는 경사에 집안 또한 명예롭게 번창하게 된다.

그러나 인수격이 형충(刑沖)을 만나 파격(破格)되어 탁(濁)하게 되면 오히려 학문에 장애

따르고 학업 부진하게 된다. 성정 또한 매사 용기부족으로 망설이고, 게으름과 남에게 의지하는 의타심에 독립심이 약하다. 재용(財用) 외엔 사업이 불가한데도 사업하면 실패(失敗)를 면할 길 없다. 무협지, 만화책에 밤늦게까지 컴퓨터 오락, 도박, 잡기에 능해 글을 읽어도 학문을 완성하지 못하고 문서, 인장 실수로 부도, 도산이 따른다. 뜻을 펼 수 없으니 가난한 선비 한유(寒儒)에 불과하다.

시왈(詩曰)
부혜생아(父兮生我) 모혜국아(母兮鞠我)
애애부모(哀哀父母) 생아구로(生我劬勞)
욕보심은(欲報深恩) 호천망극(昊天罔極)
『시경』에 이르길 "아버지 날 낳으시고 어머니 날 기르시니 애달프다. 나를 낳아 기르시느라 힘들고 고달프셨네. 그 깊은 은혜 갚는다면 하늘과 같아 끝이 없어라."

태공왈(太公曰)
인생불학(人生不學) 여명명야행(如冥冥夜行)
태공께서 말씀하시길 "사람이 배우지 않으면 마치 어둡고 어두운 밤길을 걸어가는 것과 같다."

※인성과다(印星過多)의 해(害)

정인(正印)이 나를 생해주고 칠살(七殺)을 타일러 막아주는 친어머니와 같다면 편인(偏印)은 마지못해 먹여주는 계모, 서모다. 부친 풍류로 두 어머니를 섬기거나 편모슬하 또는 남의 자식 노릇. 어머니 형제가 많은 것으로 통변할 수 있다.

인성이 과다하게 되면 모친이 가권을 쥔 가정에 출생. 부친 무덕하고 모친 사랑 지나쳐 오히려 학업 부진. 엄격한 교육을 받지 못했다. 정(正) 아닌 편(偏)된 비뚤어진 사고로 남을 시기, 질투, 비방하며 겉으로 보기엔 신사, 숙녀이나 치우친 꽁한 마음으로 속 다르고 겉 다른 그 속을 알 수 없이 음흉한 사람이다.

한비자(韓非子)가 말한 모순(矛盾)이니, 초(楚)나라 때 방패와 창을 파는 이가 그 무엇으로도 뚫을 수 없는 방패요 뚫지 못하는 게 없는 창이라 하므로 오늘날 말과 행동이 서로 맞지 않은 것을 비유하는 말이다. 자존심만 강해 쓸데없는 아집(我執)에 눈치는 빨라 상대의 마음을 훔치는 데는 천부적이요 매사 자기주장만을 앞세우고 칭찬에는 코끼리도 춤추게 하나 자신을 비하하는 말을 듣게 되면 칼끝을 들이댄다. 손재주 뛰어나 예능, 개인 편업, 비판·비평가, 유아교육, 사회활동에 거짓 서류를 꾸며댄다.

　1차 세계대전 때 유명했던 여간첩 마타 하리(1876년 네덜란드 生). 프랑스 파리 물랭루주의 스트립 댄서로 활약하면서 타고난 거짓말로 독일 스파이로 활동했다. 간첩은 반드시 꼬리가 잡히기 마련, 영국과 프랑스에 체포되어 1917년 총살당한다. 마타 하리는 인니어로 '여명의 눈동자'. 본명은 마르가레타 게르트루이 다젤레이다.

　독신 또는 결혼 늦고 여명은 인극식상하므로 임신이 안 되거나 유산 따르고 다자무자(多者無者) 없는 것과 같아 아들 귀할 팔자에 딸만 두거나 치마폭 커서 잔소리에 헬리콥터, 캥거루이니 아들은 마마보이 되기 쉽다. 모왕자쇠(母旺子衰) 또는 모자멸자(母慈滅子)라 하므로 자손은 점차 어리석고 열등해진다. 자식을 잡아먹는다는 올빼미 효신살(梟神殺)로 자식 장래를 그르치게 되고 심하면 다치거나 불구, 자폐아로 평생 자식 상심이 따르게 된다. 이는 마치 아궁이에 너무 많은 땔감을 집어넣게 되면 불이 꺼지는 이치와 같다. 시모(媤母)와도 불화하고 버릇없이 남을 깔보는 타인멸시 성품으로 시부모를 모시지 않고 인내 부족, 집안 살림에도 싫증. 시가(媤家)보다는 친정(親庭) 가까이 살면서 부군 명령에 따르지 않고 기만(欺瞞)하며 남편을 자식 대하듯 따지고 가권을 쥐고 흔든다. 남편 대신 해결사요 반면 남편은 점차 무능력해지고(官星無力), 친정은 일어나나 시댁은 점차 쇠락하게 된다. 사회활동이나 남편보다 자손에 치우치므로 부군(夫君)의 미움 사고 친정 방해로 부부의 정은 자연 멀어지게 된다. 편업(偏業) 때 인극식상(印剋食傷)하게 되므로 재물의 근원인 밥그릇 깨지는 도식(倒食)되어 종내는 부도, 도산, 신상에 재앙이 따른다. 건강 또한 외실내허(外實內虛)로 병원, 약국 출입이잦다. 착각의 별이니 재물, 명예, 정치, 사회활동에 끊임없는 집착(執着)으로 불면이 따르고 잘못된 문서, 인장 등의 일을 저지르게 된다. 눈물겨운 잘못된 모성애로 마음에 드는 며느리 없고 내 자식만 믿지고 손해 보는 결혼에 반대한다. 신비한 종교, 기예 또는 비법(秘法)과 술책을 요구하고 결국은 자손 이혼시키게 되므로 자손은 치마폭에서 벗어나 분가해야만 이혼의 화(禍)를 면할 수 있다.

※육친(六親) 참조
年月日時, 오행(五行)과 신살(神殺)에도 대비한다.
孟子曰,
군자유삼락(君子有三樂)
이왕천하불여재언(而王天下不與在焉)
부모구존형제무고일락야(父母俱存兄弟無故一樂也)

앙불괴어천부부작어인이락야(仰不愧於天府不炸於人二樂也)
득천하영재교육지삼락야(得天下英才教育之三樂也)

맹자께서 말씀하시길 "군자에게 세 가지 즐거움이 있으나 천하를 다스리는 왕이 되는 것은 이 세 가지 속에 들어 있지 않다. 부모가 모두 살아계시고 형제가 무고한 것이 첫째 즐거움이요, 하늘을 우러러 부끄러움 없고 사람을 굽어보아도 부끄럽지 않음이 둘째 즐거움이요, 천하의 영재를 얻어 교육하는 것이 셋째 즐거움이다."

子曰, 온고이지신(溫故而知新) 가이위사의(可以爲師矣)
공자께서 말씀하시길 "옛것을 익히고 새것을 알면 가히 남의 스승이 될 만하다."

※건명(乾命)
어머니, 조부, 이모, 계모, 백숙모, 장인, 문서, 주택, 부동산, 자동차, 선박, 선생님, 교육, 학문, 연구, 자격증, 인감 등으로 통변.
 · 祖父(比劫): 자수성가하신 할아버지.
 · 祖母(官殺): 굴곡 많은 삶을 살아오신 할머니.
 · 父(財星): 사업 경제에 힘써 오신 아버지. 먼저 세상 뜨기 쉽다.
 · 母(比劫): 자식 위해 고생을 마다하지 않으신 어머니.
 · 丈人(比劫): 독립심 강한 어르신.
 · 丈母(官殺): 힘든 여정을 겪어 오신 장모님.
 · 妻(財星): 남편 입신출세 위해 억척인 아내.
 · 아들(傷官): 머리 좋아 방송, 언론, 출판계에 종사하기 쉽다.
 · 딸(食神): 착하고 인물 좋으나 부부궁이 불미하기 쉽다.
 · 며느리(偏印): 문서 인장 실수로 부부불화 있기 쉽다.
 · 사위(正官): 명문가 후손에 모범 공무원.

※곤명(坤命)
어머니, 조부, 외삼촌, 사위, 손자, 문서, 도장 등으로 통변.
 · 媤父(印星): 예능에 재주 많으시나 문서 인장 실수로 집안 불화 있기쉽다.
 · 媤母(財星): 편친슬하에서 일찍 고향 떠나 통 크게 살림 잘하시나 금전거래 망신수 있기 쉽다.
 · 夫君(食傷): 미남에 재능 뛰어나 사교술 있으나 씀씀이가 헤프기 쉽다.

· 아들(官星): 근면 성실한 내 아들, 내외간 금슬도 좋아 가문을 빛낸 다.

· 딸(偏官): 갑자기 결혼하고, 결혼 전후 직장생활에 힘든 역경을 헤쳐 나가게 된다.

· 며느리(食神): 집안을 꾸미고 요리솜씨, 옷맵시 있다. 상냥하고 인물고운 며느리.

· 사위(劫財): 일찍 자수성가한 사위. 내 딸 병약하기 쉽고 부부궁 변화있기 쉽다.

2. 외격(外格)

외격은 내격에 포함되지 않는 '별격(別格)'이라 한다. 사주(四柱) 중 왕(旺) 자에 이름을 붙인 후천적 외격(外格)으로, 학자마다 수백 가지로 설명하기도 한다.

1) 육친에 종하는 외격

① 일간(日干)과 같은 오행에 종(從)하는 것에는

비겁(比劫)에 종(從)하는 木곡직격(曲直格), 火염상격(炎上格), 土가색격(稼穡格), 金종혁격(從革格), 水윤하격(潤下格).

② 일간이 태약(太弱)하여 왕(旺)한 오행에 종(從)하는

식상에 종하는 종아격(從兒格),

재성에 종하는 종재격(從財格),

관살에 종하는 종살격(從殺格).

③ 인수에 종하는 종강(從強)격.

2) 기세에 따르는 외격(外格)

① 일행득기(一行得氣)

한 가지 오행(五行)으로 이루어진 상황으로 독상(獨象)이라 한다. 사주 오행의 기(氣)가 모두 일간(日干)에 집중되어 잡됨이 없이 순수하게 이루어진 명으로 종왕격(從旺)이다. 위명을 놓게 되면 대길(大吉)하다.

② 양기성상(兩氣成象)

양상(兩象) 또는 양신성상(兩神成象)이라고도 한다. 두 가지 육친(六親)이 서로 비등하게 이루어지고 순수하다면 귀격(貴格)을 이루고 용신(用神)은 두 가지 오행에 종(從)한다.

③ 삼기성상(三氣成象)

삼상(三象) 또는 삼신성상(三神成象)이라고도 한다. 세 가지 육친이 서로 비등하게 이루어지고 순수하다면 귀격을 이루고 용신(用神)은 세 가지 오행에 종(從)한다.

3) 합화(合化)로 이루어진 외격(外格)

갑기합화토(甲己合化土)격
을경합화금(乙庚合化金)격
병신합화수(丙辛合化水)격
정임합화목(丁壬合化木)격
무계합화화(戊癸合化火)격

3. 특수격(特殊格)

특수격은 일반 오행론(五行論)으로 논하지 않는 변격(變格).

1) 연주(年柱)로 이루어진 특수격

세덕부살(歲德扶殺)격
세덕부재(歲德扶財)격

2) 월지(月支)로 이루어진 특수격

건록(建祿)격, 월인(月刃)격

3) 일주(日柱)로 이루어진 특수격

괴강(魁罡)격, 일귀(日貴)격, 일록(日祿)격, 일덕(日德)격, 일인(日刃)격.

① 괴강격(魁罡格)
신살격(神殺格)에도 해당하는데 신왕(身旺)에 庚辰, 庚戌, 壬辰, 壬戌을 놓게 되면
남명(乾命)은 대권을 장악하고 여명(坤命)은 풍파가 많다고 한다.
② 일귀격(日貴格)
일지(日支)에 천을귀인(天乙貴人)을 놓은 것.
예) 丁酉, 丁亥, 癸卯, 癸巳 일(日).

4) 시주(時柱)로 이루어진 특수격

교록(交祿), 공귀(拱貴), 공록(拱祿), 공재(拱財), 금신(金神), 시마(時馬), 전재격(專財格), 합
록격(合祿格), 형합(刑合).

① 귀록(歸祿)
시격(時格) 또는 일록시귀격(日祿時歸格)이라고도 한다.

② 시묘격(時墓格)
일간의 묘에 해당하는 辰戌丑未 시(時)에 출생, 그 묘(墓)가 용신(用神) 때 운(運)에서 용
신 묘고(墓庫)를 충(沖)하면 발복한다고 한다. 고전 격국 중 하나로 자평명리학(子平命理學)
에서는 사용하지 않는다.

5) 천간(天干)으로 이루어진 특수격

① 천원일기(天元一氣)
연월일시 천간(天干)이 같은 오행.
예) 甲 甲 甲 甲

② 양간부잡(兩干不雜)

연월일시 천간오행은 같으나 음양(陰陽)이 달리 짝을 이룬 것.

예) 甲 乙 甲 乙, 丙 丁 丙 丁

③ 천간순식(天干順食)

연간에서부터 시간까지 생(生)하는데 음양(陰陽)이 같다.

예) 庚 戊 丙 甲

④ 삼기격(三奇格)

천간에 甲 戊 庚, 乙 丙 丁, 壬 癸 辛.

※지지(地支)로 이루어진 사위순전(四位純全)

　사고구전(四庫具全): 辰戌丑未 김영삼 전 대통령.

　사패구전(四敗具全): 子午卯酉

　사생구전(四生具全): 寅申巳亥 박정희 전 대통령.

⑤ 시상일위귀격(時上一位貴格)

　득령하여 신왕(身旺)하고 시간(時干)이나 시지(時支)에 한 종류, 즉 편관(偏官)을 놓게 되면 시상편관격(時上偏官格), 편재를 놓게 되면 시상편재격(時上偏財格)으로 귀격을 이룬다.

6) 사주 간지(干支)로 이루어진 특수격

사주동일(四柱同一).

십간구전(十干具全).

오행구전(五行具全)격.

① 천원일기격(天元一氣格)

연월일시 천간(天干)이 모두 같은 오행(五行)으로 이루어진 격.

예) 甲 甲 甲 甲

② 지진일기격(地辰一氣格)

연월일시 지지(地支)가 모두 같은 오행으로 이루어진 격.

예) 寅 寅 寅 寅

③ 간지동체격(干支同體格)

천원일기와 지진일기의 합체로 간지(干支)가 동일하게 구성된 격.

예) 甲 甲 甲 甲   庚 庚 庚 庚

　　 戌 戌 戌 戌   辰 辰 辰 辰

사갑술(四甲戌)은 영조대왕과 논개.

사갑진(四甲辰)은 진시황제의 명이라는 설이 있다.

7) 사주 연월일시로 이루어진 특수격

구진득위(句陳得位), 복덕(福德), 육임추간(六壬趨艮), 육갑추건(六甲趨乾), 임기용배(壬騎龍背), 정란차격(井欄叉格), 잡기재관인격(雜氣財官印格), 축요사격(丑遙巳格), 현무당권격(玄武當權格).

① 구진득위격(句陳得位格)

고전격국(古典格局) 중 하나로, 구진이란 무기토(戊己土)를 말함인데 토일주(土日柱)가 지지(地支)에 삼합목국(三合木局)이나 삼합수국(三合水局)을 놓으면 종재(從財), 종살(從殺)로 귀격을 놓는다는 주장이다.

② 육임추간격(六壬趨艮格)

임수(壬水)가 寅月 때 해당. 丑寅은 북동 간궁(艮宮)이요 寅이 합(合)하기 위해 해수(亥水)를 끌어들이고 해수는 임수(壬水)에 녹(祿)이 된다는 허망한 영향요계격이다.

③ 육갑추건격(六甲趨乾格)

육갑은 甲이요 戌亥는 북서 건궁(乾宮)을 말함. 해수(亥水)가 합을 위해 인목(寅木)을 불러들이고 寅은 갑목(甲木)의 건록에 해당하므로 격을 놓는다는 허망한 영향요계격이다.

④ 임기용배격(壬騎龍背格)

임수(壬水)가 진용(辰龍)을 타고 있다는 말. 진토(辰土)가 허충(虛沖)하여 술토(戌土)를 불러오고 술토의 지장간 정화(丁火)의 재와 무토(戊土)의 관, 신금(辛金)의 인성을 놓아 귀격이 된다는 허망한 영향요계격이다.

⑤ 정란차격(井欄叉格)

우물에 물이 담겨 있다는 뜻으로, 지지(地支)에 申子辰 삼합(三合) 때 해당된다. 申子辰이 허충(虛沖)을 일으켜 寅午戌 재관인(財官寅)을 놓아 귀격이 된다는 허망한 영향요계격이다.

⑥ 축요사격(丑遙巳格)

辛丑과 癸丑日에 해당하므로 일주격(日柱格)이기도 하다. 가령 辛丑日 때 丑 지장간 신금(辛金)은 丙辛으로 합(合)하기 위해 사화(巳火)를 불러들이고 巳 중 신금(辛金)을 정관(正官) 용신(用神)한다는 주장이다. 터무니없는 영향요계격이다.

⑦ 현무당권격(玄武當權格)

현무란 북방의 壬癸水를 말한다. 지지(地支)에 寅午戌 화국(火局)을 놓거나 辰戌丑未 토국(土局) 때 재관(財官)을 용신하여 귀격이 된다는 주장이다.

8) 암합(暗合)으로 이루어진 특수격

① 자요사격(子遙巳格)

시격(時格)에도 해당한다. 甲子日 甲子時 때 자수(子水)의 지장간 계수(癸水)가 무토(戊土)를 합(合)으로 끌고 오게 되면 무토(戊土)의 사(巳) 중 병화(丙火)가 다시 합(合)으로 신금(辛金)을 불러 신금(辛金)의 관(官)과 무토(戊土)의 재(財)로 재관(財官)을 얻게 된다는 고전 격국 중 하나이다. 억지주장인 영향요계격(影響遙繫格)으로 그림자나 허망한 메아리와 같으므로 독자 제위는 무시할 것.

② 육음조양격(六陰朝陽格)

신금(辛金)이 子時에 출생하면 해당하므로 시격(時格)이다. 육음(六陰) 중 신금(辛金)을 말하고 양(陽)은 子時를 말함인데, 子 중 계수(癸水)가 戊癸 합하기 위해 무토(戊土)를 끌어들이고 무토(戊土)는 또다시 합하기 위해 병화(丙火)를 끌어들여 병화(丙火)의 정관(正官)

을 용신으로 삼는다는 허망한 영향요계격이다.

③ 육을서귀격(六乙鼠貴格)

육을(六乙)이란 乙日생이요 서(鼠)는 子(쥐)를 말함. 子 중 계수(癸水)가 합하기 위해 무토(戊土)를 끌어들이고, 무토(戊土)는 다시 병화(丙火)를, 병화는 다시 신금(辛金)을 끌어들여 申 중 庚 正官을 용신한다는 허망한 영향요계격이다.

9) 암충(暗沖)으로 이루어진 특수격

비천녹마(飛天祿馬), 잡기재관(雜氣財官)격.

① 비천녹마격(飛天祿馬格)

사주에 없는 재관(財官)을 허(虛)로 충(沖)하여 용신(用神)으로 삼는다는 것인데, 녹(祿)은 관성(官星)이요 말 마(馬)는 재성(財星)으로 녹마(祿馬)가 하늘을 난다는 뜻이다. 가령 庚壬이 子를 만나거나 辛癸가 亥를 만나게 되면 자수(子水)는 오화(午火)를 충(沖)으로 불러들여 午 중 정화(丁火)를 관용신(官用神)으로 삼는다는 허망한 영향요계격이다.

위처럼 많은 격국(格局)은 사람이 태어나서 아이 때의 아명(兒名)과 호적의 성명(姓名) 그리고 사회생활에서 호(號)를 갖듯 사주 또한 같다. 그러므로 사주(四柱)에서 격국(格局)은 하나 또는 그 이상일 수 있다.

격국(格局)을 정할 때는
  ·지지보다는 천간(天干) 투출된 자를 우선하고
  ·득국(得局)하여 왕(旺)하여야 하고
  ·내격(內格) 위주로 보고
  ·충파되게 되면 파격(破格)되어 그만큼 삶에 장애가 따르게 된다.

역학을 공부하는 독자 제위는 격(格)과 용신(用神)을 정할 줄 알게 되면 이름만으로도 그 사람이 어떠한 명(命)인지 알 수 있게 되므로 역학(易學)을 다 배운 것과 같다고 할 수 있다.

제8편 용신론
用神論

　　용신만 공부하면 음양오행(陰陽五行)의 이치(理致)를 마스터한다는 용신(用神)은 무엇인가? 십 년을 공부한 명리가도 잘못 실수를 범한다는 용신은 명리(命理)에서 가장 유용한 인원용사(人元用事)의 신(神)이다. 부모, 처, 자손뿐만 아니라 부귀빈천(富貴貧賤), 풍수지리(風水地理), 주택 방향, 병(病)과 궁통요수(窮通夭壽) 등 대세운(大歲運)에서의 흥망성쇠(興亡盛衰)와 행불행(幸不幸)은 물론 심지어 생명(生命)까지도 모두 용신에 좌우된다. 그러므로 용신을 모르고서는 길흉화복(吉凶禍福)과 과거, 현재, 미래를 예측할 수 없다.

　　용신은 명리학(命理學)의 핵심이다. 용신은 문제를 해결하는 열쇠요 병에 약(藥)이며 일주(日柱)를 위한 쓰임새요, 기본이나 쉽지 않은 것은 오행십간(五行十干)의 성질이 각기 다르기 때문이다.

　　가령

甲 나무는 庚金으로 벽갑(劈甲)해야 용도가 있고,

乙 꽃밭은 癸水 생명수를 얻어야 만발하며,

丙火는 매우 뜨거워 壬水로 해소해야 수화기제(水火旣濟)를 이루고 구제되며,

丁火는 甲木 친어머니를 만나야 땔감 얻어 타오를 수 있고,

戊土는 후중하니 甲木으로 소토(疏土)해야 쓰임을 얻고,

己土는 축장하는 습토이니 丙火를 필요로 한다.

　　그러므로 오양간(五陽干; 甲丙戊庚壬)은 모두 양(陽)으로 제(制)하면 길(吉)하나 경금(庚金)만은 정화(丁火) 용광로로 제련(製鍊)해야 기물(器物)을 이루며, 辛金은 춘하추동 壬水로 닦아야 빛이 나고 壬水는 강호(江湖)이니 戊土로 제방(堤防)해야 홍수를 막고 쓰임을

얻으며, 癸水는 유약하여 담는 그릇에 따라 형태가 달라지므로 辛金을 얻게 되면 본성을 잃지 않고 금백수청(金白水淸)을 이룰 수 있다.

용신(用神)을 정하는 기본원칙을 15가지로 간추려 보았다.

1. 용신의 핵심은 중화(中和)에 있다

중화(中和)란 공자께서 말씀하신 중용(中庸)의 도(道)이다. 많지도 적지도 않고 치우치거나 부족함 없이 균형을 이룸이 중화인데 본신의 주체인 일주(日柱)가 왕쇠강약(旺衰强弱)에 따라 중화를 잃게 되면 마치 새가 한쪽 날개로는 하늘 높이 날 수 없듯이 균형을 도와 중화를 이루게 하는 오행(五行)이 용신이다.

연주(年柱) 위주 이허중 이후 새로운 명리학의 지평을 연 송(宋)나라 서균(徐均)의 대표적 네 가지 억부법(抑扶法)을 살펴보자.

명리학(命理學)에서 태과(太過)란? 어떤 오행(五行)이 지나치게 많음이요 불급(不及)이란? 어떤 오행(五行)이 지나치게 부족 됨을 말함이다. 즉, 태과(太過)하면 지나침을 덜어 설(洩)함이 마땅하고 왕(旺)하면 극(剋)하여 억제함이 마땅하고 뿌리 두고 불급(不及)하면 허약해져 부족함을 방조로 부(扶)함이 마땅하고 뿌리 없이 태약(太弱)한 것은 오히려 그를 일깨워 상(傷)하는 것이 마땅하다. 설(洩)이란 육친으로 식신상관을 뜻하고 상(傷)이란 관살, 방(幇)은 비겁, 조(助)는 인수의 통변으로 구분할 수 있다.

위 이론은 태왕(太旺)한 자 억누르게 되면 오히려 반발하게 되고, 태약(太弱)한 자 부조(扶助)하면 마치 밑 빠진 독에 물 붓는 것처럼 공은 없고 오히려 해가 되므로 공부하지 않으려는 철없는 학생 따끔한 회초리가 사랑의 약이 되는 이치이다. 그러나 명리는 생(生)하나 생하지 않는 이치(理致)가 있고 생하지 않으나 생하는 이치가 있으니 사주 네 기둥 모든 오행(五行)을 일일이 찾아 일간(日干) 대비 왕쇠강약과 깊고 얕음을 자세히 살펴야 한다.

2. 용신은 조후(調喉)를 우선한다

조후란 춥고 덥고 건조하고 습한 기후, 즉 한난조습(寒暖燥濕)을 말한다. 오행(五行)에 있어 가뭄과 더위에는 물(水)이 용신이요 추위와 습한 장마에는 불(火)이 용신이다. 또한 덥고 건조한 木火 일간이 여름 하월(夏月)에 태어나면 金水가 용신이요, 차고 습한 金水 일간이 겨울 동월(冬月)에 태어나면 木火가 용신이다.

그러나 예외가 있으니

양간(陽干)은 억부(抑扶)하고

음간(陰干)은 생부(生扶)하는 것이 원칙이다.

가령,

甲丙戊壬 양간은 귀(貴)를 취할 때 편관을 기뻐하나 庚金은 정관 丁火로 제련해야 기물을 이룰 수 있고 辛金은 파묻힐 염려 때문에 土 인수를 기뻐하지 않으며 壬水는 설(洩)해야 아름답다.

이처럼 용신 잡기가 쉽지 않은 것은

춘하추동 木火土金水 오행(五行)과 구궁낙서의 십간십이지(十干十二支) 음간(陰干)과 양간(陽干)의 성질이 각각 다르기 때문이다.

3. 용신은 건왕(建旺)함이 마땅하다

용신을 정할 때는 천간(天干) 대비 지지(地支)의 왕상휴수사를 살펴야 한다.

오행 \ 구분	왕(旺)	상(相)	휴(休)	수(囚)	사(死)
木	봄(春)	겨울(冬)	여름(夏)	사계절	가을(秋)
火, 土	여름(夏)	봄(春)	사계절	가을(秋)	겨울(冬)
金	가을(秋)	사계절	겨울(冬)	봄(春)	여름(夏)
水	겨울(冬)	가을(秋)	봄(春)	여름(夏)	사계절

주의 일부 역학자는 양(陽)이 생하는 곳에 음(陰)이 사(死)한다는 음양순역설(陰陽順逆說)을 고집하나 낙서의 오류로써 음간(陰干)이든 양간(陽干)이든 사계절 중심으로 동생동사(同生同死)한다는 이론이 옳은 학설이다. 또한 水土가 동궁 한다는 명리정종(命理正宗)의 주장은 부부 관계인 인륜(人倫)으로 연해자평(淵海子平)의 火土 동궁, 즉 부모 자식의 천륜(天倫)이 우선한다는 학설이 옳다.

·왕(旺)

본 계절에 당령하여 왕성함이니 육친으로 자신과 같은 오행 비겁(比劫)이다.

·상(相)

장차 다가와 희망적으로 나를 돕는 부모와 같은 인수(印綬)이다.

·휴(休)

일을 마치고 쉬며 내가 생조하는 자식 식상(食傷)이다.

·수(囚)

중과부적(衆寡不敵) 감옥에 갇혀 내가 극하는 재성(財星)이다.

·사(死)

죽음, 즉 나를 공격하는 오행 관살(官殺)이다.

일주(日柱)가 지지(地支)에서 왕상(旺相)을 얻어 득령, 득지, 득세를 얻으면 일주가 건왕(建旺)하다.

·득령(得令)

월령(月令)이라고도 하는데 일 년 기후의 시작인 월지(月支)에서 일간대비 왕상을 얻게 되면 득령되어 진용신(眞用神)이 된다. 월지(月支)는 운명의 뿌리요 옮길 수 없는 집과 같기 때문이다.

·득지(得地)

땅을 얻음을 말함이니 일간 대비 일지(日支)에서 왕상을 얻음이다.

·득세(得勢)

세력을 얻음을 말한다. 즉, 월지와 일지를 제외한 연지(年支)와 시지(時支)에서 일간 대비 왕상을 얻음이다.

이와 반대로 왕상을 얻지 못하고 휴수사(休囚死)되면 실령(失令), 실지(失地), 실세(失勢)라 한다.

4. 용신은 유력(有力)해야 한다

유력(有力)함에는 천간(天干)의 왕상이 아무리 많아도 지지(地支)의 중(重)함만 못하다. 특히 월지 득령(得令)은 득세의 3배의 힘이 있다고 판단한다. 왜냐하면 월지(月支)는 내 어머니요 고향이며 일 년 주기의 시작이요 운명(運命)의 근본(根本)이니 일주(日柱)가 월령을 얻음을 가장 기뻐한다. 다음 일(日), 시(時), 연(年) 순으로 판단한다.

주의

예외가 있으니 일주(日柱)가 월지 득령을 얻지 못한 경우에도 연, 일, 시 득지(得地), 득세(得勢)면 유력함을 얻고 건왕하다.

반대로 월지 득령(得令)을 얻고서도 유력하지 못한 경우도 있으니 월지 득령 한 가지만을 고집하여 왕쇠(旺衰)를 논하지 말 것이며 일간 대비 각 오행을 세밀하게 살펴 절대 오판해서는 안 된다.

만약 오판하게 되면 길(吉)과 흉(凶)이 뒤바뀌어 길을 흉이라 하고 흉을 길이라 할 것이니 마치 왼발을 수술해야 함에도 오른발을 수술하게 되고 장님이 불구덩이 속으로 길을 안내하게 되는 것과 같다 할 것이다.

5. 용신은 천간 투출(透出)됨을 우선한다

용신은 천간(天干)에 투출한 오행을 우선한다. 투출(透出)이란 지지(地支)와 같은 오행이 천간(天干)에 있음을 말한다. 천간 투출 시 연월보다는 시(時), 월(月), 연(年) 순으로 투출한 오행을 용신한다. 특히 월지 투간자(透干者)를 용신의 대표(代表) 진용신이라 한다.

주의

지지(地支)의 뿌리 없이 투출한 천간 용신은 지지암장(暗藏)한 용신만 못하다. 천간의 지지 뿌리를 '근(根)'이라 한다. 근(根)이란 천간의 오행이 지지(地支)에도 있으면 근했다고 한다.

근(根)의 종류
· 녹근(祿根): 천간 자체 지지에 비견(比肩)을 만나는 것.
　　　　　　甲寅, 乙卯, 庚申, 辛酉.
· 착근(着根): 천간 자체 지지가 동일한 오행을 만나는 것.
　　　　　　丙午, 丁巳, 戊辰, 戊戌, 己丑, 己未, 壬子, 癸亥 등.
· 통근(通根): 천간 자체 지지(地支) 또는 암장(暗藏)에 왕상, 즉 인수(印綬), 비겁(比劫)을
　　　　　　만나는 것. 甲子, 乙亥, 丙寅, 丁卯戊未, 己巳, 庚辰戌, 辛丑, 壬申, 癸酉 등.

천간이 지지 자체에 왕상 뿌리 있음을 '유근(有根)'이라 하고, 집을 맡길 수 있는 통근이라 한다. 이와 반대로 지지 뿌리 없음을 실기(失氣)했다고 한다.

6. 암장(暗藏)된 용신은 천간에 투출된 용신보다 힘이 부족하다

　용신이 천간(天干)에 투출되고 지지에 튼튼하게 뿌리하고 있다면 좋은 명(命)이라고 할 수 있다. 그러나 용신의 힘이 근(根) 없이 미약하고 암장(暗藏)되어 있다면 좋은 명이라고 할 수 없을 것이다. 용신이 천간에 투출했느냐 지지에 암장했느냐에 따라 부귀(富貴)가 다르기 때문이다.

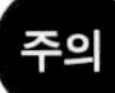

　암장 용신 또한 대세운(大歲運)에서 인출될 때는 투출 용신과 버금가는 부귀(富貴)를 누릴 수 있다. 반대로 암장에 희용신(喜用神) 아닌 기구신(忌仇神)이 숨어 있다면 마치 동굴 속에 호랑이가 숨어 있는 것처럼 평생 근심 있게 되고 운(運)에서 기구신이 뛰쳐나오게 되면 화(禍)를 면치 못하게 된다.

7. 지지용신이면 동주(同柱)하는 천간을 흉(凶)이라 하지 않는다

　천간이 흉신(凶神)이라도 동주하는 지지용신(地支用神) 때는 뿌리가 튼튼히 살아 있는 것처럼 흉(凶)이라 하지 않는다. 지지용신이 운(運)에서 발복되면 마치 고목(枯木)에서 꽃이 피듯 발전이 따르게 된다.

8. 용신(用神)은 손상을 당하면 안 된다

　극제(剋制)되고 형·충·공망을 맞아 손상된 오행은 용신으로 삼기 어렵다. 용신이 뿌리 근(根)하여 튼튼하고 극충(剋沖) 없이 흠 없다면 좋은 명(命)으로 발전과 발복이 따르겠으나 용신이 일주 본신(本神)과 멀리 떨어져 있으면 고생길 멀기만 하고 지지 무근(無根)하거나 극제되고 형·충·공망을 만나 용신이 손상을 당하면 부귀(富貴)를 얻기 어렵다.

　생극제화(生剋制化) 형충회합(刑沖會合)을 팔법(八法)이라 한다. 팔법(八法)은 명리의 관건인바 천간(天干)은 생극제화를 위주하고 지지(地支)는 형충회합을 본다. 용신이 상합(相合)하여 합화(合化)로 변화된 오행이 유정(有情)하면 복(福)이 되기도 하고 변질되어 무정(無

情)하면 화(禍)가 되기도 한다. 그러나 상합하기는 하나 지지 근(根)하여 합화되지 못하고 용신이 얽혀 묶인 상태를 '기반(羈絆)'이라 한다. 용신이 기반 되면 마치 좋은 말이 묶인 것과 같고 좋은 자동차가 주차장에 먼지를 뒤덮고 세워져 있는 것처럼 행사할 수 없으니 용신으로 삼기 어렵다.

그러나 대세운(運)에서 생조(生助) 받게 되면 미약하거나 손상을 당한 용신이라도 발전할 수 있고, 반대로 결함 없던 용신이라도 운에서 손상을 당하거나 변질되면 무효 무용지물(無用之物)되어 발복할 수 없게 된다. 또한 운(運)에서 용신이 심하게 충극(沖剋)받게 되면 최악이니 재앙(災殃)과 불행(不幸)이 따르고 심하면 종명(終命)된다.

손상되어 용신할 오행이 없다면 부득이 암충, 암합, 丙辛 기반이라도 절반은 사용할 수 있다.

9. 인원용사(人元用事)인 12지지(地支)에 감춰진 천간(天干), 즉 지장간(支藏干)을 잘 숙지하여야 한다

특히 중요한 월지(月支)의 지장간을 월률분야(月律分野)라 한다.

오행 \ 구분	초기(初氣)	중기(中氣)	본기 또는 정기(正氣)
子			癸
丑	癸	辛	己
寅	戊	丙	甲
卯			乙
辰	乙	癸	戊
巳	戊	庚	丙
午	丙	己	丁
未	丁	乙	己
申	戊	壬	庚
酉			辛
戌	辛	丁	戊
亥	戊	甲	壬

위 표 중

· 寅申巳亥는 초기(初氣) 7일 2시간, 중기(中氣) 7일 2시간, 정기(正氣) 16일 5시간 사령하고,
· 辰戌丑未는 초기(初氣) 9일 3시간, 중기(中氣) 3일 1시간, 정기(正氣) 18일 6시간 사령하고,
· 午는 초기(初氣) 10일, 중기(中氣) 10일 1시간, 정기(正氣) 11일 2시간 사령한다.

청나라 때 난강(欄江)의 어부가 지었다는 『궁통보감(窮通寶鑑)』에 서낙오 선생이 주석을 붙인 조화원약(造化元鑰) 중의 명(命)이다.

甲 癸 壬 丙
寅 巳 辰 寅

辰戌丑未 사고장지(四庫藏地) 월(月)에 태어난 명은 상하 초중정(初中正)의 진퇴를 잘 살펴야 한다. 특히 土는 중앙(中央)에 위치 한 가지 기운으로 왕성한 전왕기(專旺氣)가 없으므로 사시(四時)의 기(氣)에 따라 왕쇠를 취한다.

위 명주 상반월에 태어난 명은 辰中乙木이 촉촉한 癸水의 도움 받아 가색(稼穡)의 공(功)을 이루고 해군 총독이 되었고 수명 있었다. 그러나 하반월에 태어난 이는 辰中戊土가 癸水를 가로막고 丙火를 어둡게 하여 곤액과 형극 많았고 어부로 짧은 생을 마쳤다.

이처럼 사주 같아도 운명(運命)이 각기 다른 것은 절기(節氣)가 진퇴하는바에 따르므로 독자 제위는 지장간(支藏干)을 잘 숙지하기 바란다.

10. 용신을 도우는 자 길신(吉神), 용신을 상하게 하는 자 흉신(凶神)

적천수
하지기인길(何知基人吉) 희신위보필(喜神爲輔弼)
하지기인흉(何知基人凶) 기신전전공(忌神輾轉攻)

어찌 길함을 아는가?

희신이 용신을 보필하면 길(吉)한 일만 생기고
어찌 흉함을 알 수 있나?
기신이 곳곳에서 용신을 공격하면 흉(凶)한 일만 생긴다.

그러므로 은인은 가까이 있어야 하고 원수는 멀리 떨어져 있어야 한다. 용신을 도우는 자 희신은 길신(吉神)이요 용신을 상하게 하는 기신, 구신을 흉신(凶神)이라 한다.
 · 용신(用神): 일주가 평생 의지하고 기뻐하는 것이다.
 · 희신(喜神): 용신과 일주를 돕는 오행을 희신이라 하고, 은인(恩人)과 약(藥)으로 삼는다.
 · 기신(忌神): 용신을 극(剋)하고 손해(損害)하는 오행을 꺼릴 기신이요원수와 병(病)이 된다.
 · 구신(仇神): 희신을 극하는 원수 흉신이다.
 · 한신(閑神): 희신, 용신도 아니요 기신, 구신도 아닌 한가한 오행을 모두 한신이라 한다.

가령
木 용신이 태과(太過)하면: 火(희신), 金(기신), 水(구신), 土(한신).
木 용신이 불급(不及)하면: 水(희신), 金(기신), 土(구신), 火(한신).

이때 실력을 쌓을수록 한신(閑神)의 동태를 잘 살펴야 한다. 한신은 원명(原命)에서는 작용하지 않지만 대세운에서 합충(合沖)으로 길과 흉이 바뀌는 변화가 무쌍하기 때문이다. 용신이 희신의 보좌와 한신의 도움을 얻게 되면 기구신의 극(剋)도 두렵지 않다. 그러므로 대세운에서 희용신과 기구신을 불문하고 일일이 검사하고 한신(閑神)의 변화를 판단하게 되면 길흉(吉凶)을 정확히 알 수 있게 되는 것이다.

11. 용신의 청탁(淸濁)

명(命)에 희용신만 있고 기구신이 없다면 청(淸)하다.
반대로 기구신만 많고 용신을 형충해하면 탁(濁)하다.

청(淸)하다는 것은 일주가 건왕하고 용신이 유력하며 형충파극을 만나지 않아 유정(有情)한 것이다. 탁(濁)하다는 것은 일주가 조화를 이루지 못하고 용신이 무력한데 형충파극을 만나 무정(無情)한 것이다.

적천수

청득진시황방객(淸得盡時黃榜客)

수존탁기역중식(雖存濁氣亦中式)

맑은 기운을 얻은 이는 황실에 출입하는 자요 비록 탁기가 있더라도 벼슬을 할 수 있다.

반탁반청유시가(半濁半淸猶是可)

다성다패도신혼(多成多敗度晨昏)

청탁이 반반인 명은 오히려 좋지만 성공과 실패로 밤낮을 보내게 된다. 탁(濁)은 천함의 뿌리이기 때문이다.

일주(日柱)가 군왕이라면 격국(格局)은 나라의 백성이요 용신(用神)은 전권을 위임받아 나라를 다스리는 총리이다. 일주를 위한 용신에서 청탁을 논하는 것은 부귀빈천(富貴貧賤)의 높고 낮음을 판단하기 위함이다. 명의 부귀빈천은 용신(用神)의 청탁(淸濁)과 격국(格局)의 높고 낮음, 유정(有情)과 무정(無情)에 있다. 그러므로 용신의 청탁은 일주 및 격국과 함께 삼위일체 중 가장 중요하다.

12. 용신은 제2의 육친(六親)

용신은 육친(六親)과 연월일시에도 대비한다.

年: 용신 때 유년에 복 있고

月: 용신 때 조상부모 유덕하고

日: 용신 때 어진 배우자 얻고 본인에 공(功)을 이루고

時: 용신 때 자손 번창하고 효도하는 자손에 말년 복 있다.

용신이 육친 비겁 때 본인, 식상 때 봉사, 재성 때 부(富), 관성 때 귀(貴), 인수 용신은 명예에 대비한다.

가령 재(財) 용신이 길운(吉運)을 만나게 되면 부(富)를 쌓게 되고 관(官) 용신이 길운 때는 승진과 부귀가 따른다. 반대로 흉운(凶運) 때는 취재는커녕 부도나고 승진은커녕 관재와 불명예로 퇴직하게 된다.

또한 용신이 자식이라면 희신은 배우자인바 火 용신 때 木火운에 자식을 보게 되는바 그렇지 않고 기구신운(運)에 자식을 보게 되면 못난 불효자식을 얻게 되는 것이다.

· 식상용신(食傷用神)을 취할 때
  일주 신왕(身旺)하면 인수 비겁은 흉하니 재(財)를 희신하고
  일주 신약(身弱)하여 살(殺)을 제극(制剋)해야 할 때는 비겁(比劫)을 희신으로 삼는다.
· 인수용신(印綬用神)을 취할 때
  일주신왕(身旺)하면 관성(官星)을 희신 하고
  일주신약(身弱)하면 비겁(比劫)을 희신(喜神)한다.

13. 다섯 가지 용신(用神)

· 격국용신(格局用神)

월령(月令)에 뿌리 두고 투출한 격국을 용신할 때.

· 조후용신(調喉用神)

추운명은 따뜻하게 하고 더운 명은 시원하게 하는 한난조습(寒暖燥濕)의 중화(中和)를 이룬 오행(五行)을 용신한다.

· 억부용신(抑扶用神)

자평명리학(子平命理學)의 핵심이다.

일간의 강약에 따라 신왕(身旺) 때는 눌러주는 재관용(財官用)이요 신약(身弱) 때는 도와주는 인겁용신(印劫用神)한다.

· 병약용신(病藥用神)

명이 기구신을 만나면 병(病)든 것이요 그 병을 제거하는 오행이 약인바 약(藥)을 용신한다.

· 통관용신(通關用神)

두 세력이 견제할 때 두 세력을 유통시키는 오행을 용신한다.

가령 木과 土가 대립할 때 火용신이요 金과 木이 대립할 때 水용신한다.

적천수

관내유직녀(關內有織女) 관외유우랑(關外有牛郞)

차관약통야(此關若通也) 상요입동방(相邀入洞房)

문 안에 베 짜는 직녀가 있고 문 밖에 소치는 견우가 있을 때 그 문을 통과하는 매개체가 있어 소통할 수 있다면 견우와 직녀가 서로 신방에 들듯 명은 통관(通關)된다.

> **주의** 조후, 병약, 통관, 억부 용신이든 용신은 일치(一致)되어야 한다.

14. 용신 없는 자 무용(無用)한 자

일간(日干)이 국가요 자동차 선박이라면 용신(用神)은 국가를 경영하는 대통령이요 운전하는 선장이다. 그러므로 용신이 한번 정해지면 처음부터 끝까지 의지하는 자요 없는 용신을 가지고 왈가왈부 용신할 수 없고(부득이한 경우 태원 용신을 정하는 경우도 있다), 취할 용이 없다면 격국을 우선하고 대세운만을 참고하여 운(運) 때를 기다려야 한다.

운 때를 기다려 운(運)에서 도우면 부족한 명 온전할 수도 있고 보잘것없는 자라도 추위와 배고픔만은 면할 수 있을 것이다. 그러나 무용한 자 운에서조차 바랄 것이 없다면 무용지물(無用之物) 명은 까다롭고 빈천고빈(貧賤孤貧)하게 된다.

> **참고** 태원(胎元)
> 부모가 결합한 입태월(入胎月).
> 가령 甲子 월주(月柱) 때 1.3 乙卯가 태원이다.
>
> 己己辛甲
> 巳酉未戌
>
> 위명 壬戌 태원 용신이다. 巳酉가 회국(會局)하여 金生水 부(富)는 있었으나 귀(貴)는 없었다.

15. 명리(命理)의 핵심은 용신(用神)에 있다

 기이한 격국과 신살론(神殺論)으로 명을 논해서는 안 된다. 그러한 이론은 사리에도 맞지 않아 모두 오류(誤謬)를 범할 뿐이다. 명이 조화를 이루고 유력한 용신이 대세운에서 보조(輔助)받게 되면 길(吉)하다. 그러므로 용신을 정확히 공부하게 되면 길흉화복(吉凶禍福)이 적중하지 않는 것이 없고 추길피흉(趨吉避凶)의 올바른 처세지도(處世之道)를 할 수 있게 되는 것이다.

 다음 십천간(十天干)에 따른 용법(用法)에서는 적천수(滴天髓)와 조화원약(造化元鑰) 중 옛사람의 명(命)을 인용함을 밝혀둔다.

다산 정약용(丁若鏞)

우리나라에서 가장 존경받는 스승 다산(茶山). 조선 후기 실학을 집대성한 대학자 다산 정약용은 1762년, 남양주군 조안면 능내리 마현에서 진주목사(본관: 전남 신안군 압해[押海] 羅州 丁) 정재원의 넷째 아들로 태어났다. 어머니는 해남 윤씨(尹氏) 사자 수염에 이글거리는 강한 눈의 자화상을 남긴 공재 윤두서(1668~1715)의 손녀이다. 사도세자의 아드님이신 정조(正祖) 임금 때 경기 암행어사와 승지를 지냈고 수원성을 쌓을 때는 기중기를 만들어 나라의 경비와 인력을 절감하기도 하였다. 당시는 『열하일기』, 『허생전』, 『양반전』을 남긴 박지원, 『택리지』의 이중환, 「대동여지도」의 김정호와 함께 서학(西學)인 천주교도 들어와 있었다.

1800년, 정조 대왕께서 돌아가시고 1801년 순조 때 파당파쟁의 회오리는 조선에서 처음으로 천주교 신자가 된 매부 이승훈과 약종

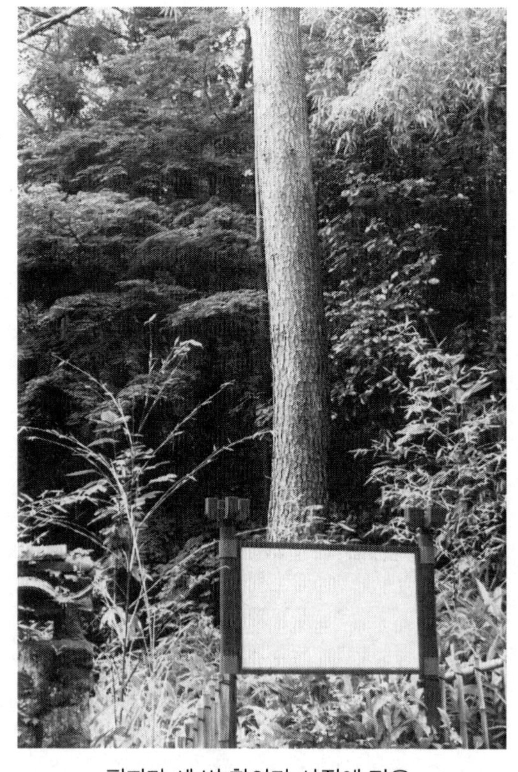

필자가 세 번 찾아가 사진에 담은
초당 앞 늘 푸른 상록수 소나무

다산 정약용 선생 상(좌)과 초상(우)

(若鍾)형이 참형을 당하고 둘째형 손암 정약전(若銓)은 흑산도로, 선생은 강진 바닷가로 18년 유배길에 오른다. 고려시대 청자 도요지요 북쪽에 소월이 있다면 남쪽에 모란꽃의 시인 영랑(김윤식)의 생가가 있는 곳 전남 강진 만덕리 귤동 마을에 다산초당(茶山草堂)이 있다. 김대중 대통령이 자주 썼던 실사구시(實事求是). 암행어사 때부터 피폐한 백성들의 깊은 애민(愛民)과 부패한 지방 목민관의 치국(治國)방법론을 제시한『목민심서(牧民心書)』,『경세유표(經世遺表)』등 500여 권의 저술을 남긴다. 수신(修身)이 반이라면 나머지 반은 목민(牧民)이라던 조선 제일의 올곧은 선비. 1836년 2월 22일 고향 여유당(與猶堂)에서 75세의 일기를 마감한다.

1. 갑목(甲木)의 용법(用法)

적천수

갑목참천(甲木參天) 탈태요화(脫胎要火)

춘불용금(春不用金) 추불용토(秋不容土)

화치승용(火熾乘龍) 수탕기호(水宕騎虎)

지윤천화(地潤天和) 식립천고(植立千古)

甲은 양목(陽木)으로 하늘까지 치솟는 웅장한 기세 있다. 어리거나 무성해도 火를 필요로 하고 火가 있게 되면 수려해져 발전한다. 춘목(春木)은 아직 어려 金을 허용하지 않고 추목(秋木)은 시령(時令)을 잃고 낙엽져 쇠약해져 있는데다 土生金으로 더욱 허약해지므로 土를 허용하지 않는다. 火의 세력이 치열할 때는 진용토(辰龍土)를 타야 한다. 辰土는 癸水를 저장하고 습토가 火를 설(洩)하고 결국 木을 생하기 때문이다. 水의 세력이 범람할 때 인목(寅木) 호랑이를 타게 되면 木의 녹왕지(祿旺地)요 장생지(長生地)이므로 木이 떠내려가지 않게 된다. 천간(天干)이 화평하고 지지(地支)가 윤택하다면 갑목(甲木)은 천년(千年)을 버티게 될 것이다.

1) 甲木은 십간 중 첫 번째 양목으로, 거목이요 대림목(大林木)이다

하늘로 우레요 용이며 땅으로는 대들보다. 인정 많아 아낌없이 주는 나무로 빛은 푸르고 맛은 시며 소리는 탁하고 질은 굳으며 성품이 곧다.

甲木이 寅月 입춘에 태어나면 丑月 한기 남아 있어 봄 아닌 봄 춘래불사춘(春來不似春)이다. 한목향양(寒木向陽)하므로 丙火로 따뜻하게 하고 암장 癸水로 자윤하면 수화기제(水火旣濟)되어 대부대귀(大富大貴)하고 영화를 누린다. 그러나 수다(水多)하게 되면 부모운은 있으나 종내 뿌리가 썩게 되니 자식이 열등하고 재앙(災殃)과 질병(疾病)이 많다. 고서(古書)에 수범목부(水泛木浮)라, 土로 제지하지 못하면 정신이상 빈천하여 흘러 떠다니게 되고 죽어서도 들어갈 관 없다 하였다. 丙癸 모두 없으면 평범한 명이다.

丙 甲 戊 庚
寅 子 寅 寅

위명 丙火 투출하고 子中癸水 용신한다. 특히 처(妻)의 자리 癸水의 내조 있었고 木은 인(仁)이니 마치 국립공원 1호 지리산처럼 넉넉하고 어질며 대부대귀하고 수(壽)를 누렸다.

2) 甲木이 중춘(仲春) 卯月에 태어나 양인격(羊刃格)이다

양인(羊刃)은 스스로 왕 하니 庚金으로 벽갑인정(劈甲引丁)하면 다듬어져 동량(棟樑)의 재목되고 대부대귀(大富大貴)하다. 그러나 辛金은 陰金으로 힘이 약하다. 고서에 "양인이 신왕(身旺)하면 마음 높고 뜻이 오만하여 충(沖)되면 위풍을 떨치고 신약(身弱)하면 의심 많고 일을 무서워한다." 하였다. 庚戌 투출하면 재성이 약한 편관을 생조하는 재자약살(財滋弱殺)을 이루고 신왕운 때 전쟁에 무장(武將)으로 공을 이루나 문직은 좋지 않다. 이때 丁火 투출하여 목화통명(木火通明)을 이루면 총명하여 문인학사요 상관생재(傷官生財)하게 된다. 그러나 丁癸沖 되면 말만 청산유수이지 간교하게 된다. 庚戌丁이 투출하면 상관으로 편관을 다스리는 상관가살(傷官駕殺)되어 마치 호랑이 조련사처럼 최상격(最上格) 영웅호걸이요 대부대귀하다. 그러나 천간 庚辛 투출하고 지지 巳酉丑 金多하게 되면 관살태왕(官殺太旺)하므로 호랑이보다 무섭다는 살(殺)되어 목피금상(木被金傷) 반드시 잔병 많고 남명은 극자형처(剋子刑妻) 홀아비요 여명은 일복 많고 배신에 과부요 심하면 요절(夭折)하게 된다. 그것은 甲木이 寅卯月에 스스로 록왕하니 종(從)하지 않는다는 뜻이다. 천간 乙木은 양인(羊刃)이라 하지 않는다.

乙 甲 己 乙
亥 申 卯 亥

위명 신왕운 때 최고위직에 있었다. 卯戌合運 때 종명(終命).

3) 甲木이 辰月 곡우(穀雨) 후 모춘(暮春)에 태어났다

토왕(土旺)하고 자연발화 火氣 있어 木은 늙고 메마르다. 庚金으로 벽갑인정(劈甲引丁) 가지치기하면 동량(棟樑)의 재목되고 壬水로 윤택하게 하면 나뭇가지와 잎이 번성하듯 대부대귀(大富大貴)한다. 이때 辛金이나 암장된 金은 무딘 도끼이니 힘 약한 오행을 운(運)에서 도와야하고 운 없을 때는 무용지물이다. 辰月이 土旺하여 재다신약(財多身弱)되면 부모무덕하고 육친은 뜬구름이요 아녀자에 속고 재물고통 부옥빈인(富屋貧人)의 명으로 가정을 다스리지 못하고 처자식이 두렵다. 辰月은 土旺하므로 戊己土가 투출하고 방해하는 오행 없이 지지 토국(土局)을 이루면 기명종재(棄命從財)한다. 財에 종(從)하게 되면 처의 내조 있고 처자식이 유능하며 부귀(富貴)를 누린다. 자평의 법은 재(財)를 妻로 삼으니 청(淸)하면 아내가 어질고 재능 있으나 탁(濁)하면 질투 많고 포악한 부인이다. 그러므로 庚金용신에 壬水로 보좌하여야 한다.

$$
\begin{array}{cccc}
庚 & 甲 & 壬 & 丙 \\
午 & 子 & 辰 & 寅
\end{array}
$$

위명 희용신 庚壬 투출하여 벼슬은 태수(太守)에 이르렀다.

4) 甲木이 삼하(三夏) 巳月에 태어났다

동방(東方) 목기(木氣)가 물러나고 여름 하월(夏月)에 甲木은 메마르게 된다. 이때는 조후용신 癸水가 진신(眞神)이다. 壬水는 자연의 우로수인 癸水에 비해 인위적인 강호(江湖)이므로 가신(假神) 壬水로 용신하면 부(富)만 있고 귀(貴)는 없다. 용신 癸水에 庚金으로 金生水하게 되면 마르지 않은 수원(水源)되고 대부대귀한다. 巳月의 水는 휴수(休囚)되는 때이기 때문에 金으로 생해야 한다. 고서에 "식상신약(食傷身弱)한데 인수(印綬) 있으면 용모가 아름답고 총명하여 재주가 탁월하고 사람이 자애롭고 예의 있어 공손하며 학문이 깊다." 하였다. 만약 丙戊가 투출하고 壬癸 적수(滴水)가 없으면 수운(水運)으로 흘러도 화염토조(火炎土燥)하므로 구제되지 못하고 하격(下格)으로 흉하다.

$$
\begin{array}{cccc}
丙 & 甲 & 癸 & 辛 \\
寅 & 子 & 巳 & 丑
\end{array}
$$

위명 모두 통근하고 金水木火 상하좌우 유정(有情)하다. 진신(眞神) 癸水 투출하고 통근한 辛丑으로 마르지 않는 수원(水源)을 발한다. 木은 인(仁)이니 어짊과 덕 있었고 벼슬은 삼품(三品)에 부가 백만이요 자식은 열셋에 100세 부귀복수(富貴福壽)를 누렸다.

·운문사 소나무

매년 5월, 소싸움으로 유명한 경남 청도(淸道)에는 일연선사께서 『삼국유사』를 저술한 운문사(雲門寺)와 해마다 막걸리 24말을 먹는 소나무가 있다. 또한 홍선대원군 합하 아드님 명복도령(高宗)의 상(相)을 봤던 백운학(박유붕) 선생의 고향이다. 고종께서 등극하시고 선생은 복채로 한양 삼선교에서 돈암동에 이르는 땅을 하사받고 고향 청도현감에 이른다. 그러나 천기누설 죄인지 민비(명성황후)와의 결혼을 반대하다 천수(天壽)를 누리지 못했다. 신라 진흥왕 때 원광(圓光)국사가 세속오계를 전수했던 운문사는 오늘날 비구니승의 승가대학으로 정갈하고 고요하였다.

5) 甲木이 삼하(三夏) 午月에 태어났다

午月은 丁火가 권리를 잡은 때이니 木은 허(虛)하고 말라 있어 화조목고(火燥木枯)하다. 진신(眞神) 癸水로 용(用)하고 庚金으로 수원발해 윤택하게 배합하면 물 흐름이 끊어지지 않아 상격(上格)을 이룬다. 이때 丁火로 庚金을 제련하고 목화통명(木火通明)하게 되면 자연 부귀가 따르고 목화상관(木火傷官)은 수기(秀氣)를 설(洩)함으로 총명하며 木은 어질어 선행을 좋아한다. 그러나 상관(傷官)이 지나치면 의심이 많고 사람을 해치지는 않으나 매사 불평불만이 많다. 만약 국세가 편왕(偏旺)하여 염상격(炎上格)으로 종(從)하지 못하면 삶에 재앙 많고 반드시 가난하거나 심하면 요절(夭折)하게 된다. 癸庚丁을 희용신한다.

辛 甲 甲 丙
未 戌 午 寅

지지 寅午戌 화국(火局)한데 용신할 水 없다. 갑갑한 명(命)이다. 고서에 "목화상관이 중(重)하면 마땅하지 않으니 용모는 있으나 의심 많고 불평불만에 데모 앞장이요 여명은 경솔하고 음란 천박하여 반드시 극부(剋夫)한다." 하였다. 위명 화왕목분(火旺木焚)하니 화운(火運)에 요절하고 말았다.

6) 甲木이 未月에 태어났다

辰戌丑未 사고장지 月은 대개 상하(上下) 月로 나눈다. 未月이 대서(大暑) 전에 태어나면 巳月과 같아 癸水가 없으면 귀(貴)가 없고 대서 후에는 삼복생한(三伏生寒)의 때이니 癸水가 없어도 무방하다. 이때는 丁庚으로 用하면 귀격을 이룬다. 그러나 주의할 것은 아직 염조(炎燥)한 때이므로 운은 수목운(水木運)으로 흘러야 한다. 이것은 겉으로는 丁火를 따르나 실제는 인수운(印綬運)을 기뻐하는 것이다. 이 이론을 자세히 살피면 하월(夏月)의 木은 아직 뜨거운 여기가 남아 있기 때문이다. 만약 금운(金運)으로 흐르면 재앙이 따르고 화운(火運) 때는 목화성회(木化成灰)라 반드시 죽게 된다 하였다. 그러므로 동방 목운(木運)이 가장 길하고 다음 북방 수운(水運)으로 흘러야 한다. 丁庚을 용신하는 변격(變格)이다.

甲 甲 癸 庚
戌 午 未 寅

　　인수(印綬) 癸水 용신에 庚金 있어 한번 글을 읽으면 잊지 않는 총명함 있었다. 화운(火運)에 庚 희신을 지지 寅午戌 火剋金하고 용신 水와 수화상전(水火相戰)을 일으키니 폐와 신장병으로 종(終)하고 말았다. 고서에 "한 수레의 불에 한 잔의 물은 오히려 불꽃을 부추긴다." 하였다. 만약 희용신 癸庚 金水가 지지 뿌리 있었다면 요절(夭折)은 면하였을 것이다.

7) 甲木이 삼추(三秋) 申月에 태어났다

　　庚金이 투출하고 용광로 丁火로 庚金을 제하지 않으면 甲木이 상한다. 이때 丙火로 용할 수는 있으나 申에 이르러 병지(病地)가 되고 庚金을 녹여 기물을 만드는 데는 丁火만 못하다. 그러므로 庚丁이 나란히 투출하고 金水運으로 흐르면 살인상생(殺印相生)되어 대부대귀(大富大貴)하다. 이때 어느 한쪽을 암장하면 부(富)에 불과하고 형통하기 어렵다. 만일 丁火는 투출했는데 庚金이 암장되어 있으면 작은 부(富)에 불과하고 庚金이 많은데 丁火 없으면 반드시 잔병으로 고생 많고 살중신경(殺重身輕)으로 가난하거나 요절하게 된다. 甲木은 庚丁 강금(剛金)으로 깎고 다듬게 되면 동량(棟樑)의 재목을 이룰 수 있다.

乙 甲 庚 癸
亥 申 申 未

　　庚金 투출하고 지지 未中丁火가 암장한다. 위명 명(命)이 청(淸)하여 벼슬은 늠공(廩貢 때 부, 주, 현의 벼슬)에 이르렀으나 金殺이 왕(旺)하고 제(制)할 丁火가 투출하지 않아 재능을 다 발휘하지 못했다.

·정이품 소나무

　　충북 보은 말티재 12고개를 넘으면 속리산(俗離山) 법주사(法住寺) 입구에 정2품 벼슬을 하사받은 소나무가 있다. 조선 세조 임금께서 국운의 융성과 신병 치료차 법주사를 향하는데 "가지에 연 걸린다."고 말하자 신기하게도 가지를 번쩍 들어 올려 임금이 탄 수레를 보호하니 이를 기특하게 여겨 正二品 벼슬을 내렸다고 전해진다. 동양 최대의 청동불과 3

천 승려의 밥을 지었다는 철확, 임경업 장군의 경업대와 우암 송시열이 글을 읽었다는 문장대가 있다. 정감록의 10승지 중 하나.

8) 甲木이 중추(中秋) 酉月에 태어났다

8월은 목기(木氣)가 휴수(休囚)하므로 낙엽지고 가을은 왕금신(旺金神)이 권리 잡아 살왕(殺旺)하므로 나뭇가지가 마른다. 丁火로 왕금신을 연금(煉金)하여 제살(制殺)함이 우선이요, 다음 金水가 진기(進氣)하는 중추이므로 丙火로 조후해야 한다. 丁丙으로 희용신하면 정관격(正官格)으로 부귀쌍전(富貴雙全)한다. 이때 癸水가 투출하여 丁火 용신을 극(剋)하면 살(殺)을 제하지 못하므로 상귀격(上貴格)을 이루지 못하고 평범한 명이 된다. 지지 금국(金局)을 이루고 庚辛金 투출하면 살(殺)이 되어 甲木 가지가 상하므로 가정에 재앙(災殃)이 따르고 만년에 잔병 심하면 요절(夭折)하게 된다.

丁 甲 乙 庚
卯 子 酉 寅

위명 시상(時上) 丁火 투출하고 寅中丙火 암장(暗藏)한다. 참정(參政)이요 태수(太守)였다.

· 은행나무

경기도 양평의 용(龍)이 드나든다는 용문사(龍門寺)에는 1천2백 살 된 은행나무(천연기념물 30호)가 있다. 성인 일곱 사람이 팔을 벌려 손끝이 닿지 않는 거목이다. 신라 신덕왕(913) 때 창건한 사찰로, 본래 참선하는 스님들의 기침병을 돕기 위해 은행나무를 심는다. 남한강을 끼고 도는 유명산(有明山)과 용문사 입구 산나물 비빔밥은 별미요 매년 이맘때 은행아가씨 선발대회가 있다.

9) 甲木이 만추(晚秋) 戌月에 태어났다

辰戌丑未월은 여기, 중기, 본기인 9, 3, 18일을 잘 살펴야 한다. 여·중·본기를 모르다면 보통 하반월을 기준하고 상반월은 전월로 본다. 戌은 조토(燥土)로 만약 명이 火多하면 화왕목고(火旺木枯)라 木은 시들어 고빈(孤貧)하게 된다. 이때는 壬癸水로 적셔주어야 윤택해지고 金水가 진기하는 만추 때이므로 한기(寒氣) 있어 丙丁火로 따뜻하게 해야 빼어

나게 된다. 즉, 水火가 희용신이 된다. 甲木이 신왕(身旺)하면 庚金으로 가지치기하여야
벽갑인정(劈甲引丁)되고 과갑(科甲) 부귀가 따른다. 이때 庚金이 암장하면 힘 약해 소부소
귀(小富小貴)하다. 희용신할 게 없다면 무용지물 평범한 명이 된다.

乙 甲 甲 甲
亥 寅 戌 子

만추(晚秋) 戌月 재왕(財旺)하여 초년 가세 있었다. 그러나 寅亥合木 하고 하나뿐인 재
(財)를 많은 비겁이 비겁쟁재(比劫爭財)한다. 고서(古書)에 비겁쟁재 명(命)은 비겁운 때 형
제 재산싸움에 형처손자(刑妻損子)하고 걸인의 명이 된다 하였다. 木運에 세 차례 화재로
재산을 잃고 卯戌合運에 죽었다. 만약 火로 통관하였다면 죽음은 면하였을 것이다.

10) 甲木이 삼동(三冬) 亥月에 태어났다

나를 생하는 어머니 인수(印綬)로 신왕(身旺)한다. 먼저 庚金으로 가지치기를 하면 동량
을 이루고 丁火로 보좌하면 벽갑인정(劈甲引丁)되어 과갑부귀하다. 亥中壬水가 왕(旺)한
데 壬水가 투출하게 되면 수왕(水旺)해져 甲木이 물에 뜨게 되고 종내 뿌리가 썩게 된다.
이때는 戊土로 제방하여 구제하게 되면 土生金 재생살(財生殺)되고 병에 약(藥)이 있는
것처럼 대부대귀한다. 戊土 대신 己土는 음토(陰土)요 습토(濕土)로 힘 약해 공감(貢監)에
불과하다. 동목(冬木)은 서북 金水운은 흉(凶)하고 동남 木火운으로 흘러야 길(吉)하다. 그
러므로 庚丁으로 희용신하고 戊土는 水를 제(制)할 때 약(藥)으로 쓴다.

己 甲 辛 壬
巳 子 亥 辰

甲己 합화격(合化格)은 합화 土를 생(生)하는 오행 火를 용신(用神)한다. 위명 초년 金水
運으로 흘러 고독하고 뿌리가 썩게 되니 질병 많았다. 말년 木火 희용신운 때 巳中 丙戊
희용신을 인출하여 길(吉)하였다.

11) 甲木이 중동(仲冬) 子月에 태어났다

전월 亥月에는 庚金을 먼저 쓰고 丁火로 보좌하나 子月에는 丁火로 먼저 인정(引丁)하고 庚金으로 벽갑(劈甲)한 후 추운 때이므로 조후 丙火로 보좌하여야 한다. 子月은 왕수(旺水)가 령(令)을 잡아 한기(寒氣)있다. 만약 庚丁이 있어도 壬癸水가 투출하면 하급관리에 지나지 않는다. 이때 지지 수국(水局)을 이루고 천간 壬癸水가 투출하게 되면 물이 범람하여 木이 물에 둥둥 뜨게 된다. 고서에 "수범목부(水泛木浮)면 정신이상 하천하여 떠돌게 되고 죽어서도 들어갈 관 없다." 하였다. 이때는 戊己土로 구제하여야 한다. 그러므로 丁庚으로 희용신하고 매우 추운 때 조후(調喉) 丙火로 보좌하게 되면 대부대귀(大富大貴)하다.

戊 甲 壬 壬
辰 寅 子 辰

천지 수국(水局)을 이루나 시상(時上) 戊土로 구제하여 물을 멈추게 할 수 있다. 위명 木火運 때 과갑하고 복록을 누렸다.

12) 甲木이 매우 추운 한동(寒冬) 丑月에 태어났다

丑은 북방의 습토로 金을 생하고 火를 어둡게 하며 水를 축장한다. 이때는 庚金으로 벽갑(劈甲)하고 丁火로 인정(引丁)하며 매우 추운 때 조후 丙火로 해동(解凍)하여야 한다. 庚金 대신 辛金은 음금(陰金)으로 힘이 약하다. 丁火는 庚金을 제련하고 목화통명(木火通明) 상관생재(傷官生財)를 이루어 부(富) 있다. 만약 丁火가 암장하면 힘 약해 부귀가 작고 丁火 없으면 빈한한 선비 한유(寒儒)에 불과하다. 庚金이 없거나 丁火를 정계(丁癸)로 충극(沖剋)하게 되면 희용신이 상하므로 빈천(貧賤)하게 된다. 그러므로 丑月 甲木은 庚金 없으면 귀(貴)를 취하지 못하고 丁火 없으면 부(富)를 취할 수 없다. 丁火가 없을 때는 丙火로 대신할 수 있으나 庚金 없을 때는 辛金으로 대신할 수 없다.

戊 甲 辛 丙
辰 戌 丑 午

합(合)에는 마땅함이 있고 마땅치 않음이 있다. 천간 병신합(丙辛合)이 서로 탐하느라 본분 잃고 일주(日柱)를 돌아보지 않는다. 매우 추운 때 해동(解凍)하여야 할 丙火는 마치 말이 묶인 것처럼 기반(羈絆)되어 쓸모없게 되고 원치 않은 水를 더하고 있다.

위명주 지지 土 재왕(財旺)하여 재다신약(財多身弱)의 명(命)이다. 어려 먹던 우물을 떠나 객지 타향에서 재(財)가 참되지 않으니 빈한(貧寒)하고 처(妻)는 탁하고 비루하였다. 말년 辰戌 충(沖)되어 자식까지 불초(不肖)하고 土 위, 비장 병에 가난하고 천하였다.

2. 을목(乙木)의 용법(用法)

적천수

을목수요(乙木雖柔) 규양해우(刲羊解牛)

회정포병(懷丁抱丙) 과봉승후(跨鳳乘猴)

허습지지(虛溼之地) 기마역우(騎馬亦憂)

등라계갑(藤蘿繫甲) 가춘가추(可春可秋)

乙木이 비록 유약하나 丑未土를 헤치고 제압할 수 있으므로 뿌리를 내리고 생장(生長)할 수 있다. 또한 丙丁을 안아 품고 있다면 酉金 위에 다리를 벌리고 있어도 괜찮고 申金을 타도 괜찮아 申酉月을 두려워하지 않는다. 그러나 천간에 水가 투출하고 허습한 지지에 태어나면 비록 午火를 타고 있어도 근심스럽다. 乙木은 넝쿨과 같아 甲木 있으면 마치 형제의 우애처럼 그것을 감고 봄가을에 나도 괜찮다.

그러므로 乙木은 하늘의 바람과 같고 땅에서는 봄에 복숭아[桃]와 오얏[李]과 같아 金剋木 받게 되면 시들므로 火가 있어야 영화(榮華) 있고, 여름에는 벼[禾]와 같아 水가 있어야 가뭄을 이겨내고 살 수 있다. 가을에는 오동나무나 계수와 같아 火를 필요로 하고 겨울에는 진귀한 꽃과 같아 火土로 따뜻하게 배양해야 한다.

1) 乙木이 초춘(初春) 寅月에 태어났다

甲木은 진기(進氣)하고 乙木은 퇴기(退氣)한다. 乙木이 초춘에 태어나 작고 유약한 어린나무는 봄 아닌 봄 丑月의 여기(餘氣; 초기)가 남아 한기(寒氣)가 있다. 우선 태양의 丙火로 따뜻하게 함이 우선이다. 丙火 용신(用神)하면 목화통명(木火通明) 문호(門戶)를 펼칠 수 있고 예의 밝고 자애롭다. 다음 우로수인 癸水로 생부(生扶)하게 되면 지란(芝蘭)이나 버들가지가 잎이 무성해져 영화롭다. 이때 火가 지나치면 가뭄으로 메마르게 되고 金水가 지나치면 음농습중(陰濃濕重)하므로 가지와 잎은 시들고 물에 떠 뿌리는 썩게 되므로 무용지물 가난한 선비 한유(寒儒)에 지나지 않는다. 그러므로 용신(用神)은 무엇보다 중화(中和)를 우선한다. 丙癸 모두 투출하고 극충(剋沖)되지 않으면 과갑(科甲) 부귀(富貴)하다. 이 중 하나라도 없으면 유용하지 못하다.

己 乙 甲 癸
亥 亥 寅 未

비록 유약한 乙木이나 천간에 甲木이 투출하고 지지 동방 목기(木氣)되면 등라계갑(藤蘿繫甲)의 뿌리가 튼튼해져 하늘까지 치솟는 웅장한 甲木으로 본다.

위명 이충무공 홍장의 명이다. 고구려 연개소문처럼 밖으로는 총대장군이요 안으로 재상이니 출장입상(出將入相)의 명이다.

2) 乙木이 중춘 卯月에 태어났다

중춘(仲春)은 점차 양기(陽氣)가 오르는 때이다. 따뜻한 丙火 용신하면 산수유, 매화꽃이 더욱 만발해지고 癸水로 보좌 자윤하게 되면 수화기제(水火旣濟)되어 대부대귀(大富大貴) 영화롭다. 이때 암장 庚金 있으면 과갑(科甲)이 따르나 천간 투출은 을경합(乙庚合)으로 기반(基盤)되어 묶이게 되니 뜻을 펼 수 없다. 丙癸 모두 없으면 평범한 명이다.

癸 乙 己 庚
未 亥 卯 寅

木이 寅卯辰 방국(方局) 또는 亥卯未 삼합목국(三合木局)을 이루게 되면 곡직격(曲直格)

이 된다. 한 가지 오행(五行)으로 이루어진 독상(獨象), 즉 다섯 가지 일행득기격(一行得氣格: 곡직, 염상, 가색, 종혁, 윤하)은 순수하게 청(淸)해야 한다. 청하지 못하고 독상을 방해하는 재살(財殺)이 섞이게 되면 혼탁하여 파격(破格)된다.

위명 己庚 재살(財殺)이 혼탁하고 절지(絶地)에 앉아 파격이다. 의학, 풍수, 역학을 공부했으나 하나도 이루지 못하고 산속으로 들어가고 말았다. 만약 순수 곡직인수격(曲直印綬格)이 인수 운(運)으로 흐르면 인자하고 식상운(食傷運) 때 수기유행(秀氣流行)되어 복록을 누렸을 것이다. 기타 오행(五行)도 같다.

3) 乙木이 모춘(暮春) 辰月에 태어났다

곡우(穀雨) 후 모춘에는 양기가 점차 오르는 때이므로 먼저 癸水로 용신하고 다음 丙火로 보조하는 것이 정법(正法)이다. 이때 甲木은 庚金으로 가지치기를 해야 하나 乙木이 庚金 있게 되면 기반(羈絆)되어 뜻을 펼 수 없게 되므로 흉(凶)하다. 왜냐하면 甲木과 乙木은 성질이 다르기 때문이다. 희용신 癸丙 모두 없으면 하격(下格)으로 평범하다.

丙 乙 戊 甲
子 亥 辰 寅

고전격국(古典格局) 중 육을서귀격(六乙鼠貴格)을 이루어 대귀(大貴)하였다 한다. 서귀격(鼠貴格)이란 乙木이 子時를 얻은 것인데, 쥐(鼠)라는 동물은 몰래 곡식을 훔치는 것은 물론 子中癸水가 巳中戊土를 戊癸合으로 끌고 와 다시 巳申 육합(六合)되어 申中庚金을 용신한다는 잘못된 이론이다. 무릇 8정격(正格)과 기세에 따르는 변격(變格) 외에 기이한 격국(格局)을 논하는 이론은 잘못된 것이다. 오행의 생극제화(生剋制化)로 논해야 옳다. 위 명주 丙火 투출하고 암장 癸水로 희용신한다. 벼슬은 안원(按院)에 이르고 대부대귀하였다.

4) 乙木이 삼하(三夏) 巳月에 태어났다.

여름철이 시작되는 입하(立夏) 乙木은 메마르게 되므로 조후(調喉)가 시급하다. 이때는 화왕(火旺)하기 때문에 수원(水源) 없으면 水가 쉽게 마른다. 庚辛金으로 수원을 발하고 癸水로 용신하면 부귀(富貴)하다. 庚辛金 중 음생음(陰生陰)하므로 辛金이 더욱 청(淸)

하다. 육친 용신법 으로도 木火 상관(傷官)은 친어머니 水 인수(印綬)를 용하는 법(法).
水로 火를 제(制)하고 木을 윤택하게 하면 유용해진다. 만약 金水 희용신 없이 火多하게
되면 木이 불에 타 재가 되는 목분(木焚)하므로 잔병 많고 빈천(貧賤) 심하면 요절(夭折)
한다.

丙 乙 辛 乙
戌 亥 巳 未

여명으로 상관격에 식상 丙辛 투출하여 마치 반짝이는 보석처럼 미모가 뛰어났다. 亥
中壬 인수(印綬)를 용신하여 재주 많고 서예에도 능했다. 그러나 丙火가 火剋金하고 乙
辛剋, 巳亥沖하므로 부자(夫子)궁이 불미하다. 고서(古書)에 "상관이 중(重)하면 반드시
극부(剋夫)한다." 하였다. 현모(賢母)는 될지언정 부군에게 비아냥거리고 양처(良妻)는 되지
못했다.

· 차(茶) 이야기

가수 조영남 씨가 부른 화개장터 위 지리산 쌍계사 입구에 차나무를 처음 심었다는 차
(茶)의 시배지가 있다. 다산 정약용 선생과 편지를 주고받았던 전남 무안 출신의 초의선사
께서 남기신 『다신전(茶神傳)』에 "우리 차는 중국과 달리 곡우(穀雨) 전후는 너무 이르고
입하(立夏) 전후가 차 맛이 적당하다." 하였다. 차 이야기가 나왔으니 가장 유명한 화두 '끽
다거(喫茶去)'. 선(禪)에 대해 묻는 사부대중에게 옛 중국의 고승께서, "차나 한잔 마시고 가
게나. 끽다거!"

5) 乙木이 삼하(三夏) 午月에 태어났다

이때는 乙木이 뿌리까지 메마르다. 고서에 "火土가 화왕토조(火旺土燥)하게 되면 木은
어리석어 빈천하다." 하였다. 조후가 시급하니 癸水로 용신하고 金으로 수원(水源)을 발
하여야 한다. 壬水는 인위적인 水이니 자연의 우로수인 癸水만 못하다. 癸水로 용신하고
金으로 수원 발하면 부귀(富貴)하다. 癸水가 없으면 무용지물 잔병에 심하면 요절(夭折)
한다.

丙 乙 庚 甲
子 卯 午 寅

걸인이 된 명주다. 마음은 庚金에 있으나 경금은 맹렬한 午火에 火剋金 녹고 金을 생할 土도 없다. 쓸 용이 없고 寅午戌 화국(火局)에 지지 子卯刑, 子午沖 마치 지진이 난 것처럼 재앙(災殃)이 중중하다. 乙亥운에 목생화국(火局)으로 치닫고 논밭은 가뭄이다. 육친으로 밥 그릇 뒤엎는다는 도식(倒食)되어 그동안 있었던 재물 부도나고 걸인이 되고 말았다.

6) 乙木이 삼하(三夏) 未月에 태어났다

소서(小暑)가 가벼운 더위라면 대서(大暑) 전후 未月은 여름 한가운데 더위가 가장 심한 때이다. 未月은 남방의 조토(燥土)로써 金을 무르게 하고 火를 도와 水를 마르게 한다. 그러므로 메마른 乙木은 조후(調喉)가 시급하다. 癸水로 용신하고 만약 金水가 많으면 대서 후는 삼복생한(三伏生寒)의 때 변격으로 丙火를 참작한다. 丙癸 모두 있으면 북방 水運 때 대부대귀하고 癸水가 없으면 평범하다. 壬水는 인위적인 관계 수이므로 의록만 있게 된다. 이때 土가 土剋水 용신을 상하게 하고 어지럽게 하면 하격(下格)으로 흉(凶)하다.

癸 乙 癸 庚
未 未 未 辰

과거에 급제한 명이다. 천간 두 개의 癸水가 투출하고 지지 재생관(財生官)하여 청(淸)하다. 만약 辰中癸水의 뿌리 없었다면 土多 재다신약(財多身弱)되어 끝내 부잣집의 재산을 관리하는 자 부옥빈인(富屋貧人)되어 빈곤에 허덕이거나 여명(女命)이면 본인(本人)은 물론 시댁(媤宅)까지 망하였을 것이다.

7) 乙木이 삼추(三秋) 申月에 태어났다

여름이 물러나고 추월(秋月) 금신(金神)이 사령(司令)하는 때이다. 이때 庚金이 투출하게 되면 乙庚 상합(相合)해도 합화(合化)되지 못하고 살(殺)로 변하여 乙木이 필히 상한다. 그러므로 먼저 날카로운 金을 丙火로 제살(制殺)하고 지지 뿌리 둔 己土로 乙木 뿌리를 배양(培養)해야 한다. 丙己癸로 희용신하게 되면 삼기(三己)가 겸전하므로 관인상생(官印相生)되어 대부대귀하다. 육친으로도 정관격(正官格)이 신왕(身旺)하면 명문가문(名文家門)에 부부유정하고 자식은 총명하여 효도를 다한다. 그러므로 비옥한 三己土(己土 출간하고 지지 丑未)로 용신하고 丙火로 희신하며 癸水로 보좌하게 되면 장차관으로 관을 부리고 입신 대부대귀(大富大貴)하게 된다. 이때 戊土는 癸水를 제극(制剋)함으로 취하지 않는다. 만약 戊土 투출하고 寅巳申 형충(刑沖)되면 극자형처(剋子刑妻) 흉하다.

戊 乙 庚 戊
寅 丑 申 午

乙庚 합화격(合化格)은 화신(化神)을 생하는 土가 용신이다. 위 명주 戊土로 용신하고 寅中丙火, 丑中癸水로 보좌하여 지방 지사(知事)였다. 만약 己土로 용신하고 丙火가 투출 하였다면 중앙(中央)에 진출 하였을 것이다.

8) 乙木이 중추(仲秋) 酉月에 태어났다

유약한 木이 절태지(絶胎地)에 태어나 쇠갈(衰竭)하다. 어머니 癸水로 용신하고 밤낮의 길이가 같은 추분(秋分) 후에는 한목향양(寒木向陽)하므로 丙火를 우선하고 癸水로 희신한다. 만약 酉月 편관(偏官)이 辛金 투출하고 지지 금국(金局)을 이루게 되면 살왕(殺旺)해져 木이 상하고 잔병에 의지할 데 없이 빈천(貧賤) 심하면 요절(夭折)하게 된다. 이때는 殺을 제거해야 하는데 살인상생(殺印相生)이 우선이요 둘째는 양인합살(羊刃合殺) 권인상정(權刃相丁) 또는 살인합살(殺刃合殺)을 미인계라 하고 셋째는 식신(食神)으로 제살(制殺)하면 호랑이 조련사로 무(武)로 발달하게 된다. 그러므로 丙癸가 투출하여 서로 방해하지 않으면 최상격(最上格)으로 대부대귀하다. 이 중 하나라도 없으면 불리하니 丙火만 있으면 부귀가 작고 癸水만 있으면 생기는 있어 수재(秀才)로 부(富)만 있고 戊土가 癸水를 방해하면 귀(貴) 작은 이로(異路) 발전이요 丙癸가 암장하면 힘 약해 평범해진다. 모두 없으면 무용지물 하격(下格)으로 빈천하다.

$$甲 \quad 乙 \quad 乙 \quad 乙$$
$$申 \quad 酉 \quad 酉 \quad 酉$$

기린, 거북, 용과 함께 오동나무가 아니면 앉지 않는다는 봉황을 4대 영물이라 한다. 위 명주는 평범한 오행이 아닌 변격(變格)으로 종살격(從殺格)이다. 8월 깨끗하고 아름다운 명으로 벼슬은 상서(尙書)에 올랐다. 종(從)하는 사주 종(從)으로 용신(用神)을 삼는다. 식재관운(食財官運)이 대길(大吉)하고 인수(印綬), 비겁(比劫) 운은 대흉(大凶)하다. 만약 살(殺)에 종(從)하지 못하고 파격(破格)되면 호랑이보다도 무섭다는 살귀(殺鬼)로 변하여 잔병, 불구에 하천(下賤)하게 살았을 것이다.

9) 乙木이 삼추(三秋) 戌月에 태어났다

가을 乙木은 금신(金神)이 사령하는 때이므로 丙火를 용신하고 다음 癸水를 취한다. 그러나 戌月에는 반드시 癸水로 용신을 삼아야 한다. 이때는 木이 휴수(休囚)하므로 메말라 삭막하기 때문이다. 그러므로 癸水로 용신하고 辛金으로 수원(水源)을 발하면 과갑(科甲)하고 부귀(富貴)가 따른다. 만약 癸水만 있게 되면 쉽게 마르기 때문에 발전하지 못하고 평범하며 辛金만 있으면 메말라 乙木이 상하므로 빈천(貧賤)하게 된다. 만약 戌月 乙木이 인수 비겁 없이 투출한 土에 종(從)하면 종재격(從財格)을 이루고 부귀하나 인겁 뿌리 있어 종(從)하지 못하면 재다신약(財多身弱)되고 운(運)까지 없다면 늙도록 고빈하다.

$$丁 \quad 乙 \quad 丙 \quad 乙$$
$$亥 \quad 卯 \quad 戌 \quad 卯$$

일주 녹왕(祿旺) 둘에 亥卯未, 卯戌 합목국(合木局)을 이루어 신왕(身旺)하다. 위 명주 여명으로 식상생재격(食傷生財格)을 이루어 알뜰살뜰 살림 잘하고 시집에 온갖 정성을 다해 시댁 부자 되었다. 또한 재생관(財生官) 내조로 부군(夫君) 출세시키니 남편은 향시(鄕試)에 합격하고 현의 장관이 되었다. 만약 파격되어 재다신약(財多身弱)되었다면 한 마리 새가 오도 가도 못하고 엄한 시집살이에 친정은 물론 시댁까지 망하고 기구한 명(命)이 되었을 것이다.

10) 乙木이 삼동(三冬) 亥月에 태어났다

한목향양(寒木向陽)하므로 丙火로 따뜻하게 추위를 풀어줘야 한다. 丙火 용신하고 亥月은 壬水가 사령하는 때 戊土로 壬水를 제하면 과갑(科甲) 부귀하다. 만약 壬水가 투출하고 水가 많으면 수범목부(水泛木浮) 木이 물에 뜨게 되므로 먹고 놀기를 좋아하고 빈천, 떠돌게 된다. 이때는 병(病)을 제거하는 戊土가 용신이다. 약용신(藥用神) 戊土만 있고 丙火로 보좌하지 않으면 부(富)는 있으나 귀(貴)는 없다.

辛 乙 乙 甲
巳 亥 亥 戌

甲木 투출하고 水生木 신왕(身旺)하다. 그러나 乙辛剋 巳亥沖 한다고 오판할 수 있다. 위 명주 시상일위귀격(時上一位貴格)으로 乙木이 진귀한 꽃이 되고 복록이 끝이 없었다. 무릇 沖에는 마땅한 것이 있고 그렇지 않은 경우가 있다. 시상귀격 때는 양인(羊刃)이나 형충(刑沖)이 있어도 무방하다. 적천수에 "왕자충쇠쇠자발(旺者沖衰衰者拔)하고 쇠신충왕왕신발(衰神沖旺旺神發)"이라 하였다. 즉, 왕성한 것이 쇠약한 것을 충하면 뿌리까지 뽑히게 되고 쇠약한 것이 왕성을 충하면 오히려 발전하게 된다는 이론이다. 그러므로 주의해서 살펴야 하니 내가 沖하는 것은 '충기(沖起)'라 하고 남이 나를 沖하는 것을 '불기(不起)'라 하는데 차라리 내가 충(沖)하는 것은 괜찮지만 상대가 나를 충(沖)하면 일어날 수 없다.

보통 시주(時柱)에 천간이든 암장이든 재용(財用)을 두게 되면 시상일위재격(時上一位財格), 관용(官用)을 두게 되면 시상일위관격(時上一位官格)이라 하여 재격에는 식재관운(食財官運) 때 거부(巨富)요 관격 때는 재관운(財官運) 때 현 자녀를 두게 되고 하루아침에 장·차관으로 입신한다. 위명 巳中 戊土와 丙火를 용신하는 흥발지기(興發之氣)의 명이였다.

11) 乙木이 동지(冬至) 子月에 태어났다

乙木이 차갑게 얼어붙은 때이므로 반드시 조후 丙火로 용신하여야 한다. 동지(冬至)란 태양의 길이가 가장 짧고 밤이 가장 긴 때이다. 주역의 '일양시생(一陽始生)'이란 음이 극에 이르면 양(陽)이 시작된다는 뜻이다. 기문둔갑에서 양둔(陽遁)의 출발점인 동지(冬至)는 전후를 나누어 살펴야 한다. 동지 전은 10일 1시간 壬水가 사령하므로 丙火가 있어도 편안

할 뿐 크게 발전 없다. 그러나 동지 후 20일 2시간 癸水가 사령하므로 丙戊 희용신 있게 되면 부모 유덕에 일류대학, 타의 모범이요 법정, 외교, 군·경찰, 경제 및 대학총장으로 과 갑부귀하다. 동지후 는 일양시생(一陽始生)의 때이기 때문이다. 그러므로 丙火로 해동(解冬)하고 戊土로 癸水의 병(病)을 제거하면 과갑부귀하다. 희용신이 암장하면 수재(秀才)에 불과하고 모두 없으면 호운(好運) 때는 작게나마 의록은 있으나 운(運)마저도 없다면 평생 빈한(貧寒)함을 면하기 어렵다. 이때 丁火는 있어도 없는 것과 같다. 丙火가 태양이라면 丁火는 등불이기 때문이다. 丁火가 뿌리 있으면 丙火와 같으나 역량 부족한 음화(陰火)이므로 대간대사(大奸大詐)의 무리가 된다.

丙 乙 丙 甲

戌 酉 子 申

위 명주 丙火가 투출하여 상관생재격(傷官生財格)으로 십여만의 재물을 모았다.

12) 乙木이 삼동(三冬) 丑月에 태어났다

대한이 소한 집에 놀러왔다 얼어 죽었다는 이야기가 있다. 乙木이 얼어붙은 땅 동토(凍土)에 태어나 조후 丙火가 우선이다. 丙火로 따뜻하게 하면 회춘할 수 있다. 다음 戊土로 癸水의 병(病)을 제거하면 과갑부귀하다. 이때 丙戊 희용신이 암장하거나 대운(大運)이 도와주지 않으면 가난한 선비 생원(生員)에 불과하다. 기타 子月과 같다.

乙 乙 辛 辛

酉 酉 丑 巳

乙木이 일주(日柱) 무근(無根)하고 辛金 투출에 巳酉丑 삼합금국(三合金局)에 종살(從殺)한다. 종살격이 혼잡 없이 투출하고 형충파 되지 않으면 정관격과 동일하다. 정관격(正官格)은 부모유덕하고 명예 우선하여 국가공직에 근무하게 된다. 재관 호운(好運) 때 부부 화합 자손 발영하고 처세 또한 좋아 장·차관에 입신할 수 있다.

위 명주 財 戊戌운에 과거에 합격하고 한림원(翰林院)에 들었다. 乙未운에 巳酉丑 삼합 국을 충(沖) 종살격이 파(破)되어 불록(不祿)하였다. 사망이라 하지 않고 불록(不祿)이란 공직자가 사망 때 그만 녹봉(祿俸)을 받지 못하기 때문이다.

연년세세화상사(年年歲歲花相似)
세세연년인부동(歲歲年年人不同)

해마다 피는 꽃은 비슷하나 해마다 보는 사람은 같지 않다는 천 년 전의 시(詩)이다.

3. 병화(丙火)의 용법(用法)

적천수
병화맹렬(丙火猛烈) 기상모설(欺霜侮雪) 능단경금(能煅庚金)
봉신반겁(逢辛反怯) 토중성자(土衆成慈) 수창현절(水猖顯節)
호마견향(虎馬犬鄉) 갑목약래(甲木若來) 필당분멸(必當焚滅)

음(陰)이 유순(柔順)하다면 양(陽)은 강하고 굳세다.

오양개양병위최(五陽皆陽丙爲最)이니 甲丙戊庚壬 오양(五陽) 중에서 丙火는 마치 하늘의 태양처럼 양중양(陽中陽) 최고 진양(眞陽)이다. 丙火는 맹렬하여 서리나 눈이라도 깔보고 업신여기며 단단한 庚金도 단련시킬 수 있다. 그러나 辛金을 만나는 것을 오히려 겁낸다. 丙火가 辛金을 만나면 합하여 水로 화(化)하기 때문이다. 丙火가 戊己土를 보면 土는 火의 자식이므로 자애로운 덕을 베풀고 水가 창궐하면 충절(忠節)을 나타낸다. 水는 火의 군주(君主)이기 때문이다. 지지 寅午戌 화국(火局)을 이루고 甲木을 또 만나게 되면 필히 타버린다.

1) 丙火가 삼춘(三春) 寅月에 태어났다

丙火는 마치 하늘의 태양과 같아 천지(天地)를 비추고 구름이 있어도 어둡지 아니하며 눈서리라도 두렵지 않다. 남방 火의 기운으로 빛은 붉고 맛은 쓰며 소리는 웅장하다. 丙火가 삼양(三陽) 寅月에 태어나 화기(火氣)가 점점 뜨거워지는 때이다. 태양의 丙火는 조후 壬水가 존신(尊神)이다. 불길을 잡기 위해 壬水로 수화기제(水火旣濟)를 이루면 청귀(淸貴)해져 마치 수정처럼 영화롭다. 양간(陽干)을 양간으로 비추면 서로 밝아져 수보양광(水輔陽光) 바다 위의 일출처럼 밝게 반사되어 아름답다. 그러나 癸水는 불청불우(不淸不雨)라 구름과 안개가 가린 것처럼 비가 올 듯 말듯 발전하지 못한다. 그러므로 寅月 丙火는

壬水로 용신하고 庚金으로 보좌하게 되면 너그럽고 호탕한 영웅호걸로 대부대귀하다. 庚金은 壬水의 근원을 돕고 寅木을 가지치기할 수 있으므로 재자약살(財滋弱殺)이라 한다. 이때 壬水 투출하고 신중경금(申中庚金) 암장하면 이도(異途)로 발전한다. 그러나 이때는 寅申沖 방해되지 않고 떨어져 있어야 한다. 모두 없으면 무용지물 빈천하다.

壬 丙 庚 丙
辰 午 寅 辰

걸인이 된 명주다.

위 명주 庚壬이 투출하여 길명(吉命)으로 오판할 수 있다. 그러나 주의 깊게 살펴야 할 것은 庚金은 절지(絶地)에 앉아 있고 壬水는 寅午戌 화국(火局)에 무기력하다. 더구나 운까지 동남(東南)으로 치달으니 초년 父를 잃고 재가한 어머니마저 돌아가시자 남의 집 머슴으로 살았다. 흉운(凶運)에 두 눈을 잃게 되자 걸인이 되어 떠돌았다. 만약 庚壬의 뿌리 있고 운(運)이 도왔다면 모진 세월을 겪지 않았을 것이다.

2) 丙火가 삼춘(三春) 卯月에 태어났다

점차 양기(陽氣)가 오르는 때이다. 寅卯月의 丙火는 조후 壬水로 용하고 金으로 水를 생조(生助)하게 되면 수화기제(水火旣濟)를 이루고 과갑부귀하다. 이때 壬水가 암장하면 힘 약해 수재(秀才)에 불과하고 金으로 보좌하면 부(富)는 있다. 만약 丁火가 투출하면 壬水 용신을 정임합(丁壬合) 기반(羈絆)하게 되므로 마치 좋은 말이 묶인 것처럼 큰 뜻을 이루지 못하고 무위도식 허송세월하게 된다. 모두 없으면 빈천하다.

辛 丙 己 乙
卯 子 卯 亥

위 명주 亥卯未 목국(木局)을 이루고 己土 투출하여 상관생재(傷官生財) 부귀(富貴)를 이루었다. 만약 조상의 음덕 없었다면 천간 丙辛合 지지 子卯刑을 곤랑도화(滾浪桃花)라 한다. 도화(桃花)란 삼합 첫 글자 다음에 오는 子午卯酉를 말함인데 옷을 벗고 목욕하는 함지(咸池), 패지(敗地)를 말한다. 신약(身弱)한 명은 인수를 용신하는데 丙辛 탐합(貪合)하게 되면 탐재파인(貪財破印)되어 여자를 탐하다 조업을 깨트리고 주색방탕으로 신세 망치는 명이 되었을 것이다. 상(相)으로는 눈빛 흘겨보고 깜박이는 간음천라(姦淫天羅)요 배우자의 인품과 금슬을 보는 양 눈 끝 어미와 간문에 점과 주름이 밝지 않았을 것이다.

3) 丙火가 곡우(穀雨) 辰月에 태어났다

丙火는 壬水가 존신(尊神)이다. 다음 곡우 후에는 토왕(土旺)하므로 甲木으로 보좌하여야 한다. 寅卯月에는 庚金으로 보좌하나 토왕(土旺) 때는 壬水를 막히게 하므로 甲木으로 소토(疏土)하여야 어둠을 헤치고 물길을 잡아 과갑부귀하다. 그러므로 壬水 용신하고 甲木으로 희신 한다. 이때 金이 투출하여 금극목(金剋木) 희신을 상하게 하면 수재(秀才)에 불과하고 壬水는 투출했으나 甲木이 암장하면 힘 약해 부(富)는 크나 귀(貴)는 작다. 모두 없으면 무용지물 빈천하다.

$$庚\ 丙\ 丙\ 戊$$
$$寅\ 午\ 辰\ 子$$

위 명주 丙火 투출하고 寅午戌 화국(火局)하여 신왕(身旺)하다.

土生金 식신생재격(食神生財格)으로 부귀(富貴)하였다. 만약 水 투출하고 申子辰 수국(水局)으로 바뀌었다면 살(殺)에 丙午 양인(羊刃)흉포하다. 살인(殺刃)이 왕하면 배우자 흉사하고 재취, 재가하여도 홀아비, 과부의 명이 되었을 것이다.

·사신도(四神圖)

辰은 龍이라고도 하고 일월성신이니 생일을 높여 생신(生辰), 성신은 별이니 별진이라고도 한다. 늑대의 자손이었던 로마에 비해 천손(天孫)의 후예였던 고구려 고분벽화에는 「사신도」가 있다. 하늘의 별자리 28개를 일곱 개씩 묶어 음양오행(陰陽五行)에 따라 중앙 천재(天宰) 황룡(黃龍)을 중심으로 동방에 푸른 비늘의 청룡(靑龍), 서방에 흰털의 백호(白虎), 남방에 붉은 깃털의 새 주작(朱雀), 북방의 검은 등껍질 거북, 현무(玄武) 수호신을 두어 사방의 나쁜 기운이 들어오지 못하게 하였다.

4) 丙火가 삼하(三夏) 巳月에 태어났다

강렬지화(强烈之火). 태양의 불꽃이 매우 강한 때이다. 이때는 반드시 壬水로 뜨거움을 풀고 쉽게 마르므로 庚金으로 보좌 수원을 발하면 수정처럼 영화롭다. 뿌리 둔 庚金이 왕하면 "신왕재왕격(身旺財旺格) 화장하천금첩첩(火長夏天金疊疊)"이라 하여 거부(巨富)의 명이 된다. 壬庚 희용신하고 申中壬水로 통근하면 수화기제(水火旣濟)되어 너그럽고 영웅 호걸의 명이 된다. 그러나 亥中壬水는 화(火)의 절지요 巳亥 충파되어 가난한 선비에 불과하다. 壬水 대신 癸水는 힘 약해 불청불우, 부(富)는 크나 귀(貴)는 작고 이런 이는 말솜씨 좋아 모사에 능하다. 모두 없으면 쓸모없는 사람으로 화왕무의(火旺無依) 의지할 데 없이 빈천하고 심하면 요절하게 된다.

癸 丙 辛 乙
巳 辰 巳 亥

위 명주 癸辛이 투출하여 길명(吉命)으로 오판할 수 있다.

초년 木運으로 흘러 부모 유덕하였으나 乙辛剋, 巳亥沖 천지(天地)가 극충(剋沖)한다. 丙子 丁丑운에 살(殺)이 되고 火를 설(洩)하여 가업을 파하고 부부가 모두 죽고 말았다.

·부처님 오신 날

사월 초파일은 부처님 오신 날이다. 석존의 생애에 대하여는 여러 설이 있으나 기원전 486년 2월 15일 80세에 입적하셨다는 기록으로 미루어 기원전 566년 당시는 甲子월 동지가 정월이니 음력 2월 8일, 지금의 네팔 북인도 카필라 왕국에서 태어나셨다. 아버지 정반왕과 어머니는 7일 만에 돌아가신 마야부인, 성은 고타마, 이름은 싯다르타이시다.

현재 동남아 여러 국가에서는 양력 5월 15일을 기념하고 한국, 중국, 일본, 홍콩, 대만, 베트남에서는 음력 4월 8일을 기념한다. 부처님 오시는 날 여기저기서 열리는 기념연등은 불의 문화와 함께 석유수명 50년 후까지라는 뉴스도 함께 전해진다. 스타킹, 콘돔에서 껌에 이르기까지 지구 총 매장량의 절반인 1조 배럴을 지난 150년간 소비해버린 인류. 어머니의 물과 함께 히브리 원어로 '아바'인 아버지 불의 신 태양에 의지해야 사는 길이라는 주장이다.

음양오행(陰陽五行) 중 물과 불은 가장 중요한 인류 생명의 원천이기 때문이다.

5) 丙火가 삼하(三夏) 午月에 태어났다

월령(月令) 丙午 양인(羊刃)에 낮이 가장 길고 밤이 가장 짧은 하지(夏至) 때 화기 더욱 뜨겁다. 이때는 壬水 두 개와 庚金으로 수원을 발하여야 한다. 癸水는 힘 부족해 부(富)는 있으나 귀(貴)는 부족하고 庚金 없어 수원을 발하지 못하면 쉽게 마르니 벼슬 없는 생원(生員)에 불과하다. 이때 戊己土가 土剋水 방해하면 화염토조(火炎土燥) 고독하고 빈천한 명이 된다. 무계합화(戊癸合化) 때 심하면 장님이다. 癸水는 인체의 눈에 해당하기 때문이다. 지지화국(火局)을 이루었는데 염상격(炎上格)으로 종(從)하지도 못하고 水로 구제할 수도 없다면 홀아비로 빈천하고 水運에 죽게 된다. 그것은 水火가 충돌하여 한 방울의 물이 불꽃을 오히려 격동시키기 때문이다. 그러므로 壬壬水와 庚金으로 희용신하면 대부대귀하다.

壬 丙 戊 癸

辰 午 午 丑

丙午 양인 두 개 신왕(身旺)하다. 壬水 투출하고 고장지에 뿌리 있어 살(殺)을 용신할 수 있다. 살(殺)을 쓸 때는 식상으로 제거하는 식상제살격(食傷制殺格) 또는 약한 살을 재로 생하는 재자약살격(財滋弱殺格) 등이 있다.

위 명주 무계합(戊癸合)하나 합화(合化)되지 않는 합이불합(合而不合)으로 합관유살격(合官有殺格)되어 양인용살(羊刃用殺)한다. 癸丑 壬子運에 벼슬은 황당(黃堂)에 이르고 마치 장군이 나라 구할 보검을 든 것처럼 위세를 떨치고 대귀(大貴)하였다.

甲 丙 甲 辛

午 子 午 巳

호랑이 밥이 된 명이다. 위 명주 子午沖 양인(羊刃)이 격(格)을 이루지 못하였다. 일찍 부모를 잃고 친척에 의지해 자랐다. 17세에 체격이 우람해지고 무술을 익혀 호랑이를 잡는다고 산속에 들어갔다가 호랑이 밥이 되고 말았다.

6) 丙火가 토왕절(土旺節) 未月에 태어났다

丙火가 가볍고 더위가 심한 소대서(小大暑)절에 태어나 화염토조(火炎土燥)하다. 토왕절엔 상하 나누어 살펴야 한다. 상반월에는 午月과 같아 壬水로 불길을 잡고 庚金으로 수원을 발하여야 한다. 그러나 하반월에는 입추(立秋)를 앞두고 삼복생한(三伏生寒)하는 때, 운은 木火 동남운(東南運)으로 흘러야 한다. 木火운 때는 부귀하나 金水운 때는 고빈(苦貧)하게 된다. 정관(正官)을 상하는 상관격(傷官格) 己土는 丙火를 설(洩)하고 용신 壬水를 탁(濁)하게 하므로 풍부한 상상력과 비상한 재치는 따를 자 없으나 하극상에 허욕과 천한 어리석음으로 자손 불발, 유종의 미를 거두기 어렵기 때문이다.

$$戊\ 丙\ 己\ 戊$$
$$戌\ 辰\ 未\ 戌$$

위 명주 여명(女命)으로 토왕(土旺)하여 상관(傷官)이 중(重)하다. 여명이 상관이 중하면 마땅치 않다. 용모는 아름다우나 경솔하여 첫 자손 낳고 이별 아니면 두 성씨 또는 남의 자손을 기르게 되고 부군(夫君)을 무시하여 정부 또는 연하에 배신수가 따른다. 위명 戌中辛金과 몰래 암합(暗合)하여 음란하기가 감당하지 못할 지경이었다. 고서에 "상관이 중하면 반드시 극부(剋夫)하고 요절(夭折)한다." 하였다. 미약한 관(官)을 辰戌沖 그 남편 흉사하고 또 다른 이를 만났으나 그 또한 흉사(凶死) 乙卯運에 卯戌合木 목을 매어 죽고 말았다.

· 원불교(圓佛敎)

저자가 어릴 적에 요양을 갔던 전남 영광에는 마치 말의 꼬리를 닮았다 하여 가마미(加馬尾)라는 이름을 가진 호남의 3대 해수욕장이 있다. 서해 낙조로 이름난 법성포 앞 일곱 개의 섬 칠산도는 다이아몬드 머리형의 영광굴비가 유명하다. 오늘날 단위 면적당 가장 많은 굴비가게가 기네스북에 올라 있기도 하다. 법성포란 인도 승려 마라난타가 384년에 법을 가지고 왔다는 데서 유래한다.

백제 불교의 도래지요 우리나라 토종 종교인 원불교의 성지가 있는 곳. 원불교 창시자인 소태산(少太山) 대종사 박중빈은 1891년 영광 백수면 길룡리에서 태어나셨다. 일찍 인생과 우주에 대해 의문을 갖고 고행하다 26세 때 깨달음을 얻은 대각지에 만고일월(萬古日月)이란 비석이 세워져 있다. 그 후 낮에는 바다를 간척하고 밤에는 아홉 제자와 함께 1943년

입적하실 때까지 계시던 초가집. 다시 찾은 영산원은 너무나 정갈하였다. 35세에 깨달음을 얻은 붓다의 불교가 자비라면 33세에 죽었다가 부활한 예수의 기독교는 사랑이요, 원불교는 은혜와 감사이다. 물질이 개벽하니 우리의 정신도 개벽하자는 포효 소리가 들리는 듯하다.

7) 丙火가 초추(初秋) 申月에 태어났다

丙火는 가을 서릿발과 겨울눈조차도 업신여긴다 하였다. 초추 아직 火의 위력 남아 있어 壬水가 용신이다. 그러나 여름이 물러나는 금왕(金旺)절에 태양은 점차 서산에 지고 丙火는 申에 이르면 병지(病地)가 된다. 그러므로 寅巳에 통근하게 되면 살인상생(殺印相生)을 이루고 申金이 재자약살(財滋弱殺)을 도와 대부대귀하다. 丙火가 지지 일파 金局을 이루고 인비(印比) 방해 없으면 財에 종(從)한다. 기명종재격(棄命從財格)을 이루면 거부(巨富)요 만인에 군림하고 財生官하므로 자연 귀(貴)가 따른다. 만약 丙火가 申子辰 수국(水局)되면 戊土를 써야 하고 제(制)할 희용신 없으면 평범한 명이 된다.

丙 丙 丙 丙
申 子 申 子

위 명주 丙火 지지 뿌리 없고 申子辰 수국(水局)에 운(運)까지 서북 金水운이다. 50년 동안 고달픈 삶을 살았다. 그러나 癸卯운부터 동방 목운(木運)으로 바뀌자 수많은 재물을 모았다. 고서에 "천간(天干)은 인수(印綬) 비겁(比劫)이 아무리 많아도 지지의 중(重)함만 못하다."는 명이다.

8) 丙火가 중추(仲秋) 酉月에 태어났다

8월 한가위 酉月에 태어난 丙火 또한 申月과 같이 壬水로 용신한다. 다음 丙火가 사지(死地)에 들고 金水가 진기(進氣)하는 때이므로 甲木 인수로 보좌하여야 한다. 壬甲으로 희용신하면 살인상생(殺印相生) 재자약살(財滋弱殺)을 이루어 마치 수정처럼 강호(江湖)를 비추므로 대부대귀하다. 이때 癸水는 발전이 길지 못하고 암장(暗藏) 때는 수재(秀才)요 戊己土가 용신을 혼탁하게 하면 선비에 불과하다. 금왕(金旺)한 절기에 신왕재왕(身旺財旺)하거나 인겁 뿌리 없이 종재(從財)하게 되면 현명한 아내 얻고 대부대귀하다. 그러나 종(從)

하지 못하고 재다신약(財多身弱)되면 부옥빈인(富屋貧人)의 명이 된다. 丙火가 壬水를 용신하면 水가 자식이요 金이 아내이다.

己 丙 辛 戊
丑 申 酉 子

酉月은 12지지 중 가장 깨끗하고 아름답다. 태궁(胎宮)은 닭이요 가을 서쪽 백색 연못의 소녀요 첩이다.

위 명주 인겁 뿌리 없고 金局을 이루지 못하고 탁하여 종재격(從財格)을 이루지 못했다. 조상 덕은 있었으나 丙辛合命 남녀 모두 색을 좋아하고 음탕 천박하다. 금다화식(金多火熄) 부모님 돌아가신 후 늙도록 고빈(孤貧)하였다. 고서에 "능단경금(能煆庚金) 봉신반겁(逢辛反怯)"이라 하였다. 강한 남성 丙火는 庚金을 능히 단련시킬 수 있으나 辛金 미녀 앞에서는 부드러워져 꼼짝 못하고 丙辛合化水되므로 마치 태양이 서산에 떨어지는 것처럼 암흑을 겁내고 두려워하게 된다.

9) 丙火가 만추(晚秋) 戌月에 태어났다

태양이 서산에 지고 입묘하는 묘궁(墓宮)이요 서리가 내린다는 상강(霜降) 때이다. 이때는 土가 丙火를 어둡게 하고 설(洩)하여 약하다. 우선 甲木으로 소토하고 일주 병화(丙火)를 생(生)하면 신왕(身旺)하다. 다음 壬水로 제(制)하면 과갑(科甲) 부귀하다. 壬水 대신 癸水로 甲木을 자양하면 이도(異途) 발전 있고 甲木이 암장하면 수재(秀才)이다. 그러므로 甲壬 모두 없으면 하격(下格)으로 평범하다.

戊 丙 戊 丙
戌 午 戌 午

火土가 반씩 균등하여 양기성상격(兩氣成象格)을 이루었다. 고서에 "양기합이성상(兩氣合而成象)하면 상불가파야(象不可破也)"라 하였다. 두기가 합하여 하나의 상을 이룬다면 그 상을 파해서는 안 된다.

위 명주 火土가 용신이다. 辛丑運에 戌을 형충 개고(開庫)하여 토기(土氣) 더욱 왕성하다. 향시에 합격하고 부귀하였다. 水木이 기구신(忌仇神)이니 壬寅운에 종명(終命)하였다.

만약 격을 이루지 못하고 火土 조열(燥熱)했다면 처자식을 돌보지 않고 가난하게 살다 요절(夭折)하였을 것이다.

10) 丙火가 삼동(三冬) 亥月에 태어났다

이때는 火가 휴수(休囚)되는 절지(絶地)요 壬水 왕하므로 살왕(殺旺)하다. 먼저 甲木으로 일주 丙火를 신왕(身旺)케 하면 살인상생(殺印相生)되어 살(殺)을 다룰 수 있게 된다. 다음 戊土 식상으로 왕살(旺殺)을 제살(制殺)하고 庚金으로 약해진 살을 재자약살(財滋弱殺)하게 되면 살이 권(權)이 되고 재관이덕(財官二德)을 갖추어 대부대귀하다. 이런 이는 청고하여 유림(儒林)의 우두머리가 된다. 그러므로 甲木을 우선하고 甲戊庚이 없으면 하격(下格)으로 평범하게 된다.

丙 丙 辛 丁
申 寅 亥 卯

寅亥合木하고 亥卯未 회합(會合)하므로 신왕(身旺)하다.

더욱 丁火가 丙辛 기반(羈絆)을 제거하므로 뜻을 펼칠 수 있게 되어 기쁘다. 더욱 묘한 것은 寅申沖 왕신을 동(動)하게 한다. 동(動)하면 달리게 된다. 용마(龍馬)가 큰 뜻을 품고 있는 형상이다. 戊申運에 재자약살(財滋弱殺)을 이루고 과갑(科甲) 부귀하였다.

11) 丙火가 동지(冬至) 子月에 태어났다

아리따울 염 그물 라, 염라대왕(閻羅大王)의 장부라는 기문둔갑에서 양둔(陽遁)의 시작점이다. 동지전은 亥月과 같아 甲戊庚을 용신하고 동지 후에는 범이 교미를 시작하고 땅속 초목 종자가 발아하는 일양시생(一陽始生) 부활의 뜻이 숨어 있다. 그러므로 丙火가 약한 가운데 생왕(生旺)하다. 먼저 壬水로 광채를 돕고 戊土로 식신제살(食神制殺)하게 되면 문장이 뛰어나고 과갑부귀하다. 己土는 힘 부족해 수재(秀才)에 불과하고 다행히 운(運)이 돕는다면 이도공명(異途功名)을 이룰 수 있다. 이때는 丙火의 쇠지(衰地)로 신왕(身旺)을 요한다. 만약 申子辰 삼합(三合), 亥子丑 방합(方合)되게 되면 변격(變格)으로 기명종살격(棄命從殺格)을 이루어 청(淸)하니 아름다운 명이 된다. 壬戊 없으면 무용한 자이다.

戊 丙 甲 癸
戌 寅 子 酉

일주 丙火가 좌하 뿌리를 내리고 水木火土 순행(順行)한다. 위 명주 오행(五行)이 화평하여 일생 재앙(災殃) 없었고 동서남북(東西南北) 어떠한 운에도 일생 부귀수복(富貴壽福)을 누린 명이다. 고서에 "오행화자(五行和者) 일세무재(一世無災)"의 명이다.

·자오선(子午線)

해가 지지 않는다는 대영제국. 천문항해술을 위해 1675년, 런던 그리니치 천문대에 지구 위치를 나타내는 좌표인 본초 자오선(子午線)을 두었다. 지금이야 자동차 선박에도 인공위성을 추적하는 내비게이션이 있으나 옛날에는 지구 경도를 찾는 일이 쉽지 않았다. 위도(緯度)는 지구 가로줄로서, 태양에 가장 가까운 적도를 기준으로 북극과 남극에서도 확인이 가능한 북두칠성 A와 B의 5배 거리에 있는 북극성을 참고한다. 그러나 지구 상하(上下), 세로줄 경도(經度)는 쉽지 않아 태양이 런던 하늘 정오(正午)와 지구 반대쪽 자정(子正)을 참고하여 그리니치

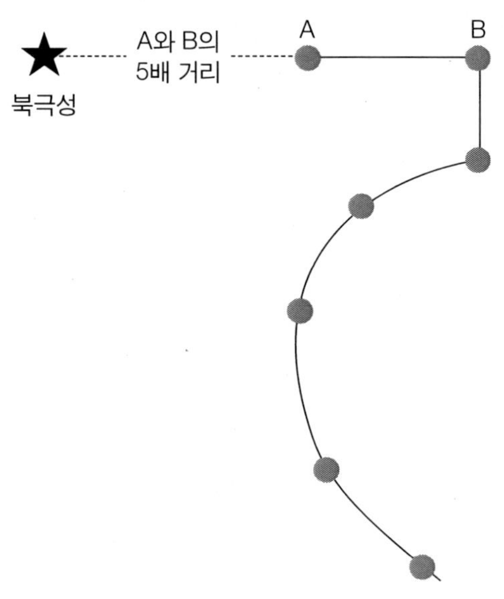

천문대를 기준(0도)으로 동쪽을 동경 서쪽은 서경이라 정하고, 자오선 15도씩 선을 그어 1시간의 차이를 두었다. 그들의 기준으로 180도 지구 반대편인 태평양 바다 중간 피지 섬이 있는 사모아 제도에 국제 날짜 변경선을 두었다. 대한민국 서울은 동경 127도 30분이니 영국 런던과 8~9시간의 시간차가 있다. 세상은 넓어 우리가 아침 해가 뜨면 영국은 해가 지고 우리가 봄이면 남반구 호주는 가을이요 무더운 적도 근처의 나라에 비해 사계절이 뚜렷한 금수강산 우리나라가 먼저 역사를 만들어 가고 있다.

12) 丙火가 삼동(三冬) 丑月에 태어났다

고서에 "丙火는 서리나 눈이라도 깔보고 업신여긴다." 하였다. 이양(二陽)이 진기(進氣)하

는 때 壬水로 용신하면 수정같이 맑아져 귀하다. 癸水는 힘 부족해 큰 명성은 없으나 우아한 풍모는 있다. 다음 丙火는 水는 두렵지 않으나 왕토(旺土)가 설(洩)하면 丙火가 어둡게 되고 壬水를 탁하게 하므로 흉(凶)하다. 이때 甲木으로 소토하게 되면 신약(身弱)한 丙火를 생(生)하고 상관패인(傷官佩印)하므로 과갑부귀하다. 소토(疏土)할 甲木이 암장(暗藏)때는 수재(秀才)이나 木火運 때는 귀격을 이룰 수 있다. 만약 소토하지 못하고 상관(傷官)이 중(重)하면 머리는 좋으나 겸손하지 않고 거만해져 벼슬길이 해롭다. 그러므로 壬甲으로 희용신한다.

戊 丙 丁 己
戌 戌 丑 未

일주가 무근(無根)하고 인겁(印劫)에 의지할 데 없다면 왕신(旺神)을 따라 종(從)하여야 한다. 종격은 변격으로 일주의 강약(强弱)을 논하지 않는다.

위 명주 종아격(從兒格)을 이루었다.

총명하여 한번 독서한 것은 잊지 않고 학문이 뛰어났다. 종격은 종하는 것이 용신이다. 식상(食傷)을 용신하고 재(財)로 희신을 삼는다. 丑中辛金을 희용신 癸酉 壬申운에 명리를 이루었다. 그러나 아쉬운 것은 삼합(三合) 방국(方局)을 이루지 못하고 丁火가 지지 未戌에 통근(通根) 방해하므로 탁하여 귀함이 덜하다. 참고로 종아격은 인수운(印綬運)이 가장 흉하다. 용신을 파(破)하여 자식에 재앙이 따르게 된다. 다음 관운(官運)에 재물이 흩어지고 관에 불복하여 신변에 재앙이요 비겁운(比劫運) 때 종을 방해하여 벼슬을 놓고 낙향(落鄉)하게 될 것이다.

4. 정화(丁火)의 용법(用法)

적천수
정화유중(丁火柔中) 내성소융(內性昭融)
포을이효(抱乙而孝) 합임이충(合壬而忠)
왕이불열(旺而不烈) 쇠이불궁(衰而不窮)
여유적모(如有嫡母) 가추가동(可秋可冬)

丙火가 맹렬한 태양이라면 丁火는 음화(陰火)에 속하여 본성이 유중(柔中)하고 내성이 밝고 윤택한 문명지상(文明之象)을 지니고 있다. 乙木을 안고 있으면 효(孝)를 다하고 壬水와 합하면 충성스럽다. 丁火는 융통성으로 왕(旺)해도 사납지 않고 쇠(衰)하여도 곤궁하지 않다. 丁火가 어머니 甲木이 있게 되면 가을이라도 괜찮고 겨울이라도 괜찮다.

1) 丁火가 정월(正月) 寅月에 태어났다

고서에 "丁火는 어머니 甲木 있으면 가을 겨울이라도 근심 없다."고 하였다. 땔감이 풍부함으로 신왕(身旺)해져 재관(財官)을 희용신할 수 있다. 寅月은 甲木이 권리를 잡은 때 庚金으로 벽갑인정(劈甲引丁)하고 壬水로 보좌하면 부귀공명(富貴功名)을 누릴 수 있다. 辛金은 힘이 약하고 만약 지지 목국(木局)을 이루고 벽갑할 庚金 없다면 고향 떠나 분주한 이로 처자식 없이 빈천 단명하게 된다. 火는 木에서 소생(所生)되나 木이 성하면 마치 아궁이에 너무 많은 나무 불은 오히려 꺼지는 이치이다. 여명은 자식이 불발(不發)하게 된다. 그러므로 庚壬으로 희용신하면 부드러움과 중용의 덕으로 발전이 따른다.

辛　丁　甲　戊
丑　未　寅　寅

위 명주 여명으로 목다(木多)하다. 다행히 辛金 투출하고 丑土에 뿌리 한다. 초년 水運으로 어려웠으나 庚戌 己酉 戊申 금운(金運) 때 남편과 3자식 귀하게 되었다. 여명은 용신이 부(夫)요 희신을 자식으로 삼는다. 관성(官星)을 부(夫), 식상(食傷)을 자식이라 고집할 필요는 없다.

2) 丁火가 중춘(仲春) 卯月에 태어났다

卯月은 목왕(木旺)한 때 火가 막히므로 반드시 재(財)로 인수(印綬)를 파해야 한다. 庚金으로 乙木을 제거하고 어머니 甲木으로 인정(引丁)하면 과갑부귀하다. 이때 庚金은 투출했으나 甲木이 암장(暗藏)하면 약하여 생원(生員)에 불과하고 甲木은 투출했으나 庚金이 암장하면 이로공명(異路功名)한다. 庚金만 있다면 신약(身弱)한 선비요 甲木만 있으면 평범하다. 만약 乙木이 투출하여 乙庚 탐합(貪合)하게 되면 재물을 탐하다 탐재괴인(貪財壞印)되므로 金水 흉운 때 뇌물 먹다 재앙(災殃)을 만나게 된다.

辛 丁 乙 癸
亥 未 卯 酉

亥卯未 삼합 목국(木局)에 辛癸 투출하여 재자약살격(財滋弱殺格)으로 오판할 수 있다. 그러나 천간 乙辛剋하고 지지 卯酉沖하므로 이른바 천극지충(天剋地沖)의 명이다.

위 명주 지지 삼합 木局을 卯酉沖하므로 마치 지진이 난 것처럼 뿌리가 뽑히고 辛亥運 壬子年에 법을 어기고 형을 받았다.

· 쓰촨성 지진

2008년 5월 12일 삼국지 제갈공명이 유비와 함께 촉(蜀)나라를 세웠던 쓰촨(四川)성 지진으로 천만 명이 집을 잃고 8만6천 명이 죽거나 실종되었다.

3) 丁火가 삼춘(三春) 辰月에 태어났다

곡우(穀雨) 전에는 卯月과 같아 庚甲으로 희용신하고 곡우(穀雨) 후에는 戊土가 권리 잡은 때 토왕(土旺)하므로 丁火가 설(洩)되어 약해진다. 먼저 어머니 甲木으로 戊土를 제(制)한 후 庚金으로 벽갑인정(劈甲引丁)하면 상관생재격(傷官生財格)을 이루어 부(富)한 가운데 이로공명(異路功名)한다. 만약 하나가 암장(暗藏)하면 힘 약해 선비에 불과하고 모두 없으면 흉하니 평범하다. 그러므로 甲庚을 희용신하면 부귀(富貴)하다.

己 丁 甲 壬
酉 巳 辰 午

일주 丁火가 甲木 투출하고 巳酉丑 회국(會局)하여 상관생재격(傷官生財格)을 이루어 거부(巨富)의 명이다. 土金運에 수십만 재물을 모았다. 그러나 壬水 관(官)은 좌하 뿌리 없어 水生木할 뿐이다. 관성이 약해 귀(貴)는 없었다. 이른바 관성불기(官星不起)의 명이다. 만약 酉년 午시 이었다면 대부대귀(大富大貴)하였을 것이다.

4) 丁火가 초하(初夏) 巳月에 태어났다

丁火가 임관(臨官)하고 巳中丙火 있어 약하지 않다. 그러나 음화(陰火)이므로 어머니 甲木 있으면 목화통명(木火通明)을 이루고 甲木을 庚金으로 벽갑인정(劈甲引丁)하는 것이 정법(正法)이다. 음간(陰干)은 왕지에 이르러도 기(氣)가 바르지 않기 때문이다. 또한 乙木이 甲木을 보면 등라계갑(藤羅繫甲) 甲木을 타고 오를 수 있어 기뻐하나 丁火가 丙火를 보면 병탈정광(丙奪丁光) 등불이 빛을 빼앗기게 되고 길하지 못하다. 만약 화왕(火旺) 때는 壬癸水가 있어야 한다. 水도 없고 염상(炎上)에 종(從)하지도 못하면 신왕무의(身旺無依) 의지할 데 없이 빈곤한 명이 된다. 그러므로 초여름 丁火는 甲庚을 희용신하고 나머지 오행(五行)에 따라 대처한다.

丙 丁 乙 壬
午 丑 巳 午

비겁 인수 있어 신왕(身旺)하다. 신왕하면 재관(財官)을 쓸 수 있으나 壬水는 지지 뿌리 없어 쓸 수 없고 丑中辛金을 용신한다.

위 명주 용신이 암장하고 초년 火運으로 한미한 집안 출신이었다. 일주 좌하(座下) 재(財)가 희용신인 명은 반드시 재물 많은 처(妻)와 인연 있다. 土金 중년 운에 식신 생재하여 재물이 십여만에 이르렀다. 송아지가 황소가 되고 뱀이 용이 된 명이다. 만약 처궁이 흉신(凶神)이었다면 질투심 많고 포악한 부인에 흉운(凶運) 때 재앙을 면치 못했을 것이다.

·법정(法頂) 스님

전남 송광사 뒷산 불일암에서 17년을 사시면서 독단적이고 배타적인 종교의 벽을 허물고, 물속의 물고기가 목마르다 한다며 세상의 빛처럼 강원도 평창 산골에 들어가 영혼의 밭을 갈고 맑고 향기롭게 무소유(無所有)를 실천하신 스님. 마음은 채우는 것이 아니라 비우는 것이요 세상에서 가장 중요한 종교는 친절이라는 연등을 다신 분.

"세존이시여! 최상의 행복이란 어떤 것입니까?"

"복(福)을 짓는 것이다."

5) 丁火가 삼하(三夏) 午月에 태어났다

일생 중 가장 기세가 왕성하다는 왕지(旺地)이다. 水가 용신이다. 그러므로 金水 庚壬이 서로 상생(相生)하면 근원이 끊어지지 않아 과갑부귀하다. 이때 壬水가 서로 떨어져 丁壬合되지 않으면 충효(忠孝)를 나타낸다. 만약 水도 없고 염상(炎上)에 종(從)하지도 못하면 신왕무의(身旺無依) 의지할 데 없이 빈고(貧苦)한 명이 된다.

癸 丁 甲 丙
卯 酉 午 子

　신왕(身旺)하다. 고서에 "쇠신충왕왕신발(衰神沖旺旺神發) 약신이 왕신을 충하면 왕신은 더욱 발전하게 된다."라고 하였다. 충을 해도 충이 되지 않는 충이불충(沖而不沖)의 명이다. 癸水 투출하고 子에 뿌리하며 酉金이 서로 상생(相生)한다.

　위 명주 재자약살격(財滋弱殺格)을 이루고 子午卯酉 동서남북 사해(四海)에 이름을 남겼다. 己運에 甲己合化土 용신을 극(剋)하여 불록(不祿)하였다. 만약 신약(身弱)하였다면 고빈(苦貧)하였을 것이다.

6) 丁火가 삼하(三夏) 未月에 태어났다

　대서(大暑) 전에는 午月과 같이 甲壬을 희용신한다. 대서(大暑) 후에는 土旺하므로 먼저 어머니 甲木으로 용신하면 일주를 생조(生助)하고 왕토(旺土)를 소토할 수 있다. 다음 未月은 아직 화기 남아 만지면 화상을 입는 불용가색(不用稼穡)이다. 壬水로 甲用을 생(生)하고 庚金이 수원을 발하면 염조(炎燥)함을 풀 수 있다. 庚金이 없으면 귀(貴)하지 않은 것은 未土가 壬水를 탁하게 하기 때문이다. 그러므로 甲壬으로 희용신하고 庚金으로 보좌하면 과갑부귀하다.

丁 丁 丁 壬
未 巳 未 子

　子에 뿌리 한 壬水 투출에 방해되므로 염상격(炎上格)도 이루지 못하고 신왕살약(身旺殺弱)한데 壬水를 생할 金도 없다. 더구나 丁壬 음란지합(淫亂之合)이 쟁합(爭合)되어 일주를 돌아보지 않고 마땅하지 않다.

　위 명주 무능하여 처자식에게 가권을 빼앗기고 뜻을 이루지 못했다. 만약 여명(女命)이면 일주의 정(情)을 한 곳에 두지 못하고 끝내 고집 대단한 과부(寡婦)의 명이다. 내가 하면 로맨스요 남이 하면 불륜이라 했던가? 일주가 왕(旺)하고 관(官)이 약(弱)하면 남편을 공경하지 않게 된다.

7, 8, 9) 丁火가 삼추월(三秋月)에 태어났다

일주 丁火가 병사묘지(病死墓地)에 쇠약하다. 먼저 어머니 甲木으로 생조(生助)하면 가추가동(可秋可冬)하다. 다음 庚金으로 甲木을 벽갑(劈甲)하고 기후 점차 차가워지는 때 조후 丙火로 따뜻하게 보좌하면 과갑부귀하게 된다. 이때의 丙火는 丁火의 빛을 빼앗는 게 아니라 도움을 주어 생왕(生旺)하게 한다. 그러나 丙丙이 함께하면 金을 비겁쟁재(比劫爭財)하므로 초년에 곤고한 후 중년에야 부귀를 이룬다. 甲木 대신 乙木이 있으면 부(富)는 있으나 귀(貴)는 작다. 만약 지지 금국(金局)을 이루고 종(從)하지 못하면 재다신약(財多身弱)되어 부옥빈인(富屋貧人) 처자식이 가권을 쥐게 된다. 그러므로 삼추(三秋) 丁火는 甲庚丙이 정법(正法)이다.

丙 丁 壬 己
午 未 申 丑

자세히 살피면 뿌리 왕한 壬水 관살(官殺)이 조후 용신 丙火를 극(剋)하고 힘 약한 己土는 제살(制殺)하기는커녕 화광을 더욱 어둡게 한다. 다행히 초·중년 木火運으로 의록은 있었으나 말년 흉운(凶運) 때 처자식을 형극하고 재물을 파하여 명리를 다하지 못했다. 이른바 土와 水가 함께 병(病)이 되는 극설교가(剋洩交加)의 명이다.

辛 丁 丁 辛
丑 酉 酉 巳

지지 巳酉丑 삼합금국(三合金局)을 이루어 순수한 종재격(從財格)이다. 변격인 종재격은 인수 비겁 운은 흉(凶)하고 식재관운(食財官運)을 기뻐한다. 위 명주 초년 木火 인겁 운으로 흘러 부모형제 무덕하고 육친은 뜬구름 같았다. 癸巳運에 巳酉丑 용신을 도와 재물이 십여만에 이르렀다.

乙 丁 戊 丙
巳 卯 戌 申

위 명주 신왕(身旺)하다. 연지 申金을 용신한다. 초년 조상 유업 있었고 辛丑운에 재물

이 십여만에 이르렀다. 壬寅運에 용신 申金이 절지(絶地)에 이르고 용신을 寅申 충(沖)하
므로 종명(終命)하였다.

10, 11, 12) 丁火가 삼동월(三冬月)에 태어났다

일주 丁火가 삼동(三冬)에 태어나면 약하고 차갑다. 반드시 친어머니 甲木을 용신하면
가추가동(可秋可冬)하다. 이때 己土가 투출하게 되면 용신을 합하여 기반(羈絆)되므로 좋
은 말이 묶인 것처럼 큰 뜻이 없고 발전하지 못하여 평범하다. 다음 庚金으로 甲木을 벽
갑인정(劈甲引丁)하게 되면 과갑부귀한다. 삼동(三冬) 丁火는 甲庚 용신이 정법(正法)이다.
기타 변격의 명에 알맞게 생극제화(生剋制化)하게 되면 병(病)에 약(藥) 오행과 길흉화복(吉
凶禍福)을 적중할 수 있다.

辛 丁 癸 戊
亥 未 亥 寅

일주 丁火가 절지(絶地) 亥月에 태어나 춥고 약하다. 그러나 寅亥合木하여 약한 일주
를 돕고 戊癸合化火로 살(殺)이 오히려 일주를 돕고 있다. 이 경우 살(殺)이 합거(合去)됐
다고 한다. 합거(合去)란 합하여 일주를 극(剋)하는 살(殺)이 떠나감을 뜻한다.
위 명주 亥中甲木에 辛金 투출하였다. 길운(吉運)에 과거급제하고 벼슬은 황당에 이르
렀다.

丙 丁 甲 癸
午 卯 子 酉

일주 丁火가 태지(胎地) 子月에 태어나 춥고 약하다. 그러나 득지(得地) 득세(得勢)하고
천간 丙甲 투출하여 신약(身弱) 명이 약변왕(弱變旺)이 되었다. 酉中庚金으로 보좌, 벼슬
이 관찰에 이르렀다.

丙　丁　癸　丁
午　卯　丑　巳

일주 丁火가 丑月에 태어나 약하고 춥다. 丑은 북방의 습토로 金을 생하고 火를 어둡게 한다. 다행히 연일시 방조(幇助)하여 신왕(身旺)하다. 천간 투출한 癸水는 충(沖)되어 용신할 수 없다. 丑中 辛金을 용신하므로 명예보다는 부(富)를 구해야 할 명이다.

위 명주 초년 조상 유덕하였으나 庚戌運에 寅午戌 화국(火局)하고 丑戌未 형(刑)하여 재물 파산에 처자를 극하고 재앙 많았다. 그러나 불행 중 다행으로 己酉運으로 바뀌자 재운(財運)이 발하여 십여만 재물을 모았다.

·조선 왕릉

조선시대(1392~1910) 27대 왕과 사후 추존된 왕과 왕비의 무덤을 총 망라한 것으로, 유교와 전통 풍수를 기반으로 독특한 건축 및 조경 양식이 온전하게 보존되어 유네스코에 등록된 세계적 유례를 찾기 힘든 문화유산이다. 왕릉은 보통 한양 궁궐에서 100리 안에 모신다. 왕조 최대 규모인 동쪽 아홉 개의 왕릉 중 태조 이성계의 건원릉이 있다. 야사에는 태조와 갈등을 겪었던 태종(이방원)께서 1405년 5월 24일 74세로 붕어(崩御)하신 태조의 유언에 따라 고향인 함흥 억새를 사초(莎草)로 사용했다 한다. 저자가 경기도 구리시 동구릉 관리소에 허가받고 찍은 사진이다.

5. 무토(戊土)의 용법(用法)

적천수
무토고중(戊土固重) 기중차정(旣中且正)
정흡동벽(靜翕動闢) 만물사명(萬物司命)
수윤물생(水潤物生) 화조물병(火燥物病)
약재간곤(若在艮坤) 파충의정(怕沖宜靜)

양토(陽土)인 무토(戊土)는 단단하고 무겁다.

오행(五行) 중 중앙에 거하여 춘하추동 4계절을 포함하니 사방사시(四方四時)에 그 덕이 정대(正大)하게 미친다. 정(靜)하면 기(氣)가 모이고 움직이면 기(氣)가 열리어 만물의 명(命)을 관장한다. 水가 윤택하게 하면 만물이 생(生)하나 건조하면 만물이 말라 병(病)이 생긴다. 만약 간곤(艮坤)인 寅申 충(沖)하면 두렵다. 그러므로 정(靜)하여 고요함이 마땅하다.

1, 2) 戊土가 삼춘(三春) 寅卯月에 태어났다

아직 한기 남아 丙火로 따뜻하게 하면 양생양(陽生陽)되어 후재만물(厚載萬物) 생사(生死)를 함께할 수 있다. 고서에 "土는 전왕지(專旺地)에 들어도 火로 생(生)하여야 한다." 만약 火로 생하지 못하면 왕(旺)해도 성패 많아 뜻을 이룰 수 없고 평범하다. 다음 신왕(身旺)해진 戊土를 甲木으로 소토(疏土)하고 癸水로 자윤하면 좋은 산에 동량지목(棟樑之木)이요 아름다운 다목적댐으로 만물을 성장케 할 수 있다. 乙木은 소토할 힘 부족해 언행(言行)이 다른 이가 된다. 만약 木多하고 종(從)하지 못하면 관살혼잡(官殺混雜) 고난 많은 삶, 하천한 명이 된다. 이때는 庚金으로 제하여야 한다. 제(制)하지 못하면 게으르고 끝없는 욕심 절제하지 못하고 도둑이 된다. 또한 火多하면 화조물병(火燥物病) 조열해져 만물이 병들게 되므로 己土만 못해 신용 없고 맹종하여 하천한 명이 된다. 이때는 水로 제하여야 한다. 또한 金多하면 철분 많은 박토(薄土)가 되어 버려진 땅으로 농사를 지을 수 없게 된다. 그러므로 무엇보다 중화(中和)를 요한다. 丙甲癸로 희용신하면 부귀(富貴)가 극에 이르러 마치 청백자처럼 귀중한 자리에 있게 된다. 이 중 한 개가 암장하면 과갑에 준하고, 두 개가 암장하면 수재(秀才)에 불과하다. 모두 없으면 노력해도 뜻과 공(功)을 이루지 못하고 고통 많은 삶을 살게 된다.

甲 戊 甲 戊
寅 午 寅 子

木多하여 살(殺)이 왕(旺)하다. 다행히 午中火를 용신(用神)한다. 멀리 있는 子水는 충(沖)할 수 없다. 살중용인격(殺重用印格)에 寅午戌 회합하여 일찍 명성을 떨쳤다.

甲 戊 乙 癸
寅 午 卯 亥

癸水는 乙木을 생하고 亥卯未 목국(木局)을 이루었다.

일주 좌하에 午火가 있으나 살왕(殺旺)한 허토(虛土)라 받아들일 수 없다. 위 명주 庚子運에 午火를 충거하고 金生水 水生木하므로 향방에 올랐다. 기명 종살격(棄命從殺格)으로 대부대귀하다.

3) 戊土가 삼춘(三春) 辰月에 태어났다

戊土가 영(令)을 잡아 토왕(土旺)하다. 甲木으로 용신을 삼아 소토(疏土)하고 癸水로 보좌하여야 한다. 이때 자연의 우로수인 癸水는 戊癸로 상합 순풍에 돛달듯 편안하게 부(富)를 이루나 壬水는 인위적인 강호(江湖)이니 선빈후부(先貧後富) 어렵게 부(富)를 이룬다. 土는 왕(旺)해도 火로 생(生)해야 뜻을 이룬다 하였다. 甲으로 용신하고 癸丙으로 보좌하게 되면 재자약살격(財滋弱殺格)을 이루어 과갑부귀하다. 모두 없으면 무용한 자 빈천하게 된다.

丙 戊 庚 乙
辰 辰 辰 未

일주 戊土가 辰月에 태어나고 丙火 투출하여 신왕(身旺)하다.

소토할 甲木 없어 대신 乙木을 용신한다. 그러나 乙庚으로 탐합(貪合) 용신이 기반(羈絆)되고 말았다. 기반(羈絆)되면 좋은 말이 묶인 것처럼 일주를 돌아보지 않고 뜻을 펼칠 수 없다. 乙木도 庚金도 쓸 수 없는 무용한 자이다. 위 명주 용(龍)이 승천하지 못하고 진하게 술로 소일하다 그 넓은 땅을 다 없앴다.

4) 戊土가 삼하(三夏) 巳月에 태어났다

일주 戊土 巳中火土가 암장하여 신왕(身旺)하다. 먼저 후중(厚重)한 戊土를 甲木으로 소토(疏土)하여야 쓰임이 있다. 이때는 丙火가 권리를 잡은 화염토조(火炎土燥)한 때 火가 왕성하여 土가 메마르게 된다. 고서에 "수윤물생(水潤物生)하고 화조물병(火燥物病)"이라 하였다. 제(制)할 水가 없으면 고빈(孤貧)하여 골육 간 형극이 많고 질병에 심하면 요절(夭折)하게 된다. 그러므로 甲木으로 용신 소토(疏土)하고 癸水로 보좌 윤택하게 하면 어진 아내와 자식이 효도하며 개인의 부귀에 그치지 않고 나라에 공(功)을 세운다. 희용신 없으면 무용(無用)한 자이다.

丙 戊 癸 辛
辰 申 巳 丑

일주 戊土가 巳月에 태어나 득령(得令)하고 丙火 투출하여 신왕(身旺)하다. 자연의 우로수인 癸水를 용신하고 丑中申에 뿌리를 둔 辛金이 바로 옆에서 보좌하므로 아름답다.
위 명주 식신생재(食傷生財)의 명이다.
재물은 백만에 이르고 자연 재생관(財生官)하므로 벼슬은 이품(二品)에 올라 오복(五福)을 누렸다.

·오복(五福)

오복이란 "수부강녕(壽富康寧) 유호덕(攸好德)하고 고종명(考終命)이다."에서 나온 말이다.
즉, 다섯 가지의 복락(福樂)으로 목숨 수(壽)를 다하고 풍요 부(富)하며 건강 강녕(康寧)하고 좋은 성품 있어 유호덕(攸好德)하며 명을 다해 죽는 고종명(考終命)이 오복(五福)이다.

5) 戊土가 삼하(三夏) 午月에 태어났다

화염토조(火炎土燥)한 때이다. 먼저 壬水로 용신하면 양생양(陽生陽)이요 다음 甲木으로 소토(疏土)하게 되면 재자약살격(財滋弱殺格)을 이뤄 과갑부귀하다. 이때 辛金이 투출하여 수원을 발하면 극품에 이르고 유림(儒林)의 우두머리로 사해(四海)에 명성을 떨치게 된다. 壬水 대신 癸水는 힘 약해 학문을 해도 명성을 얻기 힘들고 癸水는 눈을 의미하므로 중년에 안과질환이 따르게 된다. 그러므로 뜨겁고 건조한 때 용신할 水 없으면 戊午 양인도과살(羊刀倒戈殺)로 흉하다. 도과(倒戈)란 총, 칼, 자동차, 열차, 비행기 등의 흉기에 머리가 잘려 죽는다는 흉살로 선종(善終)하지 못한다.

丙 戊 丙 丁
辰 寅 午 丑

장님이 된 명이다.

일주 戊土가 寅午戌 화국(火局)을 이루고 丙丁 투출하여 화염토조(火炎土燥)하다. 辰中癸水를 용신한다. 그러나 火木運으로 힘 약한 용신을 돕지 못하고 있다. 장님으로 고빈(孤貧)하게 살았다. 水는 초년(初年)에는 신장(腎臟), 중년(中年)에는 눈을 의미한다.

·삼국지의 장비(張飛)

장팔사모를 비켜들고 호랑이 수염에 고리눈을 부릅뜬 채 우레 같은 소리로 혼자서 조조의 백만 대군을 막은 뒤 장판교를 부수는 상장군(上將軍) 장비(張飛). 연나라 사람 장익덕(張翼德), 8척(180센티미터)의 키에 장대한 기골(90)의 용맹한 장수. 유비, 관우와 함께 도원(桃園)의 결의[義]를 맺고 함께 죽고 살기를 맹세했던 장비는 유비의 신신당부에도 불구하고 관우의 복수를 위해 부하들을 심하게 매질하다 군막에서 부하 범강과 장달의 칼에 찔려 죽는다. 이때 그의 나이 쉰다섯.

6) 戊土가 삼하(三夏) 未月에 태어났다

대서(大暑) 전에는 午月과 같아 壬甲을 희용신한다. 대서(大暑) 후에는 甲木으로 왕토를 소토(疏土)하고 癸水로 자윤하게 되면 재자약살격(財滋弱殺格)을 이룰 수 있다. 그러나 삼복생한(三伏生寒)의 때 金水가 진기(進氣)하므로 丙火로 보좌하여야 온전하게 부귀명성을 이룰 수 있다. 그러므로 甲癸丙이 아름답게 투출하면 풍수(風水)가 부족해도 부귀(富貴)를 잃지 않는다. 만약 甲木만 있으면 명리가 허상이요 甲癸는 투출했으나 丙火 없으면 수재(秀才)에 불과하고 재성(財星)인 癸水가 있게 되면 부(富)는 있으나 귀(貴)는 없고 癸辛이 상관생재(傷官生財)하면 도필(刀筆)로 부(富)를 이루고 이로(異路) 부귀한다.

癸 戊 己 戊
丑 辰 未 戌

戊土 일주 지지 전토(全土)를 이루고 방해하는 木 없으면 가색격(稼穡格)을 이룰 수 있다. 가색(稼穡)이란 '농작물을 심을 가, 거두고 추수하는 색'으로, 모든 만물을 기르고 거둘 수 있으므로 부귀하게 된다. 위 명주 가색격(稼穡格)을 이루어 부귀하고 명성이 높았다.

정격(正格)은 오행의 생극법칙(生剋法則)에 따르고 변격(變格)은 오행의 기세(氣勢)에 따른다. 변격인 가색격은 외격(外格), 종왕격(從旺格), 일행득기격(一行得氣格)이라고도 한다.

7) 戊土가 입추(立秋) 申月에 태어났다

木의 절지(絶地)이니 낙엽지고 火는 병지(病地)에 들어 쇠퇴하고 土는 설(洩)되어 도기(盜氣)되니 약(弱)하다. 삼추(三秋) 양기가 들어가고 한기(寒氣) 나오는 때 丙火로 따뜻하게 하고 다음 癸甲으로 재자약살(財滋弱殺)하면 유용해져 부귀하다. 이때 丙甲 투출하고 癸水가 암장하면 사려 깊은 유림의 장으로 명성 있고 癸甲이 투출하면 부가 백만에 이르고 이로공명(異路功名)한다. 그러므로 丙甲癸 모두 아름답게 투출하면 부귀가 극품에 사해(四海)에 명성을 떨친다. 그러나 모두 없으면 무용(無用)한 자 처자식이 온전하지 못하다.

己 戊 庚 癸
未 午 申 丑

위 명주 여명으로 火土金水 수기유행(秀氣流行)한다.

고서에 "식신과 인수가 아름답게 수기유행하면 반드시 총명하고 학문이 뛰어나다."고 하였다. 초년 빈농에 출가하였으나 베를 짜며 시부모에 효도하고 남편에 내조하였다. 癸亥運에 남편 향시에 합격하고 벼슬은 황당에 이르렀다. 그럼에도 단정한 인품으로 행동을 삼가고 검소하였으며 네 아들 모두 귀(貴)하였다.

丁 戊 甲 庚
巳 寅 申 寅

위 명주 여명으로 남편을 일곱이나 두었다.

절지(絶地)에 앉은 남편 甲木은 甲庚 寅申 천지(天地)가 극충(剋沖)되고 寅巳申 삼형살(三刑殺)에 일곱 번이나 시집갔으나 팔자를 고치지 못하고 일생 형극(刑剋) 많았다.

8) 戊土가 중추(仲秋) 酉月에 태어났다

酉月은 청백하여 12지지 중 가장 깨끗하고 아름답다. 그러나 왕금이 토기를 설해 戊土가 약하다. 점차 차가워지는 때 丙火로 따뜻하게 하고 癸水로 윤택하게 하면 부귀하다. 이때는 자왕모쇠(子旺母衰)하여 甲木으로 소토하지 않아도 무방하다. 그러므로 丙癸 희용신하면 土金 상관(傷官) 총명하여 청귀(淸貴)한 명이 된다. 그러나 火가 상관을 제(制)하지 못하면 문과(文科)는 불리하고 무과(武科)에는 이롭다. 만약 丙火만 투출하면 수재(秀才)에 불과하고 癸水만 투출하면 재주꾼에 불과하다. 모두 없으면 무용(無用)한 자이다.

辛 戊 辛 戊
酉 戌 酉 戌

土金이 각각 반씩 타기(他氣)가 섞이지 않아 양기성상격(兩氣成象격)을 이루었다. 위 명주 소년에 등과하고 벼슬은 황당에 이르렀다. 양기성상격은 오행의 기세(氣勢)에 따르는 변격(變格)으로 토금상생(土金相生) 이라고도 한다. 위처럼 격국(格局)을 이루었을 때는 운(運)에서 국(局)을 파(破)해서는 안 된다. 만약 운(運)이 국(局)을 파하면 화(禍)를 면치 못하게 된다. 土金水運을 길(吉)하고 木火運은 흉(凶)한다.

9) 戊土가 토왕(土旺)한 때 戌月에 태어났다

戊土가 권리 잡은 때 土旺하다. 먼저 甲木으로 소토(疏土)하고 癸水로 보좌하면 재자약살격(財滋弱殺格)을 이룰 수 있다. 이때 癸水는 戊癸合을 꺼리니 멀리 떨어져 있어야 한다. 戊癸가 상합(相合)하게 되면 일주가 재(財)만을 사모하여 관 벼슬을 지향할 마음이 없어지기 때문이다. 만약 甲木만 있으면 능력은 있으나 명리가 허상이요 癸水만 있으면 의록만 있고 부(富)가 작다. 戌月은 조토(燥土)로써 지지 화국(火局)을 이루게 되면 토조불발(土燥不發)이라, 마치 사막과 같아 대(代)가 끊어지고 화염물병(火炎物病)으로 평생 빈고하거나 심하면 火運에 요절(夭折)하게 된다. 그러므로 삼추(三秋) 金水가 진기(進氣)하는 때 甲癸 투출하고 丙火가 암장(暗藏)하면 대부대귀하다. 모두 없으면 술사 도인이 되거나 평생 남에게 의지하는 무용(無用)한 자가 된다.

丙 戊 甲 己
辰 寅 戌 亥

득령(得令), 득세(得勢)하고 丙火 투출하여 신왕(身旺)하다.

투출한 甲木은 亥에 장생(長生)을 두고 辰中癸水에 신왕살왕(身旺殺旺) 재자약살(財滋弱殺)한다. 위 명주 시랑(명·청 때 상서 다음 부장관)에 올랐다.

丙 戊 甲 己
辰 寅 戌 巳

己亥 연주(年柱)와 비교하여 亥水 한 자만 다를 뿐이다. 戊土 일주 水의 윤택함이 없다. 甲木만 있고 水로 보좌하지 못하면 능력만 있고 명리가 허상이라 하였다. 위 명주 申 상관운(傷官運)에 寅申沖 시험에 낙방하고 未운에 丑戌未 삼형(三刑)되어 형처극자(刑妻剋子) 가업 몰락하고 寅午戌 火運에 토조물병(土燥物病) 선종(善終)하지 못했다.

10) 戊土가 삼동(三冬) 亥月에 태어났다

戊土는 고중(固重)하니 먼저 甲木으로 소토(疏土)하여야 한다. 다음 추운 때 丙火로 따뜻하게 하면 관인상생(官印相生)을 이뤄 과갑(科甲)하고 亥中壬水 편재(偏財)가 암장하므로 자연 부귀하게 된다. 만약 甲木이 없으면 후중(厚重)한 戊土를 소토할 수 없어 불령(不靈)하고 丙火가 없으면 동월(冬月) 만물이 수장(收藏)되는 때 뜻을 이루지 못하고 고빈(孤貧)하게 된다. 그러므로 甲丙을 희용신하면 설사 암장해도 부귀를 잃지 않는다. 모두 없으면 무용한 자이다.

甲 戊 癸 癸
寅 午 亥 亥

연월 亥에 뿌리 한 癸水 투출 재다(財多)하고 寅에 뿌리 한 甲木 투출하여 살왕(殺旺)

하다. 재(財)와 살(殺)이 왕한 중 다행인 것은 寅午戌 회국하여 살(殺)이 인수(印綬)로 변했다. 위 명주 극중생(剋中生)을 만나 제독으로 명성을 떨쳤다. 그러나 집안에서는 부건파처(夫建怕妻)의 명이다.

·부건파처(夫建怕妻)

남편이 건왕(建旺)하면서도 아내를 두려워함을 말한다.

戊土 일주 癸水가 처(妻)이다. 일주가 신왕(身旺)하면 처수(妻水)가 많아도 두렵지 않으나 재생살(財生殺)하게 되면 갑살(甲殺)이 힘을 얻고 나를 극제(剋制)하게 된다. 이때는 처(妻)의 성품이 도리를 벗어나 파처(怕妻)이긴 한데 불파(不怕)의 묘한 이치가 있다. 마치 영웅은 세계를 정복하고 아내는 그 남편을 정복한다는 뜻으로 나머지 오행(五行)도 이와 같이 논(論)한다.

·아내를 무서워하는 지휘관

처(妻)를 두려워하는 지휘관이 있었다. 남들도 아내를 두려워할까 궁금해 하다가 하루는 부하들에게 아내가 두려운 사람은 ○, 그렇지 않은 사람은 ×에 모이도록 하였다. 모두가 ○로 모였는데 유독 한 부하만 ×에 있었다. "호! 그래 자네는 아내가 무섭지 않은가?" 하고 물어보니 그 부하 왈, "아내가 사람 많이 모인 곳에는 가지 말라고 해서요."

11, 12) 戊土가 한동(寒冬) 子丑月에 태어났다

엄동설한(嚴冬雪寒) 얼어붙은 동토(凍土) 조후가 시급하니 丙火를 용신한다. 매우 추운 때 丙火 두 개가 투출하고 甲木으로 소토(疏土)하게 되면 과갑부귀하다. 하나의 丙火는 힘 약해 생원(生員)에 불과하고 丙火가 없으면 의지할 데 없이 빈고(貧苦)하다. 모두 없으면 하천하게 된다. 만약 癸水가 투출하여 癸戊癸 쟁합(爭合)되거나 戊癸癸 투합(妬合) 때는 재물 많아도 고생이요 많은 비겁이 약한 재성을 서로 차지하려는 군겁쟁재(群劫爭財) 때는 고(庫)에 암장하므로 재물 있어도 인색하다. 반대로 많은 재성으로 재다신약(財多身弱) 때는 재물 고통에 고생이 따르게 된다.

壬 戊 甲 癸
子 子 子 酉

　　지지 酉金이 金生水를 이루어 재(財)의 세력에 종(從)한다. 만약 申子辰 삼합국을 이루거나 亥子丑 방국 때는 청(淸)하나 甲木이 투출하게 되면 탁(濁)하다. 위 명주 癸亥運에 평안하였으나 壬戌運에 土剋水 종을 파(破)하여 가업이 망하였다. 고서에 "종재(從財)하게 되면 사람으로부터 부귀(富貴)를 얻는다." 하였다. 대운 辛酉 庚申運에 맨주먹으로 십여 만금을 벌었다가 다시 己未運으로 바뀌자 수만금을 잃고 40代에 졸사(猝死)하였다. 고서에 "종은 진종(眞從)일 경우만 종(從)으로 논한다."고 하였다. 그러므로 종을 했다고 하여 다 좋은 것이 아니요 그 가운데 길(吉)과 흉(凶)이 있다 하였으니 잘 살펴야 한다.

　　종득진자지론종(從得眞者只論從)
　　종신우유길화흉(從神又有吉化凶)

丙 戊 乙 戊
辰 戌 丑 午

　　고서에 "하지기인천(何知其人賤) 관성환불현(官星還不見)"이라 했다.

그 사람의 천함을 어찌 아는가?
관성이 나타나지 않음에 있다.

　　무릇 여명은 관성인 부(夫)의 성쇠를 살펴 귀천(貴賤)을 알 수 있다. 만약 여명이 상관(傷官)이 중(重)하면 마땅치 않으니 용모는 아름다우나 경솔하고 음란하여 반드시 극부(剋夫)하게 된다. 또한 미미한 관성을 도와줄 재성(財星)도 없으면 반드시 남편을 속이게 되고 일주 신왕(身旺)한데 관(官)이 약(弱)하면 남편을 공경하지 않게 되고 일주 인수(印綬) 많으면 남편을 그럴듯하게 속이는 기만(欺瞞)하고 극부(剋夫)한다 하였다.
　　위 명주 여명으로 토왕(土旺)하여 인수 많고 관성 乙木은 얼어붙은 땅에 시들었다. 더구나 辰戌沖 암장된 관마저 제거되니 남편을 기만하고 중년 金運 때는 음천(淫賤)함이 극에 이르렀다.

· 청산도(靑山島)

　전남 완도 항에서 뱃길로 50리 푸르디 푸른 섬 청산도(靑山島). 옛날에는 처녀가 시집갈 때까지 쌀 서 말을 먹기 힘들었다는 구들장 논과 필자가 찍은 서편제 촬영지.

　사시사철 전복과 미역, 여름바다, 참돔과 돌돔의 낚시터로 유명하다. 임권택 감독, 오정해 주연의 영화 「서편제」 중 '진도아리랑'을 부르던 영화 속 장면이 떠오른다. 단일 곡 중 세계에서 가장 많은 가사를 가진 아리랑 중 '진도아리랑'.

　"사람이 살며는 몇 백 년을 사나
　개똥같은 세상이나마 둥글둥글 사세
　문경새재는 웬 고개로
　구부야 구부 구부가 눈물이 난다
　아리 아리랑 쓰리 쓰리랑 아라리가 났네."

　"이년아, 가슴을 칼로 저미는 한(恨)이 사무쳐야 소리가 나오는 법이여!"

　서편제(西便制)는 지리산을 중심으로 서쪽인 광주, 나주, 강진, 보성, 해남, 진도 등에서 계면조를 중심으로 처절한 한(恨)을 부드럽고 맑게 표현한 창이요 동편제(東便制)는 지리산 동쪽을 중심한 운봉, 구례, 순창 등 꿋꿋하고 힘 있는 창법을 말한다.

6. 기토(己土)의 용법(用法)

적천수
기토비습(己土卑溼) 중정축장(中正蓄藏)
불수목성(不愁木盛) 불외수광(不畏水狂)
화소화회(火少火晦) 금다금광(金多金光)
약요물왕(若要物旺) 의조의방(宜助宜幫)

유약한 음토(陰土)인 己土는 비습(卑溼)하나 팔방(八方) 사계(四季) 중앙에 자리하여 두루 만물을 축장(蓄藏)할 수 있다. 그러므로 木이 왕성해도 근심하지 않고 水가 창광(猖狂)해도 두렵지 않다. 그러나 뿌리 없이 火가 적으면 오히려 어두워지고 金이 많으면 土生金하므로 辛金은 오히려 빛을 발한다. 만약 만물(萬物)을 왕성케 하려면 丙火의 도움이 있어야 한다. 丙火 방조(幇助)의 도움을 의조의방(宜助宜幇)이라 한다.

1) 己土가 초춘(初春) 寅月에 태어났다

무릇 만물(萬物)은 오행(五行)으로 이루어지지 않음이 없고 하늘을 받들고 땅을 밟지 않은 것이 없다. 고서에 "털 있는 동물은 木에 속하고 날개 있는 동물은 火, 비늘 있는 동물 金, 껍질 있는 동물은 水요 오직 사람만이 土에 속한다." 하였다. 陽戊土에 이은 음토(陰土)인 己土는 하늘에 구름이요 땅으로는 동산, 정원, 전답, 색으로는 황색, 인체로는 비위요 수리로는 5, 10이다.

고서에 "비습하나 중정 축장한다." 하였으니 안으로 중정한 체성으로 만물을 축장할 수 있다. 또한 천지인(天地人) 삼재(三才)를 구비하여 만물성장이 완성 단계에 이르게 되므로 진토(眞土)라 한다.

己土가 寅月에 태어나 아직 한기 남아 있어 전원(田園)이 얼어 있다. 먼저 조후가 시급하니 丙火가 존신(尊神)이다. 다음 투출한 甲木으로 보좌하게 되면 丙火는 寅月에 장생지(長生地)에 들고 관인상생(官印相生)을 이루어 과갑부귀하다. 寅中 甲木이 암장하나 힘약해 土를 제하기 어렵기 때문이다. 이때 乙木은 음유(陰柔)함이 지나쳐 이해타산에 밝고 인색하고 간사한 이가 된다. 丙火 대신 丁火는 부귀가 작고 丙火가 용신이면 木이 아내요 火가 자식이다. 만약 지지 木多하면 庚金으로 제하고 庚金이 없으면 잔병 많고 게으른 이가 된다. 癸水는 병(病)에 대한 약(藥)으로 쓸 수 있으나 한습(寒濕)한 때 水가 없어도 흉하지 않다. 그러므로 木火를 희용신한다.

辛　己　丙　甲

未　巳　寅　子

土는 甲乙丙丁庚辛壬癸 중앙(中央)에 거하고 그 기운은 팔방(八方)에 두루 미치며 木火金水의 중기로 이루어져 오행(五行)이 온전히 구비되므로 귀(貴)하다 하였다.

위 명주 천간 木火土金으로 상생(相生)하고 지지 또한 水木火土로 천간을 생하므로 아름답다. 부부화목하고 자손 번창에 벼슬은 극품에 이르렀다. 이른바 시작과 끝이 어긋나지 않으면 평생 부귀복수(富貴福壽)를 누린다는 명이다.

시기소시(始其所始) 종기소종(終其所終)
부귀복수(富貴福壽) 영호무궁(永乎無窮)

2) 己土가 중춘(仲春) 卯月에 태어났다

양기 점차 오르는 때이므로 丙火는 필요치 않다. 먼저 甲木으로 소토(疏土)하고 癸水로 보좌하게 되면 재자약살격(財滋弱殺格)을 이루어 과갑부귀하다. 이때 甲己合되면 용신이 기반(羈絆)되어 소토하지 못하고 하격으로 흉하다. 癸水 대신 壬水는 무정(無情)하므로 부귀가 작다. 목왕절에 지지 亥卯未 목국(木局)을 이루고 방해하는 인겁(印劫) 없으면 종살격(從殺格)으로 대부대귀하다. 그러나 종살격을 이루지 못하고 신왕살왕(身旺殺旺)하면 도적의 명이요 신약살왕(身弱殺旺)하면 빈천 요절하게 된다. 이때는 庚金으로 木을 제(制)하여야 한다. 만약 庚金이 을경상합(乙庚相合)되면 기반(羈絆)되어 교활한 이가 된다. 그러므로 卯月 己土는 재관(財官)을 희용신한다.

癸 己 乙 癸
酉 亥 卯 巳

지지 亥卯未 회국하여 목국(木局)을 이루고 천간에 투출한 癸水가 乙木을 생하여 기명종살(棄命從殺)을 이루었다. 그러나 연지 巳中丙火 암장하고 멀리서 巳亥沖하므로 진종(眞從)이라고 할 수 없다.

위 명주 한미한 집안 출신이었다. 고서에 "가종역가발기신(假從亦可發其身)"이라, 가종(假從)의 명도 때를 얻으면 진종(眞從)처럼 발신할 수 있다 하였다. 한미한 집안 출신이었으나 壬子運에 과갑하고 벼슬은 관찰에 이르렀다. 그러나 가종(假從)하고 탁(濁)하므로 庚戌運에 벼슬을 파한 후 풍파가 많았다.

3) 己土가 삼춘(三春) 辰月에 태어났다

춘절에서 하절로 바뀌는 이때 양무토(陽戊土)는 후중하니 甲木으로 소토함이 우선이요 음기토(陰己土)는 축장하는 흙이니 丙火로 따뜻하게 하고 癸水로 윤택하게 한 후 甲木으로 소토(疏土)하게 되면 극품을 이룰 수 있다. 이 점이 양간(陽干)과 음간(陰干)의 차이점이다. 만약 丙火만 있으면 부(富)만 있고 癸水만 있으면 의록은 있으나 평범하고 甲木 없이 丙癸만 있으면 재능은 있으나 선비에 불과하다. 모두 없으면 무용(無用)한 자이다.

丙 己 甲 壬
寅 卯 辰 子

辰月은 양기가 왕성해져 만물이 발생하는 때이다. 일주 己土가 때를 얻고 투출한 丙火는 장생지(長生地)에 근(根)하므로 신왕(身旺)하다. 또한 甲木은 寅卯辰 방국(方局)되어 신왕살왕(身旺殺旺)하고 壬水는 申子辰 회국하므로 신왕재왕(身旺財旺)하다.

위 명주 丙甲癸 모두 구비하고 재관이덕(財官二德)을 얻어 마치 하늘을 나는 용처럼 꿈과 이상을 펼칠 수 있다. 부귀는 극품에 이르러 일국의 재상(宰相)이었다. 만약 甲木이 없었다면 진용(辰龍)이 변하여 뱀이 되는 용변위사(龍變爲蛇)의 명이 되었을 것이다.

·농다리

충북 진천에는 우리나라에서 가장 오래된 돌다리 농다리가 있다. 옛 고을 원님에게 용인에서 살고 있던 아들들이 찾아와 이곳으로 재가한 어머니를 모셔 가야겠다고 소를 올렸다. 원님의 답은 "생거진천 사후 용인하라(살아생전에는 진천 땅에 계시게 하고 죽은 후 용인에 모시라)."는 이야기가 전해 온다.

이곳 태령산 줄기에는 삼국통일을 이룩한 흥무왕 김유신(金庾信) 장군 탄생지가 있다. 장군은 가락국 김수로왕의 13대 손이다. 장군은 등에 칠성별이 새겨져 있고 타고난 총명과 뛰어난 무예로 그를 따르는 낭도가 수백이 되어 그들을 '용화향도'라 하였다. 장군의 누이 보희와 문희 중 언니의 오줌 꿈을 산 문희. 선덕여왕의 어명으로 김춘추(뒷날의 태종무열왕)와 혼인하여 아들을 낳으니 문무왕(文武王)이시다. 죽어서도 동해의 용(龍)이 되어 호국하겠다는 세계 유래를 찾을 수 없는 문무대왕의 수중릉. 필자가 천주교 배티 성지와 송강 정철(1536~1593)의 정송강사(鄭松江祠)를 둘러보고 초평 저수지의 붕어찜과 대통령상을 수상한 생거진천 쌀밥은 참으로 꿀맛이었다. 10월에는 화랑제가 열린다.

4, 5, 6) 己土가 삼하(三夏) 巳午未月에 태어났다

조후법(調喉法)은 추운 것은 따뜻하게 하고 더운 것은 시원하게 하는 것이다. 己土가 여름에 드는 입하, 소만, 망종, 하지, 작고 큰 더위 소서, 대서 철이다. 먼저 癸水를 용신한다. 癸水로 용신 때는 쉽게 마르므로 음생음(陰生陰) 辛金으로 근원이 끊어지지 않도록 해야 한다. 다음 한창 만물이 성장하는 때에 丙火로 보좌하게 되면 대부대귀하다. 이때는 金水가 용신이므로 丙火가 없어도 선발됨은 있고 壬水와 庚金은 격국(格局)의 높고 낮음, 유정(有情)과 무정(無情)의 차이가 있다. 즉, 壬水는 인위적인 관개수이니 노력이 배가되고 부는 있으나 귀는 없고 癸水는 자연의 우로수이니 자연 부귀가 따르는 이치이다. 만약 지지 火局을 이루고 용할 水 없으면 화염토조(火炎土燥)하다. 마치 가뭄이 든 것처럼 의록이 있어도 오래 지키지 못하고 처자식도 없이 고빈(孤貧)하여 홀아비 팔자가 된다.

戊　己　己　己
辰　巳　巳　巳

위 명주 신왕(身旺)하고 辰中癸水를 용신(用神)한다. 시지(時地)에 辰戌丑未를 용신하게 되면 시묘격(時墓格)이요 시간지(時干支)에 용신 일위하면 시상일위편재격(時上一位偏財格)도 된다. 또한 태원(胎元)이 庚申으로 물의 흐름이 끊어지지 않아 서북 금수운(金水運)에 부(富)는 백만에 이르고 시(時)가 용신이니 자식을 많이 두고 수(壽)를 다했다.

· 태원(胎元)

자평법(子平法)에서는 태원을 잘 살펴야 한다.

부격(富格)이 아닌데 부(富)가 있고 귀격(貴格)이 아닌데 귀(貴)가 있는 것은 입태월(入胎月)과 관계한다. 태원은 태월(胎月)이라고도 하는데 천간 첫 번째 지지 세 번째를 말함이다. 만약 甲子月에 태어났다면 태원은 乙卯이다. 태월과 비슷한 태일법(胎日法)은 잘 활용하지 않으나 부모님께서 나를 낳아주신 합궁일(合宮日)을 보는 것이다. 만약 甲子日 이라면 간지합일(干支合日)인 己丑일이 합궁 태일이 된다.

이러한 이론이 비법(秘法)이니 독자 제위는 심사숙고(深思熟考)하여 실력을 향상시켜야 한다.

$$\begin{array}{cccc} 乙 & 己 & 庚 & 己 \\ 亥 & 巳 & 午 & 丑 \end{array}$$

조후 우선하니 亥中壬水를 용신한다. 위 명주 庚壬을 희용신 중격(中格)이다. 무장(武將)으로 부귀하였다.

$$\begin{array}{cccc} 乙 & 己 & 丁 & 壬 \\ 亥 & 卯 & 未 & 寅 \end{array}$$

위 명주 丁壬合木하고 지지 亥卯未 목국 살(殺)에 종하는 종살격(從殺格)을 이루었다. 동방 木運에 외교총장에 이어 일인지하 만인지상(一人之下 萬人之上) 일국의 총리가 되었다.

일주 뿌리 없이 세력에 따르는 종세(從勢)에는 식상에 종하는 종아격(從兒格), 재에 종하는 종재격(從財格), 살에 종하는 종살격(從殺格)이 있다. 위처럼 이미 종(從)을 하였다면 마땅히 종한 신을 논해야 한다. 만약 역(逆)하게 되면 강신을 노(怒)하게 하므로 흉하여 구사일생(九死一生)의 명이 된다.

7, 8, 9) 己土가 삼추(三秋) 申酉戌月에 태어났다

金神이 영을 잡아 만물은 수장하며 한기 점점 더하는 때이다. 고서에 "자왕모쇠(子旺母衰)하면 어머니 인수가 용신이다." 하였다. 어머니 丙火로 따뜻하게 하면 金을 제할 수 있고 다음 癸水로 윤택하게 하면 식신생재(食神生財)되어 부(富)한 가운데 귀(貴)를 취할 수 있다. 만약 삼추 己土가 지지 금국(金局)을 이루고 火로 구제하지 못하면 빈천 고단한 명이요 지지 화국(火局)을 이루고 水로 구제하지 못하면 간사하고 반드시 흉악한 이가 된다. 그러므로 丙癸를 희용신하면 마치 밭 갈다 금은보석을 얻는 것처럼 하루아침에 상격을 이룬다. 이때 壬水는 중격(中格)으로 무직(武職)에 이도공명을 누리고 丙火 없으면 의록만 있다. 만약 丙癸 중 하나만 있으면 하격(下格)이다. 모두 없으면 발전하지 못하고 빈천(貧賤)하게 된다.

$$\begin{array}{cccc}
戊 & 己 & 庚 & 戊 \\
辰 & 卯 & 申 & 辰
\end{array}$$

土金 상관(傷官)이 생재(生財)한다. 그러나 辰中癸水 재(財)가 지나치게 고장지에 축장하고 申金에 잘린 卯木은 수기유행하지 못하고 있다. 옛말에 이르기를 재물을 써야 사람이 모이게 된다 하였다. 그러므로 재물을 이웃 친척에게 나누면 공(功)은 있고 과실은 없으며 재물을 종교 등에 헌납하면 과실(過失)은 있으나 공은 되지 않는다.

위 명주 재물만 인색하게 모아 부(富)는 있었다. 그러나 이웃 친척을 가볍게 여기고 선덕(善德)을 베풀지 않아 여러 명의 처첩(妻妾)에게도 자식이 없었다.

$$\begin{array}{cccc}
壬 & 己 & 癸 & 甲 \\
申 & 未 & 酉 & 寅
\end{array}$$

위 명주 寅中丙火를 용신(用神)한다. 丙火 용신에 희신(喜神) 癸甲이 투출하여 제독이 되었다. 일반적으로 목화상관(木火傷官)은 문직(文職), 토금상관(土金傷官)은 무직(武職)으로 본다.

$$\begin{array}{cccc}
戊 & 己 & 丙 & 乙 \\
辰 & 未 & 戌 & 丑
\end{array}$$

土일주 辰戌丑未에 방해하는 木 없으면 가색격(稼穡格)을 이루고 火 있게 되면 대부대귀하다. 그러나 격을 이루지 못하고 화국(火局)으로 조열하게 되면 흉악한 이요 토국(土局) 되면 빈천하여 홀아비, 과부가 된다. 또한 지지 금국(金局)을 이루고 희용신 없으면 빈한하고 수국(水局) 때는 고향 떠나 부옥빈인(富屋貧人) 처자식이 가권을 쥐게 된다. 위 명주 乙木이 투출하여 가색격(稼穡格)을 이루지 못했다. 다행히 丙火 투출하여 교원(敎員)으로 의록은 있었다.

10, 11, 12) 己土가 삼동(三冬) 亥子丑月에 태어났다

전원(田園)의 비습(卑濕)한 흙이 한동(寒凍)한 때이다. 조후가 시급하니 丙火가 존신(尊神)이다. 丁火는 미약하여 아무리 많아도 한기를 해동(解冬)할 수 없다. 의록만 있을 뿐이다. 그러나 丙丁火가 함께 투출하면 부귀쌍전(富貴雙全)한다. 한동 한때 癸水는 취하지 않는다. 기타 병(病)에 대한 약(藥)으로 土旺하게 되면 甲木으로 소토(疏土)하고 水旺하면 戊土로 제방한다.

乙 己 己 辛
丑 巳 亥 巳

巳中丙火가 암장(暗藏)한다. 중년 火木運 때 외교부 대사를 역임했다.

癸 己 壬 丁
酉 卯 子 巳

위 명주 명나라 건문제의 명이다. 연지 巳中丙火가 암장한다. 그러나 丁壬合으로 기반(羈絆)하고 멀리 癸水가 충극한다. 지지 또한 卯酉沖. 조상 덕 외에는 없었다.

己 己 丙 甲
巳 酉 子 寅

일찍 과갑한 명이다. 비슷한 명이나 일간 바로 옆에 丙火가 투출하고 甲木이 관인상생(官印相生)한다. 투출과 암장의 부귀격국(富貴格局)의 차이점이다.

壬 己 己 庚
申 亥 丑 辰

위 명주 金水 투출하여 가종재격(假從財格)을 이루었다. 초년 조상 덕으로 유업이 풍부하였다. 그러나 木火운으로 운(運)이 배반한다. 癸巳運에 처를 극하고 재물을 파하였다. 종재가 파(破)하게 되면 재다신약(財多身弱)과 같아 재물은 많으나 처자식이 두렵고 운 없을 때 부옥빈인(富屋貧人) 뜻을 펴기 어렵다.

戊　己　癸　壬
辰　丑　丑　午

거부격(巨富格)이다. 신왕(身旺)하여 재(財)를 용신한다. 만약 천간 투출한 재가 지지 뿌리 없게 되면 비겁쟁재(比劫爭財) 또는 군겁쟁재(群劫爭財)되어 비겁 재운 때 처(妻)를 극(剋)하고 파산 걸인이 되었을 것이다.

·辰戌丑未

진술축미는 사묘(四墓), 사고(四庫), 사장(四藏) 또는 잡기(雜氣)라 한다. 고장지(庫藏地)이니 여기, 중기, 본기 木火金水를 다 감추고 있어 변화무쌍하다. 즉, 감추고 저장하고 땅속에 묻어 장사 지내는 고장지로 辰은 水의 묘고요 戌은 火의 묘고, 未는 木의 묘고, 丑은 金의 묘고이다. 그러므로 방합(方合), 삼합(三合)되면 쉽게 타 오행(五行)으로 변한다.

土는 모든 만물을 축장(蓄藏)할 수 있으나 火의 도움이 있어야 비로소 모든 만물이 완성된다.

·십승지지(十勝之地)

십승지(十勝地)란 미래에 다가올 전화(戰禍)의 재앙(災殃)을 피하고 자손을 보존할 수 있는 땅인 삼재불입지지(三災不入之地)이다. 소지나 유포를 금지한 왕조의 금압(禁壓) 조치에도 불구하고 비밀스런 방책이나 해법을 기술한 비결(秘訣) 중에는『삼한산림비기(三韓山林秘記)』,『고조선비사(古朝鮮秘詞)』,『도선참기(道詵讖記)』,『송하돈결(松下豚訣)』,『정감록(鄭鑑錄)』 등과 인물로는 서양의 예언자 노스트라다무스가 있다면 임진왜란을 예언한 동양의 조선 최고의 예언자 격암(格菴) 남사고(南師古; 1509~1571), 도선(道詵), 무학(無學), 토정(土亭) 이지함(李之菡), 서산대사(西山大師), 용호대사 정북창(鄭北窓; 1506~1549), 증산 강일순(1871~1909) 등이 있다.

이 중『정감록』은 참위, 풍수, 도교사상의 비기(秘記)를 모은 것으로, 조선의 조상인 이심(李沁)과 멸망 후 일어설 정감(鄭堪)이 금강산에서 마주 앉아 대화를 나누는 형식으로 엮어져 있는데 조선 한양 다음 정씨(鄭氏)의 계룡산, 다음은 조씨(趙氏)의 가야산, 다음 범씨(范氏)의 완산, 다음 왕씨(王氏)의 개성 등을 논하고 세상에서 피신하기 가장 좋은 땅을 언급한다.『정감록』은 정확한 저자나 원본은 발견되지 않았다. 23.5도 기울어진 지구축이 똑바로 서는 후천개벽(後天開闢)의 때 일본(日本) 열도는 물속에 가라앉고, 서해안은 융기하여 우리나라 국토는 배가 되고, 미래 국토인 계룡산 신도안에서 희망의 새 시대를 맞이한다는 내용이다.

① 경북 영주(榮州) 풍기, 봉황이 알을 품고 있다는 금계포란형 금계리.

② 지리산 중간 전북 남원시 운봉(雲峰) 산덕리.

③ 경북 봉화 류성룡의 형 류운룡이 어머니를 모시고 피난한 곳, 춘양면 석현리.

④ 충북 보은 내속리면과 경북 상주 화남리.

⑤ 강원 영월군 상동읍 연하리 일대.

⑥ 충남 공주시 계룡산 신도안과 김구 선생이 숨어 지냈던 마씨(麻氏) 도적 산채가 있던 마곡사 유구읍 사곡면의 상원 계곡.

⑦ 경북 예천군 용문면 상 금곡리 물에 뜬 연꽃 모양의 금당실.

⑧ 경남 합천 가야산 가야면 남쪽 만수동.

⑨ 전북 무주군 무풍면. 북에 삼수갑산이 있다면 남한에는 오지 무주구천동이 있다.

⑩ 전북 부안군 김제 만경평야의 끝, 보안면 변산의 병바위 아래 우동리.

⑪ 초의선사의 발자취로 우리나라 차(茶) 문화의 성지가 된 일지암이 있는 해 뜨는 남쪽 전남 해남 땅 끝의 대둔사(大芚寺; 대흥사).

임진왜란 때 가토의 간담을 서늘하게 했던 서산대사(1520~1602)께서 점지한 땅 두륜산(頭崙山, 700m)에 오르면 북으로는 영암 월출산과 동쪽 강진만, 남쪽 완도, 서쪽 진도 등 다도해의 절경이 눈앞에 펼쳐진다. 유홍준 교수의 『나의 문화유산 답사기』 중 남도 답사 1번지의 땅. 『토지』의 작가 박경리의 사위 이기도한 김지하 시인은 "땅 끝에 서서 더는 갈 곳 없는 땅 끝에 서서 돌아갈 수 없는 막바지 새 되어 날거나 고기 되어서 숨거나 바람이거나 구름이거나 귀신이거나 간에 변하지 않은 도리 없는 땅 끝……"이라고 읊은 곳. 삼재불입(三災不入)의 명산과 해남 고천암 가창오리 떼의 군무는 장관이다.

십승지(十勝地)란 많다는 것이지 꼭 열 곳을 말하는 게 아니다. 주로 38선 이남 지리산 위쪽 가야산, 덕유산, 소백산, 태백산으로 이어진 험한 계곡과 협곡, 외부와의 교류 차단된 곳, 산이 병풍처럼 둘러싸인 수량 풍부한 평야지대이다.

7. 경금(庚金)의 용법(用法)

적천수
경금대살(庚金帶煞) 강건위최(剛健爲最)
득수이청(得水而淸) 득화이예(得火而銳)
토윤즉생(土潤則生) 토건즉취(土乾則脆)
능영갑형(能嬴甲兄) 수우을매(輸于乙妹)

庚金은 가을의 천상태백(天上太白)의 정기를 타고 숙살지기(肅殺之氣)로 체성이 가장 강건하다. 水를 얻으면 금백수청(金白水淸) 수정처럼 깨끗해져 옥처럼 빛나고 火를 얻으면 단련되어 예리해진다. 윤습한 土를 얻으면 생기 받아 만물을 생(生)할 수 있으나 화염토조(火炎土燥)한 土를 얻으면 건조하여 부스러진다. 甲木이 강하다 하나 능히 이길 수 있고 甲木의 누이 乙木과는 합(合)되어 오히려 약(弱)하게 된다.

일곱 번째 천간 庚金은 단단할 경, 고칠 경. 가을의 金氣로 만물을 단단하게 결실케 한다. 천상태백(天上太白)의 가을, 백색, 매운맛, 수로는 4, 9이다. 金水의 본체는 음(陰)이나 庚金은 양(陽)의 체성을 갖고 변화무쌍 급하다. 庚金은 냉정하여 수렵채취시대부터 사용하던 돌도끼를 양손에 들고 있는 지아비 부(父), 서쪽의 서방님이다. 그러므로 五行 중 양간(陽干)은 양으로 제(制)하면 길(吉)하나 庚金만은 제련되지 않은 무쇠철로 음화(陰火)인 丁火로 단련하여야 한다. 丁火로 단련하면 제련되어 큰 기물을 이룰 수 있다. 이것이 타 오행(五行)과 다른 점이다. 만약 중화(中和)를 잃게 되면 숙살지기(肅殺之氣)로 난폭하여 재앙(災殃)을 일으키게 된다.

1) 庚金이 초춘(初春) 寅月에 태어났다

봄 아닌 봄. 아직 한기(寒氣) 남아 조후(調喉)가 시급하다. 조후 丙火를 용신(用神)하고 己土로 배양하면 관인상생(官印相生)되어 대부대귀하다. 고서에 "金은 정수리에 흙이 덮이는 걸 싫어한다." 하였다. 그러므로 戊土는 흉(凶)하니 매몰되어 빛나지 않고 눌리고 굴복 당하여 쓸모없게 된다. 만약 화다(火多)하면 金이 녹아 잔병, 요절이 따르므로 水가 약(藥)이요, 토다(土多)하면 甲木 약(藥)으로 소토(疏土)하여야 한다. 수다(水多)하면 식상과다의 해로 나약해져 외롭게 된다. 이때는 戊土가 약이다. 목다(木多)하면 재다신약(財多身弱)의 록만 있을 뿐 부옥빈인(富屋貧人)의 명으로 비겁 庚辛을 약(藥)으로 한다. 병(病)에 약 없으면 무용(無用)한 자이다.

庚 庚 丙 己
辰 申 寅 酉

　연일지 비견이 도와 임관(臨官)하고 시지(時支) 인수 辰土가 돕고 있다. 또한 가까이 丙火 조후용신이 투출하고 己土가 관인상생(官印相生)한다. 위 명주 甲子運에 재자약살(財滋弱殺)되어 생원이 되었고, 癸亥運에 인해합목(寅亥合木) 목생화(木生火) 부귀하였다. 그러나 운로(運路)가 水金運으로 용신을 배반하고 辛丑運 때 용신을 기반(羈絆), 그만 불록(不祿)하고 말았다. 영민함에도 운(運)이 겸비되지 않으면 영웅호걸이 될 수 없는 일이다.

2) 庚金이 중춘(仲春) 卯月에 태어났다

　이때는 동물들이 겨울잠을 마치고 꿈틀대는 경칩과 춘분이 지나면 낮이 길어지고 보리싹도 무성해지는 때이다. 庚金이 신왕(身旺)하면 丁火로 단련하여야 한다. 丁火를 용신할 때는 甲木으로 인정(引丁)하여야 불꽃을 피울 수 있고, 甲木은 庚金으로 벽갑(劈甲)하여야 땔감이 될 수 있다. 그러므로 丁火는 甲木을 떠날 수 없고 甲木은 庚金을 만나야 유용하다. 卯月의 庚金이 丁甲庚을 희용신하면 과갑 대부대귀하게 된다. 이때 丁火 대신 丙火는 자신의 노력으로 부(富)만 있고 甲木 대신 乙木은 습목(濕木)이라 아무리 많아도 인정할 수 없다. 또한 乙木이 떨어져 있거나 암장하면 무방하나 을경상합(乙庚相合)하면 재(財)를 탐하여 탐합망관(貪合亡官) 여자에 빠져 벼슬할 생각을 잊어버리게 된다. 丁甲庚 모두 없으면 무용(無用)한 자이다.

庚 庚 丁 己
辰 申 卯 亥

　日支 비겁 임관하고 時支 인수로 신왕(身旺)하므로 재관(財官)을 용할 수 있다. 丁火 용신(用神) 투출하고 亥卯未 목국(木局) 희신(喜神)이 유정(有情)하다. 위 명주 소년에 등과하고 국경 수비대장에 이르렀다.

甲 庚 丁 己
申 辰 卯 酉

庚申 일주(日柱)와 비슷한 명이나 용신 丁火는 지지 卯酉沖으로 마치 지진이 난 것처럼 흔들리고 희신 甲木은 申金이 극(剋)하여 절각(截脚) 되었다. 절각이란 마치 다리가 잘린 것처럼 희신 甲木은 있어도 없는 것과 같다. 위 명주 명문가문에 출생하였으나 水金運으로 흘러 운(運)마저도 돕지 않으니 가난하고 불행한 생을 살았다.

3) 庚金이 맹춘(孟春) 辰月에 태어났다

청명(淸明)과 봄비 내려 만물을 배양하는 곡우(穀雨)의 때. 초기 9일간 乙木, 중기 3일간 癸水, 정기 18일간 戊土가 사령한다. 辰月은 戊土가 사령하는 때 金이 묻힐 염려가 있다. 우선 甲木으로 소토(疏土)하고 金旺한 때 丁火로 단련하면 기물을 이루고 꿈과 이상이 대단한 용(龍)이니 과갑부귀하다. 이때 甲木이 암장하면 이도(異途)로 발전하고 丁火가 암장하면 공감에 이른다. 희용신 둘 다 암장 때는 도필(刀筆)로 명성 있다. 만약 甲 대신 乙木은 소토할 힘 약하므로 용변위사(龍變爲蛇) 뱀같이 간사한 이가 되고 丁 대신 丙火는 무장(武將)으로 차등격국(次等格局)을 이룬다. 甲丁 모두 없으면 무용(無用)한 자이다.

辛 庚 丙 戊
巳 申 辰 寅

辰月 득령(得令)하고 戊土 투출하며 日時支 비겁 임관하여 신왕(身旺)하다. 寅中 甲木과 丙火 투출하여 재자약살격(財滋弱殺格)을 이루었다. 위 명주 무장(武將)으로 대부대귀하였다.

그러나 庚申 대운(大運) 辛運 때 희신을 寅申沖하고 용신 丙火를 쟁합(爭合), 암살당하고 말았다.

· 군자삼계(君子三戒)

공자께서 말씀하신 군자가 경계하여야 할 세 가지 덕목. "젊을 때 혈기 방장하니 여색을 경계하고 장성하여 굳센 야심으로 인한 싸움을 경계하고 늙어 탐욕을 경계하라." 하셨다. 세계의 부(富) 1/4를 차지하는 최강 미국(美國). 세계의 경찰국을 자처하며 전쟁과 평화를 주도하고 있다. 이에 따른 부작용으로 부자와 가난한 자로 나뉜 양극화는 더욱 심화되고 비행기 한 대 없었던 월맹에 손들고, 악의 축이라는 이란과 북한은 핵 무장에 오사마 빈 라덴이 이끄는 알카에다의 테러는 그칠 줄 모르고 먹구름처럼 어두워지고 있다. 주역(周易)에 해가 중천에 뜨면 기울기 시작한다 하였다. 슈퍼맨은 경계하고 경계할 일이다.

4) 庚金이 삼하(三夏) 巳月에 태어났다

여름이 든다는 입하(立夏) 보리가 익어가는 소만(小滿)에 태어났다. 조후가 시급하니 壬水로 뜨거움을 제(制)하고 戊土로 중화(中和)를 얻은 후 丙火 투출하면 신왕살고(身旺殺高) 대부대귀한다. 이러한 명을 가살위권(假殺爲權)이라 한다. 壬戊丙 중 한두 개만 투출하면 공감에 불과하고 암장 때는 힘 부족해 부귀 작아 의록만 있다. 용할 게 없으면 巳中 戊土가 암장하므로 화염토조(火炎土燥) 형처극자(刑妻剋子) 고단한 명이 된다. 만약 巳酉丑 금국(金局) 때는 약변왕(弱變旺) 약함이 변해 신왕하므로 丁火로 제하면 귀격(貴格)을 이룰 수 있다. 이때를 검극성공(劍戟成功)이라 한다.

甲 庚 辛 乙
申 辰 巳 巳

日時에 뿌리 두고 辛金 투출하여 신왕(身旺)하다. 신왕하면 재관(財官)을 용(用)할 수 있다. 그러나 甲乙 재(財)는 뿌리 없고 乙辛 충극(沖剋) 되었다. 위 명주 한미한 집안 출신이었으나 巳中丙火가 암장 차등격국(次等格局)의 명이다. 차등격국은 원명에 약점을 가지고 있으나 대운(大運)에서 보충되면 발전이 따른다. 丁火 대운(大運) 때 과갑(科甲)하였다. 만약 대운(大運)이 돕지 않았다면 가난한 선비 한유(寒儒)에 그치고 말았을 것이다.

5) 庚金이 삼하(三夏) 午月에 태어났다

까끄라기 망종(芒種)에는 보리와 같은 까끄라기 곡식이 익어 먹을 수 있게 되고 벼 종자를 심어 1년 농사의 시름을 잊게 된다. 삼하 하지(夏至)의 때, 낮이 가장 길고 밤이 가장 짧다. 매우 뜨거운 때 조후가 시급하다. 壬水와 癸水가 투출하고 지지 금국(金局)으로 수원을 발하면 대부대귀하다. 癸水만은 힘 약해 부귀가 작고 이도(異途)로 성공할 수 있다. 이때 戊土가 방해하면 평범하게 된다. 만약 지지 화국(火局)을 이루고 종살(從殺)하지 못하

면 살중신경(殺重身輕) 의지할 데 없이 하천한 명이 된다. 하천한 명이 水運이 돕지 않으면
잔병에 자식도 없이 심하면 요절(夭折)하게 된다.

丙　庚　丙　壬
戌　午　午　申

　지지 寅午戌 화국(火局)에 丙丙 양살(殺)이 투출하여 두렵다. 다행히 壬水 투출하고 申
金이 보좌한다. 위 명주 식신제살격(食神制殺格)을 이루었다. 戊申運에 발탁되고 金水運
으로 흘러 벼슬은 군수(郡守)에 이르렀다. 만약 癸水까지 투출하였다면 극품에 이르렀을
것이다.

　·호국보훈의 달
　6월은 호국보훈의 달이다. 1950년(庚寅年) 6·25 동란으로 397만 명이 희생되고 천만의 이
산가족과 전 국토는 초토화되었다. 2010년이면 60갑자 한 바퀴 순환한 60년 주기이다. 명
리(命理)를 공부하는 독자 제위는 인간사 운명(運命)뿐만 아니라 양택과 음택의 풍수지리
(風水地理), 질병과 날씨 그리고 천하(天下)의 운세를 알아야 한다. 뒷장에 우주 천하대국
(天下大局)과 천기(天氣)의 비법(秘法)을 소개한다. 정진하고 또 정진하여 만인구제(萬人救
濟)에 힘쓰길 거듭 부탁드린다.

6) 庚金이 삼복(三伏) 未月에 태어났다

　庚金이 소서(小暑), 대서(大暑) 가장 뜨거운 未月에 태어났다. 용신을 정할 때 辰戌丑未
월은 상반월과 하반월로 나누어야 한다. 대서 전 상반월에 태어났다면 午月과 같아 金水
를 용신한다. 대서 후에는 왕성함의 끝이요 삼복생한(三伏生寒)의 때이다. 용신 丁火로 庚
金을 단련하고 甲木으로 인정(引丁)하면 기물을 이루고 대부대귀한다. 이때 癸水가 용신
丁火를 상하게 하면 흉(凶)하다. 丁火만 있으면 수재(秀才)요 甲木만 있으면 평범하다. 모
두 없으면 무용한 자 하천하게 된다.

$$\begin{array}{cccc} 丁 & 庚 & 乙 & 辛 \\ 亥 & 辰 & 未 & 未 \end{array}$$

丁火 투출하고 亥中甲木으로 보좌한다. 위 명주 壬辰運에 과갑 사마(司馬)에 오르고 火木 희용신 운(運)으로 흘러 수(壽)를 다하였다.

$$\begin{array}{cccc} 丁 & 庚 & 乙 & 辛 \\ 丑 & 辰 & 未 & 丑 \end{array}$$

앞 명과 비슷해 보이나 丑中癸水가 투출한 丁火를 상하게 하고 乙辛 천극(天剋) 丑未 지충(地沖)한다. 위 명주 초년에는 조상 유복하였으나 癸巳運에 하는 일마다 막히고 壬辰 運에 결국 가업을 파하고 처자식까지 모두 잃고 말았다.

· 삼복(三伏)

황도를 24등분한 15일 간격으로 절기(節氣)를 두게 되는데 절기 외에 민간에서는 이때쯤 삼복을 둔다. 즉, 하지(夏至) 후 세 번째 庚日이 초복(初伏)이요 네 번째 庚日이 중복(中伏), 입추(立秋) 후 첫 번째 庚日을 말복(末伏)이라 한다. 견디기 힘든 더위에 세 번 엎드린다는 뜻이다.

7) 庚金이 삼추(三秋) 申月에 태어났다

가을 庚金이 사령하는 때 숙살지기로 강건하기가 최고이다. 庚金이 申酉戌 방국(方局) 또는 巳酉丑 삼합국(三合局)을 이루고 방해하는 火 없으면 종혁격(從革格)을 이루고 대부 대귀하다. 만약 종(從)하지 않으면 반드시 丁火로 단련시켜야 기물을 이룰 수 있다. 丁火 대신 丙火 또한 부귀하나 丁火만 못하다. 다음 甲木으로 보좌하게 되면 불꽃이 오래 가 불굴의 정신으로 위권(威權)을 잡게 된다. 이때 丁火만 있으면 선비요 甲木만 있으면 상업 에 종사하고 모두 없으면 무용(無用)한 자이다.

甲 庚 戊 壬
申 辰 申 申

위 명주 식신생재(食神生財) 거부(巨富)의 명이다. 일주 庚金이 지지 삼신(三申)을 두고 극왕(極旺)한다. 극왕 때는 설(洩)하는 壬水가 용신이다. 초년 土金運에 조업(祖業) 없었다. 용신 亥子丑 水運으로 바뀌자 억만금을 모았다.

8) 庚金이 양인(羊刃) 酉月에 태어났다

甲卯, 丙戌午, 庚酉, 壬子를 양인(羊刃)이라 한다. 양인은 양인(陽刃) 또는 월에 있게 되면 월인(月刃)이라고도 한다. 양인격은 스스로 왕(旺)하기 때문에 재관(財官)을 용신한다. 丁火로 양인용관(羊刃用官)하고 친어머니 甲木으로 재생관(財生官)하면 과갑부귀하다. 이때는 더위가 그치고 흰 이슬이 내린다는 백로(白露), 가을이 깊어지는 때 지지 丙火가 암장하면 관살혼잡이라 하지 않고 양인가살격(羊刃駕殺格)이라 한다. 양인가살격은 굳은 절개와 충성으로 전쟁에는 병권을 장악하고 평시에는 한나라의 재상으로 출장입상(出將入相)의 명이 된다. 만약 庚金이 양인에 격(格)을 이루지 못하면 오만방자하여 질악태엄(疾惡太嚴) 한 자가 된다. 沖運 때 선종(善終)하지 못한다.

庚 庚 乙 庚
辰 戌 酉 申

위 명주 양인에 종혁격(從革格)이다. 庚 일주 申酉戌 방합(方合)하고 을경합금(乙庚合金)한다. 한 가지 기세로 전왕격(專旺格)인 종혁격은 길운(吉)과 흉운(凶)이 있다. 초년 火運으로 조업(祖業) 없었다. 水運으로 바뀌자 참장(參將)에 이르렀다.

고서에 양인은 "전즉령위(戰則逞威)하고 약즉파사(弱則怕事)한다." 하였다. 즉, 양인이 신왕(身旺)하면 오만한데 충극되면 더욱 오만하여 위세를 떨치고 신약(身弱)하면 의심 많아 일을 두려워한다는 뜻이다. 庚寅運에 寅申沖 왕신을 충파하므로 법을 어겨 파직되었다. 辛卯運에 乙辛沖剋하고 卯戌合 선종(善終)하지 못했다.

·사인검(四寅劍)

寅년 寅월 寅일 寅시에 만든 칼을 '사인검(四寅劍)'이라 한다. 칼의 문화라 하면 싸울아비(사무라이)의 '왜검(倭劍)'을 들 수 있을 것이다. 일본(日本) 무사들은 가장 긴 패도(佩刀)와 소도(小刀) 그리고 자도(刺刀)를 지니고 개인적으로는 예의 바르고 양순하나 집단에서는 호전적으로 변하여 승자에겐 절대 승복하고 죽음을 마치 벚꽃처럼 사라지는 신앙으로 숭상한다.

고대 춘추전국시대 진시황제는 이사에게 묻는다.

"천자(天子)의 칼이란 무엇이뇨?"

이사는 마음의 검 심검(心劍)을 설파한다.

"천자(天子)의 칼은 칼끝이 없어도 날카롭고 칼날이 없어도 강직하며 칼자루가 없어도 견고하고 칼등이 없어도 위엄이 있나이다."

이후 이사는 진(秦)의 재상이 되고 진시황제(秦始皇帝)를 도와 중국을 최초로 통일하게 된다.

9) 庚金이 삼추(三秋) 戌月에 태어났다

찬이슬이 내린다는 한로(寒露)와 서리가 내리기 시작한다는 상강(霜降)의 때이다. 상강 전에 태어나게 되면 酉月과 같아 신왕(身旺)하여 재관(財官)을 용한다. 그러나 상강 후에는 戌土가 사령(司令)하는 때 金이 묻혀 매몰되게 되면 게으르고 혼탁하니 어리석고 하천한 명이 된다. 먼저 甲木으로 소토(疏土)하고 壬水로 金을 세척하면 학식이 뛰어나 과감 부귀하다. 이때 己土가 壬水의 흐름을 막게 되면 졸렬하게 된다. 甲木만 있으면 선비요 壬水만 있으면 평범하고 모두 없으면 무용한 자이다.

乙 庚 壬 戌

酉 申 戌 申

목을 매어 자살한 명이다. 庚酉 양인(羊刃)에 을경합금(乙庚合金), 申酉戌 방합(方合)되고 방해하는 火 없으면 전왕격(專旺格)인 종혁격(從革格) 명이 된다. 전왕(專旺)은 마치 한 사람에게 권력이 집중된 것처럼 강한 세력에 종(從)하여야 한다. 위 명주 초년 유업 있었으나 丙寅 木火運으로 바뀌자 寅申 왕신(旺神)을 충파 비겁쟁재(比劫爭財)되어 파산하고 걸인으로 목을 매고 말았다.

10) 庚金이 삼동(三冬) 亥月에 태어났다

겨울의 시작으로 입동(立冬)과 작은 눈이 내리는 소설(小雪)의 때이다. 삼동 壬水가 영을 잡은 때이므로 금한수냉(金寒水冷)하다. 금수진상관(金水眞傷官)은 총명하다. 그러나 土가 방해하면 고빈(孤貧)하게 된다. 용신법(用神法)은 신약(身弱)하면 인수 비겁을 용하고 신왕(身旺)하면 재관을 용신(用神)한다. 먼저 조후 丙火로 따뜻하게 하고 丁火로 庚金을 단련하여야 한다. 丁火를 용할 때는 반드시 친어머니 甲木으로 보좌하여야 인정(引丁)할 수 있다. 그러므로 丙丁甲 있으면 과갑부귀하다. 이때 丁火 없이 丙火만 있으면 부(富)만 있고 귀(貴)는 없다. 모두 없으면 무용(無用)한 자이다.

戊 庚 己 丙
寅 辰 亥 申

하지기인길(何知其人吉)
희신위보필(喜神爲輔弼)

어찌 길한지 알 수 있나?
희신이 보필하면 길하다.

일주 庚金 가까이 삼인수(三印綬)가 보필하므로 신왕(身旺)하다. 투출한 丙火를 寅木이 생하고 대운 또한 木火運으로 흘러 과거에 급제하고 일생 수(壽)를 다하고 흠 없었다. 관인상생격(官印相生格)의 명이다.

11) 庚金이 삼동(三冬) 子月에 태어났다

눈이 많이 내린다는 대설(大雪)과 밤이 가장 긴 동지(冬至). 매우 추운 때이다. 亥月과 같아 조후 丙火로 따뜻하게 하고 丁火로 단련하면 보검을 만들 수 있다. 다음 丁火 용 때는 친어머니 甲木으로 보좌해야 인정(引丁)할 수 있다. 丙火만 있으면 거부(巨富)요 甲木 보좌 없으면 부(富)만 있고 귀(貴)는 없다. 모두 없으면 무용한 자 고빈(孤貧)한 명이 된다.

丙 庚 壬 壬
子 辰 子 申

금수상관격(金水傷官格)이 청(淸)하면 겸손하고 온화하며 수정처럼 빛나 총명하다. 그러나 위명처럼 뿌리 없이 투출한 丙火 있어도 없는 것과 같고 오히려 방해요, 壬水 투출하고 申子辰 수국(水局)을 이뤄 상관이 태과(太過)하다. 고서에 "상관이 탁하면 오만방자하고 세(勢)와 이(利)를 따르는 자"라 하였다. 庚金 일주 설기(洩氣) 지나쳐 金이 물에 가라앉아 쓸모없게 된다는 수다금침(水多金沈)의 명이다.

위 명주 水剋火 관법을 우습게 여기고 달콤한 말로 사람을 기만하여 유혹하는 사기로 재물을 모았다. 火運에 상관견관위화백단(傷官見官爲禍百端)이라, 상관이 관(官)을 보게 되면 재앙이 백 가지로 나타나게 된다. 재물파산에 형처극자(刑妻剋子) 고빈하였다. 오늘날 다단계 사기꾼이요 여명은 꽃뱀이랄 수 있다. 만약 신왕(身旺)하였다면 시상일위귀격(時上一位貴格)이 되었을 것이다.

戊 庚 丙 甲
寅 辰 子 申

위명과 비슷하나 투출한 丙火는 寅木의 생을 받고 있다. 고서에 "상관이 청(淸)하면 공손하여 예의 있고 절도 있어 화목하며 총명하여 재주가 탁월하고 학문이 깊다." 하였다. 위 명주 동남 木火運으로 흘러 과갑하고 벼슬은 황당(黃堂)에 이르렀다.

12) 庚金이 삼동(三冬) 丑月에 태어났다

庚金이 대소의 추위 소한(小寒), 대한(大寒)에 태어나 강이 얼어붙은 때이다. 子月과 같아 먼저 丙火로 따뜻하게 하고 丁火로 단련한다. 丁火를 용할 때는 친어머니 甲木으로 인정(引丁)한다. 丙丁甲 있게 되면 대부대귀하다. 이때 丙火만 있으면 부(富)는 크나 귀(貴)는 작고 丁甲 있으면 부 없는 청빈한 귀격을 이룬다. 丙丁만 있으면 도필(刀筆)로 이도공명(異途功名)을 누린다. 모두 없으면 하격으로 『이솝우화』에서의 베짱이처럼 빈천(貧賤)하다.

乙 庚 癸 丁
酉 子 丑 丑

위 명주 여명으로 숙명의 팜므파탈의 명이다. 투출한 丁火는 丁癸로 충(沖)되어 남편을 그럴듯하게 속이는 기부(欺夫)한다. 또한 乙庚合 남편보다는 돈 우선이요 합다(合多)하여 가는 곳마다 마음에 들지 않은 이 없었다. 여명이 상관(傷官)이 중(重)하면 반드시 극부(剋夫)한다 하였다. 남자를 유혹하여 파멸시키는 악녀나 요부를 '팜므파탈'이라 한다.

·동전 앞면이 내 인생을 바꿨다!

휴대전화기 외판원에서 세계적인 오페라 가수가 된 영국의 폴 포츠(39세). 뚱뚱한 외모 때문에 참가 신청서를 쓰지 못하고 망설이다가 동전을 던져 앞면이 나오면 참가하자고 스스로에게 다짐하게 된다. 그리고 결국 인생의 호운(好運)을 맞게 된다.

현대를 살아가는 오늘날에도 축구 경기에 앞서 선제공격을 가리는 동전을 던지고, 미국 판사뿐 아니라 필자 또한 그날의 육효(六爻)에서 얼굴 앞면은 양효(陽爻), 숫자 뒷면은 음효(陰爻)로 여섯 번을 던져 영험한 하늘의 뜻을 살펴 처신을 바르게 한다. 서양의 Yes와 No에 비해 60조 우리 몸 세포의 별이 거대한 소우주 은하이듯 옛 선비들의 수양의 도(道) 혹은 이정표(里程標)로 삼았던 동양사상은 우주 대자연의 오묘한 진리를 나타내는 것이다.

오래된 동전일수록 더욱 영험하다. 물론 도리에 어긋나는 일이나 부정한 일을 도모해서는 안 된다. 또한 같은 일로 두 번 이상 반복하여 질문해서도 아니 되며 정성을 다해 괘(卦)를 얻고 해석하여야 한다. 도(道)란 하늘의 명이며 사람이 마땅히 행해야 할 길이다. 그러한 가르침을 따르지 않게 되면 하늘의 뜻을 거역하는 것으로 노여움을 받게 되는 것이다.

"하늘이 어찌 말씀이 있으시며 땅이 어찌 말씀이 있겠습니까? 그러나 신(神)은 영험하시니 고하면 응할 줄 아옵니다. ○년 ○월 ○일에 어디에 사는 ○생(乾, 坤命) 아무개가 무슨 일에 대하여 알지 못하니 엎드려 바라옵건대 천지신명께서는 느끼어 통하심을 숨기지 말고 비쳐주소서."

8. 신금(辛金)의 용법(用法)

적천수
신금연약(辛金軟弱) 온윤이청(溫潤而淸)
외토지첩(畏土之疊) 낙수지영(樂水之盈)
능부사직(能扶社稷) 능구생영(能救生靈)
열즉희모(熱則喜母) 한즉희정(寒則喜丁)

음금(陰金)인 신금(辛金)은 연약하여 따뜻하고 윤택하게 하면 맑아져 청(淸)하다. 土가 많아 중첩(重疊)되면 묻히게 되므로 두렵고 水로 깨끗하게 함을 좋아한다. 丙火의 신하인 辛金은 병화 군주(君主)와 함께 하면 병신합화수(丙辛合化水) 되어 능히 사직을 세울 수 있게 되고 백성을 구원할 수 있다. 辛金이 여름에 태어나 뜨거울 때는 어머니 土를 좋아하고 겨울에 태어나 한랭(寒冷)할 때는 丁火를 좋아한다.

1) 辛金이 초춘(初春) 寅月에 태어났다

辛金이 휴수(休囚)하는 때 더욱 연약하다. 먼저 인수 己土로 생(生)하면 약변왕(弱變旺) 되고 다음 壬水로 보좌 세척하면 유용하다. 고서에 "庚金은 丁火로 제(制)하면 공(功)이 되고 辛金은 이미 제련된 금은동이므로 火를 필요치 않고 壬水로 설(洩)해야 아름답다." 하였다. 이것이 음(陰)과 양(陽)의 성질 다른 명리(命理)의 법칙이다. 만약 인겁(印劫) 도움 없이 壬水만 있게 되면 신약(身弱)하여 초년 근심을 면할 수 없고 빈천하게 된다. 그러므로 寅月은 인중병화(寅中丙火)로 자연 한기를 제거하므로 火를 필요치 않고 己壬 희용신이 있게 되면 아름답고 부귀하다. 모두 없으면 무용한 자이다.

己 辛 丙 甲
丑 酉 寅 午

고서에 "신왕(身旺)한 자 관성이 청(淸)하면 반드시 귀(貴)하다." 하였다.
위 명주 천간이 모두 지지에 녹왕(祿旺)하다. 庚午運에 등과하였으나 寅午戌 살왕(殺旺)해져 병(病)과 형상(刑喪) 있었다. 다음 辛酉運으로 바뀌자 관성이 청(淸)하여 과거에 장원하고 부귀(富貴)하였다.

2) 辛金이 중춘(仲春) 卯月에 태어났다

실령(失令)하고 휴수(休囚)하는 때 일주(日柱) 辛金이 신약(身弱)하다. 먼저 庚金 비겁으로 도우면 卯財를 감당할 수 있게 되고 춘하추동 壬水로 설(洩)하면 금수쌍청(金水雙淸)되어 최상격(最上格) 아름답다. 이때 壬水가 암장하면 금수상관 수재(秀才)로 의록은 있다. 그러나 지지 일파(一派; 세 개 이상) 水多하고 종아(從兒)를 짓지 못하면 금수왕양(金水汪洋)이라 무능하여 만사불능이다.

이때는 자왕모쇠(子旺母衰)하므로 어머니 土로 用하여야 한다. 만약 토다(土多)하게 되면 金은 매몰되어 어리석고 빈한한 선비가 된다. 이때는 甲木으로 소토(疏土)하여야 한다. 그러나 乙木은 힘 부족해 간사한 이로 유명무실하다. 이처럼 오행(五行)은 중화(中和)를 기뻐한다. 그러므로 庚壬 희용신하면 대부대귀하고 그밖에 병(病)에 대한 약(藥)을 용신(用神)한다.

辛 辛 辛 辛

卯 卯 卯 卯

천간이 일기(一氣)로 되어 있어도 지지에 전부 극(剋)을 받고 있거나 반대로 천간이 극하는 것을 부재(不載)라 한다. 위 명주 종재(從財)하지 못하고 재다신약(財多身弱) 편고하여 빈천한 명이 된다. 일찍 부모를 잃고 丁亥運에 丁辛剋 亥卯未 지지합(地支合)으로 도박과 오입질로 파재하고 금목상전(金木相戰)되어 죽고 말았다.

3) 辛金이 모춘(暮春) 辰月에 태어났다

辰月은 戊土가 사령하는 때 인수가 왕(旺)하다. 모왕자쇠(母旺子衰)하므로 자식을 돌봐야 한다. 壬水로 용신하고 토왕(土旺)하므로 甲木으로 소토(疏土)하면 부귀하다. 이때 甲木이 없으면 어둡고 金이 매몰되므로 어리석고 가난한 선비에 불과하다. 壬水 대신 癸水는 의록만 있고 壬水가 투출하고 甲木이 암장하면 늠공(廩貢; 부·주·현의 늠생으로 선발되어 공생이 되는 것)의 귀(貴)는 있다. 甲木이 투출하고 壬水가 암장하면 이도(異途)의 귀(貴)로 발전하고 모두 없으면 토후매금(土厚埋金)이라 병(病)이 되므로 하천한 명이 된다.

여명(女命)은 인수가 중(重)하면 반드시 남편을 기만하고 극부(剋夫)한다. 만약 극(剋)하지 않으면 스스로 요절한다. 또한 인극식상(印剋食傷)이니 자식과 인연 없게 된다. 만약 자식 없는 명이 자식이 있게 되면 재난을 불러들이는 못난 자식이요 불효를 막지 못한다. 멸자 오행(五行)의 이치가 이와 같다.

戊　辛　戊　己
戌　亥　辰　丑

土가 태왕(太旺)하여 인수가 중(重)하다. 다행히 해중임갑(亥中壬甲)을 희용신한다. 위 명주 초년 목운(木運)으로 조상음덕 있었다. 그러나 乙丑運으로 바뀌자 乙辛 일간(日干)을 극하고 토다금매(土多金埋)의 명 토극수(土剋水) 용신을 충극하므로 요절(夭折)하고 말았다.

·사명대사 표충비(表忠碑)

경남 밀양시 무안면 무안리에 일명 '사명대사 비'라는 표충비각이 있다. 1783년 영조 때 높이 3.9미터, 폭 97센티미터, 두께 70센티미터의 이 비는 임진왜란 때 승병대장으로 나라에 큰 공을 세운 사명대사의 충정을 기리는 비다. 대사는 전란 후에도 사신으로 일본에 건너가 신출귀몰한 도술로 일본 왕을 혼내고 돌아왔다는 전설도 전해진다. 이러한 신령스러움으로 나라에 큰일이 있을 때마다 표충비는 땀을 흘려 변고(變故)를 미리 알려주는 것이다.

지금까지 알려진 것만 해도 1894년 동학혁명, 1910년 경술국치, 1919년 3·1운동, 1945년 8·15해방, 1950년 6·25동란, 1960년 4·19의거, 1961년 5·16군사혁명 등 60여 회에 걸쳐 국가 중대사를 전후하여 땀을 흘렸다고 한다. 표충사 사명대사(四明大師) 유물관에는 대사가 사용했던 청룡언월도와 활, 방패, 향로 등이 전시되어 있다.

4) 辛金이 삼하(三夏) 巳月에 태어났다

丙火가 권리를 잡은 때 火가 金을 핍박하므로 水가 없으면 金이 상한다. 辛金은 이미 제련된 金이기 때문에 火를 필요치 않는다. 그러므로 壬癸水로 용신 윤택하게 하고 지지 巳酉丑 금국(金局)으로 수원을 발하면 반생의 공(反生의 功)을 이루고 대부대귀하다. 만약 화왕(火旺)하면 종(從)을 지어도 길(吉)하지 않다. 巳中에는 庚金의 뿌리가 있기 때문이다. 종(從)을 짓지도 못하고 화왕(火旺)하게 되면 살중신경(殺重身輕) 병(病)이 되어 金이 녹게 되니 아름답지 못하고 가난하지 않으면 잔병으로 요절(夭折)하게 된다. 癸水만 있으면 부(富)는 있으나 귀(貴)는 작고 모두 없으면 무용(無用)한 자이다.

$$
\begin{array}{cccc}
庚 & 辛 & 癸 & 丙 \\
寅 & 巳 & 巳 & 戌
\end{array}
$$

地支 火가 태왕(太旺)하다. 癸水로 용하고 庚金으로 보좌한다. 위 명주 金運에 길(吉)하였으나 戊戌運에 용신을 무계로 합(戊癸合), 寅巳申 형살(刑殺)하고 살중(殺重)하여 비명횡사하고 말았다.

5) 辛金이 삼하(三夏) 午月에 태어났다

丁火가 권리를 잡은 때 실령(失令)하여 매우 유약하다. 일간(日干)이 쇠약하면 생(生)하여 도와야 하는 것이 자평의 법(子平의 法)이다. 인수 己土로 생하고 壬水로 용신하면 반생의 공을 이룰 수 있다. 辛金은 정수리에 흙 덮임을 싫어하는데 그 혼탁함을 이용하여 壬水로 수려함을 이루는 것이 반생의 공(反生의 功)이라 한다. 壬己 투출하고 癸水까지 암장하면 최상격(最上格)을 이룰 수 있으나 癸水만은 힘이 부족하다.

$$
\begin{array}{cccc}
戊 & 辛 & 丙 & 壬 \\
戌 & 酉 & 午 & 午
\end{array}
$$

노비(奴婢)의 명이다. 壬水가 투출했으나 丙火와 戊土가 방해 수화미제(水火未濟)되고 더구나 지지 寅午戌 회국 화국(火局)으로 살중신경(殺重身輕)하다. 고서에 "살중신경하면 가난하거나 요절한다." 하였다. 위 명주 노비의 명으로 편고하였다. 만약 수화기제(水火既濟)되었다면 인물 좋고 길(吉)하였을 것이다.

6) 辛金이 삼하(三夏) 未月에 태어났다

己土가 권리를 잡은 때 金이 빛을 잃을까 염려스럽다. 壬水로 용신하고 庚金으로 수원(水源)을 발하면 광휘가 나타나 대부대귀하다. 이때 申亥가 모두 암장하면 과갑은 아니라도 득지봉생(得地逢生)되어 은봉(恩封)은 있다. 만약 甲己合으로 화토(化土)되면 金이 매몰되어 빈천하게 된다. 이때는 약(藥) 庚金으로 甲을 헤쳐도 상격이 되지 못하고 하격(下格)이다. 모두 없으면 무용한 자이다.

$$戊 \quad 辛 \quad 己 \quad 戊$$
$$子 \quad 亥 \quad 未 \quad 子$$

일간 辛金이 조토(燥土)에 태어나고 토중(土重)하다. 다행히 亥中 甲木과 壬水로 용신하고 子水로 윤택하다. 위 명주 金水運으로 흐르고 水木運 때 과갑부귀하였다.

7) 辛金이 삼추(三秋) 申月에 태어났다

庚金이 권리를 잡은 때 스스로 자왕(自旺)하다. 벼슬길로 나아간다는 임관지(臨官地)로 마치 乙木이 甲木을 만나는 등라계갑(藤蘿繫甲)처럼 음간(陰干)이 양간(陽干)으로 바뀌어 음간(陰干)으로 논하지 않는다. 이때 壬水로 용하면 금수상관(金水傷官)을 이루고 자연 청(淸)하다. 고서에 "금수상관이 청(淸)하면 겸화(謙和)하여 사람이 공손하고 예의가 있으며 화목하고 절도 있어 학문이 깊고 재주가 탁월하다." 하였다. 그러나 탁(濁)하면 강맹(强猛)하여 오만방자 무례하고 약한 것을 기만하며 세(勢)와 이(利)를 따르는 자이다. 즉, 금수상관은 청렴(淸廉)하여 귀(貴)는 있으나 부(富)는 없다. 이때 水가 적은데 戊土가 방해하면 甲木으로 약용(藥用)하고 水가 많으면 戊土로 약용(藥用)한다. 약용 때는 방해하면 흉(凶)하다. 용신이 없으면 무용(無用)한 자이다.

$$己 \quad 辛 \quad 庚 \quad 戊$$
$$亥 \quad 卯 \quad 申 \quad 午$$

탐재파인(貪財破印)의 명.

지지 亥卯未 회국 재살(財殺)이 왕하므로 신약(身弱)하다. 庚金이 신약하면 인수 戊土를 용신한다. 癸亥運 때 용신을 戊癸로 기반(羈絆), 그만 죽고 말았다. 탐재파인은 무너질 탐재괴인(貪財壞印)이라고도 하는데 일주 신약하여 어머니 인수(印綬)를 용할 때 마치 어머니 말을 듣지 않고 여자에게 빠져 신세 망치는 것을 말한다.

8) 辛金이 삼추(三秋) 酉月에 태어났다

12운성론(運星論) 중 가장 기세 왕성한 제왕지(帝王地)로 왕극(旺極)하다. 壬水로 수기(秀氣)를 설(洩)하면 金水가 유통되어 상관생재(傷官生財) 자연 부귀격(富貴格)을 이룰 수 있다. 금수상관(金水傷官)이 청(清)하면 총명하여 학문이 깊고 문무(文武)에 길하다. 이때 丁壬 투출 기반(羈絆)되면 과어유정(過於有情) 지무원달(志無遠達)이라 합(合)을 탐하여 일생 큰 뜻이 없게 된다. 또한 토다(土多)하게 되면 매몰되어 광채가 나지 않게 되는바 己土는 니사(泥沙)로 壬水 용신을 혼탁하게 하고 함께 휩쓸려가 매몰되어 촌전(寸錢)도 없이 가난하게 되고 戊土는 용신의 흐름을 막아 나약하고 어리석어 처자식에게 가권을 빼앗기게 된다. 이때는 甲木 약용(藥用)한다. 그러나 甲木은 壬水 용신을 무력하게 하므로 웃음 속에 칼을 숨긴 자로 재물 있어도 인자하지 못하다. 모두 없으면 무용한 자이다.

戊 辛 辛 戊
子 酉 酉 辰

육음조양격(六陰朝陽格).

고전 격국 중 육음(六陰)이란 천간 乙丁己辛癸, 조양(朝陽)이란 지지 子時를 말한다. 육음(六陰) 중 辛金이 戊土 투출하여 戊癸로 합(合)하고 丙火를 이끌어 정관용신(正官用神)한다는 것이다. 이러한 이론은 영향요계격(影響搖繫格)으로 있지도 않은 합(合)을 논하는 것은 허망한 그림자요 메아리다. 위 명주 금수상관(金水傷官)이 청(淸)하여 부귀하였다.

9) 辛金이 삼추(三秋) 戌月에 태어났다

戊土가 사령하는 때 모왕자상(母旺子相)하다. 辰月은 습윤(濕潤)하고 戌月은 조항(燥亢)하니 金이 부스러져 약해질 염려가 있다. 먼저 壬水로 왕금(旺金)을 설(洩)하게 되면 세척되어 수려해져 청귀격(淸貴格)을 이룰 수 있다. 다음 토중(土重)하면 金이 매몰되어 광채가 나지 않는다. 그러므로 壬水로 용신하고 甲木으로 소토(疏土)하면 대부대귀하다. 이때 甲木 투출과 암장에 따라 격이 달라진다. 甲木만 투출하면 이도(異途)로 부귀하고 암장 때는 의록은 있다. 甲木 없으면 평범하고 모두 없으면 무용(無用)한 자이다.

己 辛 壬 戊
丑 未 戌 辰

사주 지지가 모두 辰戌丑未 사고(四庫)를 다 갖추었다고 좋은 것만 아니다. 토중(土重)하여 金이 매몰되고 壬 용신(用神)은 고전을 면치 못하고 있다. 위 명주 처(妻)를 극하고 자식도 두지 못했다.

10) 辛金이 삼동(三冬) 亥月에 태어났다

고서에 "辛金은 土가 많으면 흉하고 水가 많으면 길하다."고 하였다. 그러므로 춘하추동(春夏秋冬) 壬水를 용신하고 金水가 청(淸)하면 가장 청고한 명이 된다. 亥月의 辛金이 壬水를 용신하고 丙火가 金水를 따뜻하게 하면 금백수청(金白水淸)이라 한다. 금백수청의 명은 반드시 사람이 총명하고 학문이 뛰어나 과갑부귀한다. 이때 壬水 투출하고 丙火 암장하면 부(富)는 크나 귀(貴)는 작고 丙火 투출하고 壬水 암장하면 이도(異途)로 발전하고 모두 암장하면 수재(秀才)에 불과하다. 모두 없으면 무용(無用)한 자이다.

$$丙 \quad 辛 \quad 辛 \quad 壬$$
$$申 \quad 亥 \quad 亥 \quad 辰$$

금백수청(金白水淸)의 명.

위 명주 청나라 태종의 명이다. 丙壬 희용신 투출하고 금백수청하다. 1592년 임진 7년, 왜란을 지나 1637년 병자년 다음해 정축년 1월 30일 인조 임금은 남한산성에서 나와 청(淸) 태종 앞에 나아가 무릎을 꿇는다. 조선 역사상 가장 큰 패배의 이른바 병자호란(丙子胡亂) 삼전도(三田渡; 송파)의 삼궤구고두(三跪九叩頭)이다. 청나라와 화친해야 한다는 최명길과 명나라를 배신할 수 없다는 임경업 장군.

이때의 청나라는 칭기즈칸 이후 가장 번성하여 1대 누르하치(태조), 2대 황타이지(태종), 3대 순치제, 4대 강희제, 5대 옹징제, 6대 건륭제 때는 세계 최강의 나라였다. 조선 인조 임금 후 효종, 현종, 숙종, 경종, 영조(70세 넘도록 장수), 사도세자 후 정조 4년에 건륭제 고희를 기념한 연암 박지원(1737~1805)의 『열하일기』가 남아 있다. 연암은 청나라를 다녀온 기행문 외에도 『허생전』, 『양반전』을 남겼다. 당시 유명한 실학자로 정약용의 『목민심서』, 『택리지』의 이종환, 김정호의 「대동여지도」 등 천주교도 함께 등장한다. 달도 차면 기우나니 1776년 이후 역사적으로 유럽이 중국을 추월하기 시작한다.

11) 辛金이 중동(仲冬) 子月에 태어났다

매우 차갑다. 丙火로 조후 용신하고 壬水로 보좌하여야 한다. 이때 丙辛으로 합하게 되면 기반(羈絆)되어 용신을 쓸 수 없게 되니 흉하다. 만약 지지 申子辰 수국(水局)하고 방해하는 오행 없으면 변격(變格)으로 윤하격(潤下格)을 이룰 수 있다. 사주명이 왕한 세력에 종세(從勢)하게 되면 부귀가 비상하다. 이때 인겁 뿌리 있어 종(從)하지 못할 때는 戊戌土로 제방을 쌓고 丙火로 보좌하게 되면 대부대귀하다. 제방을 쌓지 못하게 되면 금수왕양(金水汪洋)이라 수다금침(水多金沈)되어 빈한한 선비에 빈고하게 된다.

辛 辛 丙 己
卯 卯 子 亥

도화(桃花)의 명.

연일 기준 삼합(三合) 다음 글자 子午卯酉를 12신살(神殺) 중 연살(年殺) 또는 도화(桃花)라 한다. 포태법에서는 목욕(沐浴) 또는 패지(敗地)라 하는데 사교(社交), 풍류(風流), 주색(酒色) 등으로 응용한다.

年: 넘어질 도삽도화(到揷桃花)라 노랑 또는 연상 여인과 인연에 선대주색이요

月: 월령도화(月令桃花)라 부모 대 풍류요 서출 또는 모가 재취

日: 연애결혼, 배우자 또는 본인 풍류로 색정 문제, 작첩동거

時: 편야도화(偏野桃花)라 연하와 인연, 말년 기생 작첩

일지기준 월령도화(月令桃花)는 원내도화(園內桃花)라 유부남, 유부녀와 통정으로 응용한다. 이밖에 육친(六親)으로도 응용하고, 천간합(天干合) 지지형(地支刑) 때를 곤랑도화(滾浪桃花)라 성병, 배신, 관재구설 등 여명은 매우 흉하다.

위 명주 丙辛辛 쟁합(爭合)하니 남편 있어도 없는 것과 같고 다자무자(多者無者)라 아들을 두지 못하고 빈고하였다. 곤랑도화(滾浪桃花)의 명이다. 일주(日柱) 대비 육친으로는 상관도화(傷官桃花)이니 부정포태, 명예손상, 자손 풍류 등으로 추명할 수 있다.

12) 辛金이 삼동(三冬) 丑月에 태어났다

子月과 같아 시급한 조후용신 丙火로 해동(解冬)하고 壬水로 세척하게 되면 수려하여 청아한 부귀를 이룰 수 있다. 이때 丙火만 있으면 부(富)만 크고 壬水만 있으면 고빈(孤貧)한 명이 된다. 만약 辛金 일주 申酉戌 방합(方合) 또는 巳酉丑 삼합국(三合局)에 방해하는 오행 없으면 종혁격(從革格)을 이룰 수 있다. 종(從) 때는 부귀가 비상하고 종(從)을 이루

지 못하고 태과불급(太過不及)하게 되면 성정이 시비(是非) 괴역(乖逆)한 자라 편고(偏孤)하여 끝내 손실이 있게 된다.

戊 辛 丁 己
子 丑 丑 丑

설야등광격(雪夜燈光格).

丑土는 얼어붙은 동토(凍土)로 만물을 배양할 수 없고 癸辛己의 고장지(庫藏地)로 火를 어둡게 하고 토극수(土剋水)는 못하나 토생금(土生金)은 잘하니 자양지금(滋養之金)이요 土이면서 水를 축장한 金水에 가깝다. 고전 격국 중 하나로 丙火 대신 丁火가 투출하고 신왕(身旺)하므로 자중임수(子中壬水)를 용신한다.

위 명주 설야등광격(雪夜燈光格)을 이루고 벼슬은 시랑(侍郎)에 올랐다. 시랑은 명·청 시대 상서 다음 벼슬로 정부 부장관이다.

· 노블레스 오블리주

우리나라 노블레스 오블리주(높은 신분에 상응하는 도덕적 의무) 하면 경주 최 부잣집을 손꼽는다. 부불삼대(富不三代), 부(富)란 3代를 잇기 힘들다는 옛말이 전해온다. 그럼에도 최 부자 가문은 1대 최진립(1568~1636)에서부터 최준(1884~1970)에 이르기까지 12대 300년을 이어온 뒤 재산을 영남대에 기부하였다. 아름다운 참 부자 가문이라 할 수 있을 것이다. 고종 21년에 태어난 최준은 젊어 노스님이 일러준 이야기를 깊이 새기고 있었다. 즉, 재물은 분뇨와 같아 한 곳에 모아두면 악취가 나나 골고루 사방에 흩으면 거름이 된다.

만약 재물을 모으기만 하고 좋은 곳에 쓰지 않으면 똥통에 들어앉아 있는 것과 같다. 이후 의친왕과 의병 신돌석 장군, 백산 안희제, 인촌 김성수를 정성껏 모시고 독립자금을 대고 모든 재산을 털어 초기 대구대학을 설립한다. 필자가 경주문화원장을 지냈던 후손 최용부 어른을 뵙고 집터를 방문 하였다. 7대 이후 집터는 경주 첨성대 앞뜰이

뒷마당으로, 어른께서 어릴 적 놀던 곳이다. 원래의 고택은 가까운 내남면에 중요민속자료

27호로 지정되었다.

가문의 6훈을 소개한다.

① 시집온 며느리는 3년간 무명옷을 입게 하라.

② 과객을 후하게 대접하라.

③ 사방 100리 안에 굶어 죽는 이가 없도록 하라.

④ 흉년 기에는 땅을 사지 마라.

⑤ 과거를 보되 진사 이상 벼슬을 하지 마라.

⑥ 재산은 만석 이상 지니지 말라.

악덕 기업가였던 미국의 록펠러는 나중에 시카고 대학을 설립하고 3-3-3법칙을 후손에게 남긴다. 즉, 1/3은 본인을 위해 쓰고 1/3은 저축하고 1/3은 남을 위해 봉사하라. 나머지 10%는 불확실한 미래를 위해 준비하라.

9. 임수(壬水)의 용법(用法)

적천수

임수통하(壬水通河) 능설금기(能洩金氣)

강중지덕(剛中之德) 주유불체(周流不滯)

통근투계(通根透癸) 충천분지(沖天奔地)

화즉유정(化則有情) 종즉상제(從則相濟)

양수(陽水)인 임수(壬水)는 그 기(氣)가 천하(天河)에 통하고 능히 숙살(肅殺)의 금기(金氣)를 설(洩)할 수 있다. 양수(陽水)로 강한 가운데 덕 있어 천하(天下)를 두루 흘러 막힘이 없다. 지지에 申子辰 뿌리 두고 천간에 癸水 투출하면 기세가 천기(天氣)를 충분(沖奔)케 할 것이다. 정임합(丁壬合)되면 합화목(合化木)으로 유정(有情)하고 만약 종(從)을 짓게 되면 상제(相濟)가 될 수 있다.

1) 壬水가 초춘(初春) 寅月에 태어났다

물은 높은 곳에서 낮은 곳으로 흘러 윤하(潤下)라 한다. 물은 유통되어야 아름답다. 그러나 목다(木多)하면 물이 죽고 화다(火多)하면 물이 고갈되고 토다(土多)하면 물이 막혀 흐르지 못하게 되며 금다(金多)하면 오히려 맑지 못하고 수다(水多)하면 홍수로 범람하게 된다. 그러므로 물이 순류(順流)하면 용납하는 성질이 있고 역류(逆流)하면 성출(聲出)하는 성질이 있다.

壬水가 寅月에 태어나 甲木이 사령하는 때 수원(水源)을 발하지 못하면 쇠약하다. 庚金을 용신하고 丙戊로 보좌한다. 金이 용신 때는 土가 아내요 金이 자식으로, 현명한 아내 얻고 자식은 효도하며 만사형통한다.

乙　壬　庚　丙
巳　午　寅　寅

일점 庚金은 절지(絶地)에 근접 丙火가 극(剋)하고 있다. 寅午戌 화국(火局)하고 丙火 투출 재(財)에 종(從)하여야 한다. 위 명주 종재격(從財格)으로 장원급제하고 벼슬은 시랑에 올랐다.

庚　壬　壬　壬
戌　戌　寅　午

寅午戌 화국(火局)에 庚壬 투출하여 종(從)을 짓지 못하고 재다신약(財多身弱)의 명이다. 위 명주 木火 흉운으로 40년을 고아, 데릴사위 명으로 떠돌았다. 金運에 이르자 천수지화(天水地火) 수화기제(水火旣濟)되어 재물이 일어나고 60에 처를 얻고 세 자식을 두었다.

2) 壬水가 중춘(仲春) 卯月에 태어났다

얼었던 대동강 물도 풀리고 겨울잠을 마친 동물들이 꿈틀대는 경칩(驚蟄)과 춘분(春分)의 때 壬水는 천하 막힘없이 흐른다. 수목상관(水木傷官)하므로 壬水가 쇠약하다. 辛金으로 수원(水源)을 발한 후 戊土로 제방하면 대부대귀 복(福)과 수(壽)가 완전하다. 이때 甲과 丁이 용신을 파하면 흉하다. 만약 壬水가 신왕(身旺)하고 목국(木局)을 이루면 庚金을 용신한다. 庚金은 상관 木을 제(制)하고 壬水를 생(生)하며 병에 약(藥)으로 과갑부귀하다. 암장 때도 이도공명(異途功名)한다. 용신할 庚金 없으면 유약한 선비요 무능하여 남에게 의지하여 살아가게 된다. 만약 수다(水多)한데 戊土로 제(制)하지 못하면 수범목부(水

泛木浮) 빈천 떠돌게 되고 죽어서도 들어갈 관 없다 하였다.

癸 壬 辛 丙
卯 子 卯 子

壬卯 상관이 子卯 무례지형(無禮之刑)을 만나고 壬子 양인(羊刃)이 형(刑)을 만나 오만 무례한 악인이라고 속단해서는 안 된다.

위 명주 병신합화수(丙辛合化水)로 신왕(身旺)하고 상관이 수생목(水生木) 수기유행(秀氣流行)한다. 고서에 "양인(羊刃)이 왕(旺)하면 충절로 위풍을 떨치고 상관이 청(淸)하면 겸화하여 사람이 공손하고 학문이 깊다." 하였다. 甲午運에 장원급제하고 乙未運에 벼슬은 군수에 이르렀다. 사주 형과 충은 마땅한 것이 있고 그렇지 않은 경우도 있다. 오행(五行)은 생극(生剋)으로 논(論)해야지 형충파해, 신살(神殺)을 우선 기준해서는 안 된다. 독자 제위는 꼭 기억하길 바란다.

3) 壬水가 삼춘(三春) 辰月에 태어났다

辰은 꿈과 이상이 대단한 용(龍)으로, 남자는 대권을 여자는 풍파 많다는 괴강(魁罡)이다. 水의 고장지 戊土가 사령하는 때 칠살(七殺)을 대적할 수 없으면 水가 막혀 충분하게 되므로 살중신경(殺重身輕) 가난하지 않으면 당뇨병으로 요절하게 된다. 水의 성질은 본디 부드러우나 충분하는 성질 있어 강급함이 오행(五行) 중 제일이다. 다행히 요절을 면한다 해도 辰戌은 천라지망(天羅地網)이라 평생 화액이 많다. 그러므로 甲木 두 개로 소토(疏土)하고 물이 고갈되는 때이니 庚金으로 수원(水源)을 발하면 대부 대귀한다. 이때는 庚甲이 서로 떨어져 방해하지 않아야 유용하다. 甲木 없으면 壬水가 혼탁하여 성격이 난폭하고 庚金 없으면 고갈되어 정체되므로 고집 태강하게 된다. 甲木이 암장하면 부(富)에 불과하고 庚金이 암장하면 평범하다. 모두 없으면 무용한 자이다.

壬 壬 戊 甲
寅 辰 辰 寅

辰月에 戊土가 투출 살왕(殺旺)하다. 살왕(殺旺)하면 인수로 설(洩)하든지 식상으로 제(制)하여야 한다. 위 명주 甲木 투출하여 식신제살격(食神制殺格)이다. 호운(好運)에 벼슬은 황당에 이르렀다.

4) 壬水가 삼하(三夏) 巳月에 태어났다

丙火가 권리를 잡은 때 화왕수쇠(火旺水衰)하여 水가 영을 잃고 건조하고 메말라 잔병, 요절하게 된다. 그러므로 壬癸水 비겁으로 건조함을 풀고 庚金으로 수원(水源)을 발하면 흐름이 끊어지지 않는다. 사화위용(蛇化爲龍)이라, 金水로 희용신하면 총명하여 뱀이 용으로 발전 대귀하게 된다. 辛金은 병신합(丙辛合)을 꺼린다. 변격(變格)으로 화왕(火旺)하여 기명종재격(棄命從財格)을 이루게 되면 현명한 아내로 인해 부(富)를 이루고 인겁 뿌리 있어 종(從)을 이루지 못하면 재다신약(財多身弱)되어 부옥빈인(富屋貧人) 부잣집의 한가한 이가 된다.

壬　壬　癸　丙
寅　辰　巳　辰

壬水 비겁은 병지(病地)에 있고 수원(水源) 없는 癸水는 丙火에 메마르다. 위 명주 토목교봉(土木交鋒)되어 고빈(孤貧)하였다. 토목교봉이란 寅巳申 선합후형(先合後刑) 때 어려 잔병이요, 성인 때 암병(癌病)으로 고빈하게 됨을 말한다.

5) 壬水가 삼하(三夏) 午月에 태어났다

午月은 몸체(體)는 양(陽)이나 용(用)은 음(陰)으로 丁火가 사령하는 때이다. 그러므로 巳月에는 壬水를 용신하나 午月에는 癸水를 용신한다. 癸水는 왕한 정재(丁財)를 비겁(比劫)으로 다스리고 정임합(丁壬合)됨을 막을 수 있다. 다음 인수(印綬) 庚金으로 수원(水源)을 발하면 재략과 권위 있고 대부대귀한다. 癸水 없으면 평범하다. 만약 지지 寅午戌 화국(火局)하고 종(從)을 짓지 못하면 재다신약(財多身弱) 부옥빈인(富屋貧人)의 명이 된다.

庚 壬 戊 癸
戌 寅 午 丑

· 합화(合化)의 명

지지 寅午戌 화국(火局)하고 토극수(土剋水) 당한 癸水는 쇠궁(衰宮)에 앉아 戊癸로 합화화(合化火)되었다. 그러나 庚金 투출하여 종(從)을 짓지 못하고 火에 극(剋)당하여 재다신약(財多身弱)하다. 위 명주 乙卯運에 목생화(木生火) 용신을 화극금(火剋金) 한다. 金은 인체로는 폐·대장이므로 기침병으로 죽고 말았다.

己 壬 戊 癸
酉 午 午 亥

· 합이불화(合而不化)의 명

사주 합해도 화(化)하는 경우가 있고 화(化)하지 않은 경우가 있다. 투출한 癸水는 지지 왕한 임관지(臨官地)의 생을 받고 있다. 만약 약한 癸水가 되어 무계합화화(戊癸合化火)되었다면 酉와 亥의 뿌리 있어 재다신약(財多身弱) 기반(羈絆)되고 무정(無情)하였을 것이다. 위 명주 대기만성(大器晩成) 명이다. 강태공(姜太公)처럼 때를 알고 분수를 알아 인내하고 근신하면 용신 水運에 알에서 깨어난 봉황새요 물속의 잠복된 잠용(潛龍)이 승천하듯 경사가 따를 것이다.

6) 壬水가 삼복(三伏) 未月에 태어났다

未月은 土는 土이나 조토(燥土)이니 火에 가까워 불용가색(不用稼穡)이라 한다. 己土가 권리를 잡은 때 토왕(土旺)하게 되면 壬水가 약해져 겁이 많다. 대서 전에는 午月과 같아 癸庚을 용하고 대서 후에는 金水가 진기하는 때이다. 먼저 甲木으로 소토(疏土)하여야 한다. 壬水가 청(淸)하면 지혜로우나 소토하지 못하면 己土는 니사(泥沙)로 壬水가 탁해진다. 만약 지지 일파 토국(土局) 때 소토하지 못하면 간사한 이로 웃음 뒤에 칼을 숨긴 자이다. 다음 辛金으로 수원(水源)을 발하면 약해진 壬水를 보좌할 수 있다. 그러므로 甲辛을 희용신하면 과갑부귀하고 甲木 투출하고 辛金이 암장하면 이도공명(異途功名) 한다.

辛金 투출하고 甲木 암장하면 의금은 있다. 모두 없으면 무용한 자이다. 그러나 토조(土燥)한 때 운(運)은 金水운으로 흘러야 한다.

甲 壬 乙 丙
辰 辰 未 辰

・아능생모(兒能生母)의 명

　다행히 일주 지지 辰土에 뿌리 두고 있다. 未土가 辰土를 만나면 조습(燥濕)이 균형되어 가색(稼穡)의 공(功)을 이룰 수 있다. 또한 투출한 甲乙木은 辰土에 뿌리를 내리고 土를 다스릴 수 있어 아능생모라 한다. 아능생모(兒能生母)란 식신제살격(食神制殺格)으로 아이가 어머니를 살린다는 뜻이다. 아쉬운 것은 丙火가 木용신(用神)을 설(洩)하고 조토를 생(生)한다. 위 명주 상격은 되지 못하고 식신생재(食神生財)하니 재물은 백여만에 돈으로 벼슬을 사 지방 안찰사에 이르렀다.

7) 壬水가 삼추(三秋) 申月에 태어났다

　申은 천기(天氣)가 통하는 관문이며 천하(天河)의 입구요 壬水의 어머니 장생지(長生地)이다. 모왕자상(母旺子相)하니 의지할 곳 있어 약변왕(弱變旺)을 이룬다. 신왕(身旺)하면 재관(財官)을 용신(用神)할 수 있다. 먼저 戊土로 제방하고 丁火로 庚金을 제(制)하면 재자약살(財滋弱殺) 가살화권(假殺化權)이라 과감하고 권위 있어 부귀한다. 丁火로 보좌할 때는 癸水가 투출하면 흉하므로 서로 떨어져 정임합(丁壬合)되지 않아야 한다. 합(合)되면 좋은 말이 묶인 것처럼 기반(羈絆)되어 달릴 수 없으니 큰 뜻이 없게 된다. 만약 壬水가 亥子丑 방합(方合) 또는 申子辰 삼합(三合)에 방해하는 土 없으면 윤하격(潤下格)을 이룰 수 있다. 윤하격(潤下格)을 이루지 못하면 반드시 이향배정(離鄕背井) 먹던 우물을 떠나게 된다.

甲 壬 庚 癸
辰 申 申 亥

　백두대간의 중심 태백(太白)에는 한강과 낙동강의 발원지(發源地)가 있다. 우리나라에서 제일 높은 추전역을 바라다보는 대덕산(1307m) 검룡소(儉龍沼)는 한강의 시원지요 눈꽃 축제가 벌어지는 태백시 중앙 황지(黃池)는 1천 300리 낙동강의 발원지다.

위 명주 백천(百川)의 근원에 태어난 壬水가 두루 흘러 막힘이 없다. 투출한 甲木은 辰土에 통근하여 지혜와 인예(仁禮)까지 겸비한다. 식신생재격(食神生財格)을 이루고 火木 희용신 운(運)으로 부귀(富貴)하였다.

丙 壬 庚 癸
午 子 申 亥

전주와 비교, 壬子 일주(日柱)에 시주(時柱)만 다르다. 水의 성질은 본래 부드러워 金氣로 향하면 고갈됨이 없이 유통하고 水氣로 향하면 왕하고 木氣로 향하면 지혜로움이 인(仁)으로 향하고 火氣로 향하면 병들며 土氣로 향하면 격동된다. 이 중 가장 순조롭지 않음이 남방 火이다. 水가 火氣를 만나게 되면 본성을 거슬러 강급하게 된다.

위 명주 시주(時柱) 丙午가 일주 壬子를 충극(沖剋)하여 강급하고 무례하였다. 화운(火運)에 첩(妾)을 욕심내다 가업을 파하고 죽었다.

8) 壬水가 중추(仲秋) 酉月에 태어났다

12지지 중 가장 깨끗하고 아름다워 금백수청(金白水淸)이라 한다. 8월지기 辛金이 권리 잡은 때 패지(敗地)로 왕하지도 약하지도 않다. 금백수청을 戊己土로 막게 되면 물이 막혀 흐르지 못하게 되고 혼탁해져 병이 되고 흉하여 재화(災禍)가 발생하게 된다. 그러므로 甲木으로 용신하면 수기유행(秀氣流行) 스스로 청(淸)하여 자연 귀(貴)가 따른다. 甲木이 암장 때도 재능 많아 의금(衣衿)을 잃지 않는다. 甲木을 용하면 水가 처요 木이 자식이다. 이때 庚金이 갑용(甲用)을 파하면 평범하다. 만약 수다(水多)하면 이때는 병(病)에 대한 약(藥)으로 戊土를 용신한다. 수다한데 土로 제하지 못하면 사람은 깨끗하나 가난을 면치 못한다.

$$
\begin{array}{cccc}
甲 & 壬 & 癸 & 己 \\
辰 & 辰 & 酉 & 巳
\end{array}
$$

위 명주 여명으로 금백수청(金白水淸)하다. 더구나 기쁜 태월궁(兌月宮)에 젊고 아름답다. 巳酉丑 인수(印綬)로 회국하여 시(詩)와 서(書)에도 능했다. 辰土에 뿌리 한 식신 甲木을 용 한다. 귀한 부군(夫君)에 자식 또한 벼슬이 이품(二品)에 이르렀다.

9) 壬水가 만추(晩秋) 戌月에 태어났다

戊土가 권리 잡아 토왕(土旺)하다. 먼저 甲木으로 소토(疏土)하면 식신제살격(食神制殺格)을 이룰 수 있다. 다음 추월(秋月) 金水가 진기하는 때 丙火로 따뜻하게 하면 과갑부귀하다. 丙火 대신 丁火는 소부(小富)하고 甲木을 용할 때는 己土로 합하여 기반(羈絆)되거나 庚金이 용신을 파해서는 안 된다. 그러므로 甲丙을 희용신하고 모두 없으면 무용한 자이다.

$$
\begin{array}{cccc}
壬 & 壬 & 壬 & 癸 \\
寅 & 午 & 戌 & 巳
\end{array}
$$

교구와 교전
교구(交媾)란 천간이 모두 水이고 지지 모두 火일 때를 말한다.
교전(交戰)이란 천간이 모두 火이고 지지 모두 水일 때를 말한다.

역(易)의 이론으로 볼 때 감수(坎水) 천기는 아래로 흐르고 이화(離火)는 위로 올라 水火가 서로 이상적일 때를 수화기제(水火旣濟)라 한다. 수화기제는 모든 것이 이루어졌으니 마치 남녀가 서로 정(情)을 통하듯 만물이 생하고 수지(水智)와 화례(火禮)되어 부귀하다.
위 명주 辛酉 庚申運에 수화기제(水火旣濟) 되어 부귀(富貴)하였다. 만약 火水가 서로 교전(交戰)하였다면 화수미제(火水未濟)되어 물과 불이 서로 사귀지 못하듯 골육이 다투고 관재구설 우환으로 고통스런 명이 되었을 것이다. 이처럼 중간 역할의 용신은 강약(强弱)과 청탁(淸濁)에 따라 명의 귀천(貴賤)이 달라지는 것이다.

10) 壬水가 삼동(三冬) 亥月에 태어났다

건록지(建祿地) 亥月에 태어나 壬水가 임관(臨官)하므로 넘치는 水를 막기 위해 戊土로 제방하여야 한다. 다음 입동(立冬)과 눈이 내리기 시작한다는 소설(小雪)의 때 조후(調候) 丙火로 보좌하면 재자약살격(財滋弱殺格)을 이루고 부귀수복(富貴壽福)한다. 이때 해중 갑목(亥中甲木)이 투출하게 되면 용신을 제(制)하므로 庚金이 없으면 곤궁하게 된다. 만약 戊土만 있으면 의록은 있으나 동수(冬水)가 뜻을 이루기 어렵고 丙火만 있으면 재(財)가 왕(旺)해도 재물을 모으지 못하고 평범하다. 그러므로 丙戊 둘 중 하나라도 없으면 안 된다.

庚　壬　癸　癸
子　子　亥　亥

戊 己 庚 辛 壬
午 未 申 酉 戌

· 윤하격(潤下格)

水 일주(日柱) 亥子丑 방합(方合) 또는 申子辰 삼합(三合)에 방해하는 土 없으면 윤하격을 이룬다. 한 가지 기세로 왕한 전왕격(專旺格)은 그대로 세력에 따라 금수운(金水運)으로 흐르면 대부대귀(大富大貴)하고 목화운(木火運)으로 뜻을 거스르게 되면 빈천(貧賤)하게 된다.

위 명주 초년 壬戌운에 형상(刑喪)을 겪었다. 辛酉 庚申운 때 호운(好運)을 만나 뜻을 펼쳤으나 다시 己未운으로 바뀌자 가업을 파하고 戊午운에 군겁쟁재(群劫爭財)되어 가난함을 견디지 못하고 죽었다. 이처럼 전생의 인연으로 선천적 타고난 명도 중요하나 생을 살면서 만나는 후천적 길운(吉運)과 흉운(凶運)은 더욱 중요하다.

11) 壬水가 삼동(三冬) 子月에 태어났다

子는 12지지의 시작이요 壬水의 양인(羊刃)이 권리 잡고 12운성(運星) 중 가장 왕성한 제왕지(帝王地)이다. 亥月과 같아 水가 많으면 戊土로 제방하고 기후 차가운 때 조후 丙火로 보좌하면 재능과 덕 있어 과감부귀하다. 戊土만 있으면 명리가 불완전하여 평범하고 丙火만 있으면 계획은 많으나 성과가 없다. 그러므로 丙戊 중 하나라도 없으면 안 된다.

$$
\begin{array}{cccc}
戊 & 壬 & 丙 & 己 \\
申 & 辰 & 子 & 丑
\end{array}
$$

$$
\begin{array}{ccccc}
辛 & 壬 & 癸 & 甲 & 乙 \\
未 & 申 & 酉 & 戌 & 亥
\end{array}
$$

甲卯, 丙午, 戊午未, 庚酉, 壬子를 양인(羊刃)이라 한다. 인(刃)이란 병기를 뜻하므로 편관을 양인용살(羊刃用殺)하면 장수가 보검을 든 것처럼 전쟁 때 임전무퇴요 용맹하여 생살지권을 가지고 병권을 장악 위풍을 떨치게 된다. 그러나 흉(凶) 때는 눈 크고 구레나룻에 부모 무덕 장남, 장녀요 질악태엄(疾惡太嚴)한 자이니 극부극처(剋夫剋妻)하고 격에 따라 군경, 의사, 형무관, 화장터 근무, 무녀(巫女), 백정, 고용인 등에 종사하고 형충합(刑沖合) 때 선종하지 못한다.

위 명주 고서에서는 "癸酉 壬申運에 무장으로 벼슬이 극품에 이르고 辛未運에 불록(不祿)했다." 하였다. 필자는 몇 날을 고민하였다. 水의 성질은 본래 부드러우나 火의 충을 만나거나 土가 격동하게 되면 본성을 거스르게 되므로 축미충(丑未沖) 불록(不祿)으로 이해한다. 이처럼 음양오행(陰陽五行)은 오묘하여 다 알 수 없으니 자세히 살펴야 하고 이후 독자 제위의 많은 지도편달을 바란다.

12) 壬水가 12월 丑月에 태어났다

丑은 癸辛己 지장간(地藏干), 즉 癸水가 9일 3시간, 辛金이 3일 1시간, 己土가 18일 6시간 사령한다. 매우 추워 얼어붙은 동토(冬土) 金의 고장지이므로 금한수냉(金寒水冷)이라 한다. 그러므로 상반 월에는 癸辛이 권리 잡아 조후 丙火로 해동(解冬)해야 하고 하반 월에는 己土가 권리 잡은 때 조후 丙火를 용하고 甲木으로 소토(疏土)하게 되면 탁수를 막고 과갑부귀하다. 丙火를 용할 때는 癸水가 방해하거나 병신합(丙辛合)으로 기반(羈絆) 또는 壬水를 상하면 흉하다. 만약 丙火가 암장하면 火運을 기다려 무역업으로 성공할 수 있으나 丙火 없으면 빈천 고독하다.

壬 壬 己 庚　　辛 壬 己 乙　　辛 壬 己 庚
寅 辰 丑 午　　亥 午 丑 未　　亥 寅 丑 子

庚午年생은 인수 庚金이 투출하여 수재(秀才)였다.
乙未年생은 오중정화에 을목 투출하여 생원(生員)이었다.
庚子年생은 신왕하고 인중병화를 용신 호운 때 발갑(發甲)하였다.

10. 계수(癸水)의 용법(用法)

적천수
계수지약(癸水至弱) 달우천진(達于天津)
득용이운(得龍而運) 공화사신(功化斯神)
불수화토(不愁火土) 불논경신(不論庚辛)
합무견화(合戊見火) 화상사진(化象斯眞)

순음(純陰)의 癸水는 지극히 유약(柔弱)하나 천진(天津)에 까지 다다를 수 있고 진용운(辰龍運)을 만나면 구름과 비 되어 만물을 윤택하게 할 수 있으므로 그 공덕(功德)과 조화(造化)가 신(神)과 같다. 무릇 화토(火土)가 왕성해도 종(從)할 수 있으므로 근심하지 않고 庚辛金이 많으면 생(生)에 의지할 수 있으므로 논할 필요가 없다. 戊癸로 합하여 화화(化火)하는데 또 火를 보게 되면 진정하고 참된 화상(火象)이 된다.

1) 癸水가 초춘(初春) 寅月에 태어났다

癸水는 10천간의 끝이요 종(終)은 새로운 시작을 의미하기도 한다. 하늘로는 이슬비 우로(雨露)요 땅으로는 천수(川水) 생수(生水)이다. 만물의 근원인 水는 천진(天津)에까지 도달할 수 있고 지극히 유약(柔弱)하여 담는 기물에 따라 형태가 달라지므로 가장 종(從)을 잘한다.

癸水가 초춘 寅月에 태어나 병지(病地)로 휴수(休囚)하는 때 메마르다. 먼저 신금(辛金)으로 음생음(陰生陰) 수원(水源)을 발하면 흐름이 끊어지지 않고 유약하지 않아 용도가 있게 된다. 다음 추운 때 한기 남아 봄 아닌 봄이므로 조후 丙火로 따뜻하게 하면 과감하고 부귀가 비상하다. 그러나 이때는 丙辛이 서로 떨어져 합(合)되지 않아야 유용하다. 辛金이 투출하고 丙火가 암장하면 은봉(恩封)은 있고 丙火가 투출하고 辛金이 암장하면 생원(生員)이요 모두 암장하면 부(富) 한가운데 귀(貴)를 얻을 수 있다. 만약 희용신 없으면 무용(無用)한 자 빈천(貧賤)하게 된다.

丙 癸 壬 丁
辰 卯 寅 卯

· 종아격(從兒格)

지지 寅卯辰 동방 목국(木局)을 이루고 정임합목(丁壬合木) 종아격을 이루었다. 종(從)이란 일주(日柱)가 인수 비겁 의지할 데 없어 왕자(旺者)에 따르는 것으로, 특히 음일주(陰日柱) 종(從)을 잘한다. 더구나 물은 담는 기물에 따라 형태를 달리하므로 식상(食傷) 자손에 종하게 되면 종격을 이룰 수 있고 종격 사주에 좋은 명이 많다. 마치 본인은 보잘 것 없이 평범하나 자손이 집안을 일으켜 함께 영화를 누릴 수 있는 것과 같다. 만약 종격이 형충(刑沖)되면 파격되어 평범하고 인겁관운 때 패망하게 된다. 위 명주 과갑(科甲)에 한림원에 오르고 벼슬은 봉강에 이르렀다. 丙申運에 寅申沖 격(格)을 파(破)하니 불록(不祿)하였다.

2) 癸水가 중춘(仲春) 卯月에 태어났다

약한 癸水가 설(洩)되어 더욱 약하다. 여명은 본디 부드러워 약해도 흉하지 않으나 남명은 재앙 많아 빈천하게 된다. 그러므로 庚金으로 수원을 발하고 辛金으로 卯中乙木을 제하면 癸水가 약변왕(弱變旺)되어 과갑부귀하다. 이때는 卯月 중춘지기(仲春之氣) 무형으로 양기(陽氣)가 펼쳐지는 때이므로 丙丁火가 없어도 귀격을 이룰 수 있다. 만약 丁火가 용신을 파하거나 乙木이 투출 을경상합(乙庚相合)되면 기반(羈絆)되어 큰 뜻이 없게 된다. 庚金이 투출하고 辛金이 암장하면 이도공명(異途功名) 하고 辛金이 투출했는데 庚金이 암장하면 생원(生員)이요 모두 암장하면 인수(印綬)가 암장(暗藏) 재능 있어 도필(刀筆)로 명성을 얻는다. 모두 없으면 빈천(貧賤)을 면할 수 없다.

$$戊 \quad 癸 \quad 辛 \quad 丙$$
$$午 \quad 酉 \quad 卯 \quad 寅$$

$$丁 \quad 戊 \quad 己 \quad 庚$$
$$亥 \quad 子 \quad 丑 \quad 寅$$

　지지 寅卯辰 동방 목국(木局)에 午火에 뿌리 둔 무계합화화(戊癸合化火) 되어 木火가 왕(旺)하다. 심하게 극설(剋洩)된 일주 신약(身弱)하다. 투출한 辛金은 기반되어 쓸 수 없고 일지(日支) 酉金을 용신한다.

　위 명주 여명으로 신약 상관에 丙辛이 투출, 용모가 아름답고 총명하다. 己丑運에 두 아들을 두었고 戊子運에 午火 흉신을 물리치니 남편이 등과 발갑하였다. 그러나 丁亥運으로 바뀌자 일간을 극(剋)하고 亥卯未 木生火 용신을 극하여 젊은 나이에 죽고 말았다. 역시 천합지충(天合地沖)과 묘유충(卯酉沖)은 결과가 흉(凶)한 것을 알 수 있다.

3) 癸水가 모춘(暮春) 辰月에 태어났다

　진(辰)은 꿈과 이상이 대단한 용(龍)이요 여기, 중기, 본기 乙癸戊가 9, 3, 18일 용사한다. 그러므로 절기가 진퇴(進退)하는 사고(四庫) 辰戌丑未月은 상반월과 하반월로 나누어 진퇴를 살펴야 한다. 청명(淸明) 상반월은 丙火를 용신하고 곡우(穀雨) 하반월은 丙火를 용신한다. 화기(火氣)가 진기하는 때 辛金으로 수원(水源)을 발하게 되면 재관이덕(財官二德)을 갖추고 부귀하다. 물론 丙辛이 서로 떨어져 합됨이 없어야 한다. 만약 戊土가 투출 토왕(土旺)하면 이때는 병(病)에 대한 약(藥)으로 甲木을 용신한다. 甲木 식상제살격(食傷制殺格)을 이루면 부귀하나 갑약(甲藥) 없으면 고빈(苦貧)하게 된다.

$$甲 \quad 癸 \quad 壬 \quad 丙$$
$$寅 \quad 巳 \quad 辰 \quad 寅$$

$$己 \quad 戊 \quad 丁 \quad 丙 \quad 乙 \quad 甲 \quad 癸$$
$$亥 \quad 戌 \quad 酉 \quad 申 \quad 未 \quad 午 \quad 巳$$

　두 사람의 운명(運命)이다.

① 상반월명은 辰中癸水에 壬水 투출 암왕(暗旺)하다. 일지 巳中丙火를 용신한다. 초년 巳午未運에 화생토(火生土) 관(官)을 생하고 乙未運에 출사하였다. 申酉運에 상관 甲木을 제거하므로 관운(官運)이 평안하였고 戊戌運에 해군총독(總督)이 되었다. 己亥運에 용신을 巳亥冲 불록(不祿)하였다.

② 하반월명은 토왕(土旺)하므로 신약(身弱)하다. 운은 있어 형극(刑剋)은 면하였으나 신약하므로 재관(財官)을 다스릴 수 없다. 어부로 생을 마쳤다.

· 작은 것과 큰 것의 차이

중국 전국시대(戰國時代) 걸출한 사상가인 장자(莊子) 『내편(內篇)』에 성왕(聖王)으로 칭송되는 은(殷)나라 탕(湯) 임금이 극(棘)에게 들었다는 이야기다.

북쪽 끝 바다[天池]에 물고기가 살고 있는데 이름을 곤(鯤)이라 한다. 곤의 크기와 길이가 몇 천리나 되는지 아는 이가 없다. 또한 곤이 새로 변하여 그 이름을 붕(鵬)이라 한다. 붕새의 등은 태산과 같고 날개는 삼천리나 되는데 한번 날아오르면 구만리를 솟아오른다. 이에 반해 작은 뱁새는 2~3인(仞)의 크기로 쑥 사이를 날아다닌다. 대저 물이 깊지 못하면 큰 배를 띄울 수 없듯이 얕은 지혜는 깊은 지혜를 헤아릴 수 없고 명(命)이 짧은 것은 명이 긴 것을 알 수 없다. 마치 여름에 나왔다 가을이면 죽는 매미가 어찌 일 년을 알 수 있을까?

이것이 작은 것과 큰 것의 차이다.

4) 癸水가 삼하(三夏) 巳月에 태어났다

火土가 권리 잡은 때 유약한 癸水는 증발되어 살아남기 힘들다. 먼저 어머니 辛金을 용하면 음생음(陰生陰) 수화기제(水火旣濟)되어 사화위용(蛇化爲龍) 뱀이 용으로 변할 수 있고 다음 庚金으로 생(生)하면 대부대귀하다. 辛金이 암장해도 공감(貢監)이나 의금(衣衿)은 잃지 않으나 庚金은 자연적이지 않아 부(富)한 가운데 귀(貴)를 얻는 이도공명(異途功名)이다. 그러나 용할 게 없고 암장이든 투출이든 丁火가 일주와 희용신을 핍박하면 癸水는 눈이요 水는 신장(腎臟)으로 메말라 시력 이상에 정기(精氣)가 손상된다. 또한 丁火는 처(妻)와 재물이므로 형(刑)을 면할 수 없고 빈고(貧苦)한 명이 된다.

$$
\begin{array}{cccc}
辛 & 癸 & 辛 & 庚 \\
酉 & 酉 & 巳 & 子
\end{array}
$$

$$
\begin{array}{cccccc}
丁 & 丙 & 乙 & 甲 & 癸 & 壬 \\
亥 & 戌 & 酉 & 申 & 未 & 午
\end{array}
$$

명나라 3대 영락제(永樂帝)의 명이다.

마르코 폴로가 쓴 『동방견문록』에서, 칭기즈칸이 세운 몽고(원나라)는 쿠빌라이 칸이 죽고 유목민이었던 정복자들은 중국 전통을 무시하고 피지배자인 백성을 사유물로 취급함으로써 큰 혼란에 빠지게 된다. 이때 가난한 집안 출신이었던 주원장은 승려에서 반란에 가담하여 명나라를 창시하게 된다. 태조 홍무제(주원장)의 넷째 아들인 영락제는 용의 비늘을 건드린 신하 방효유를 9족(父 4대, 母 3대, 妻 2대)과 친구와 문하생까지 10족을 멸하고 1402년 丙戌運에 황제에 오른다.

위 명주 庚辛金이 나란히 투출하고 子中壬水에 약변왕(弱變旺)되어 월지 巳中丙戌를 용신한다. 기격(奇格)으로 겁인화진격(劫印化晉格)이라고도 한다. 겁인(劫印)은 庚壬을 말하고 진(晉)은 괘명으로 이상곤하(離上坤下)하는 화지진(火地晉)에서 따온 말이다. 화지진이란 마치 땅 위에 태양이 솟아올라 번영과 도약으로 나아간다는 뜻으로 욱일승천(旭日昇天)하고 명진사해(名振四海)하므로 황제가 되었다. 용맹하고 과감하여 다섯 차례나 도망친 몽고군을 원정하고 정화함대를 꾸려 아프리카 희망봉까지 이르렀다. 수도를 남경에서 북경으로 옮기고 중국 문화에 손꼽히는 『영락대전(永樂大典)』을 편찬하였다. 巳亥沖까지 살았다.

5) 癸水가 삼하(三夏) 午月에 태어났다

丁火가 권리 잡아 火土가 당왕하다. 일주 매우 약하고 근원 없어 庚辛金으로 자양해도 두려운 丁火를 대적하기 힘들다. 이때는 水로 火를 제(制)하고 金을 보호해야 한다. 인수 비겁을 함께 취한다는 뜻이다. 金水가 상호(相互) 구하고 보호하면 명문가문(名文家門)을 이루고 왕을 보필하게 된다. 또한 일주 신왕(身旺)하면 재(財)를 감당할 수 있으므로 자연 부(富)가 따르고 거부(巨富)의 명이 된다. 만약 희용신 없으면 癸水가 메마르게 되므로 잔병에 빈천(貧賤) 흉 때 요절(夭折)하게 된다.

戊 癸 戊 戊
午 酉 午 子

음란(淫亂)한 여명이다.

여명은 관성(官星)의 성쇠를 살펴 부(夫)의 귀천을 알 수 있고 음사와 질투는 형충회합을 살펴야 한다. 만약 관성이 분명하면 남편이 귀(貴)하고 길(吉)하나 상관이 중(重)하면 반드시 극부(剋夫)하고 일주 왕한데 관(官)이 약하면 남편을 공경하지 않게 되고 인수가 중(重)하면 남편을 속이는 기만(欺瞞)과 극부(剋夫)하게 된다. 위 명주 천간 戊土가 세 개나 투출 戊癸로 쟁합(爭合)한다. 연간의 정부(正夫)는 재의 세력이 없고 子午沖 일찍 병들어 죽고 말았다. 그 후 합(合) 많은 명(命) 가는 곳마다 마음에 들지 않은 이 없었다.

6) 癸水가 삼복(三伏) 未月에 태어났다

삼복의 때 土는 土이나 조토(燥土)로 화염(火炎)하다. 어찌 만물을 자생하고 가색의 공(功)을 이룰 수 있나 불용가색(不用稼穡)이다. 상반월은 午月과 같아 약하고 근원 없는 일주 癸水가 메마르다. 인겁 金水로 용하면 군왕(君王)과 짝을 이룰 수 있고 하반월은 金水가 진기(進氣)하는 때 비겁이 없어도 흉하지 않다. 庚辛金을 용신하면 부귀하다. 이때 丁火가 투출하여 용신을 파하면 흉하다. 희용신 없으면 무용한 자이다.

庚 癸 癸 乙
申 未 未 酉

상반월의 명이다. 金水가 상생(相生)하므로 승상(丞相)이었다.

丁 癸 乙 丙
巳 卯 未 子

하반월의 명이다. 연지 子水 있어 조상의 덕 있었다. 乙木 투출하고 亥卯未 목국(木局)하므로 식상으로 총명하고 문장이 뛰어났다. 60년 金水運으로 상당한 지위에 있었고 말년 丁癸로 극(剋)당하고 壬寅運에 寅巳申 형살(刑殺) 피살당했다.

7) 癸水가 삼추(三秋) 申月에 태어났다

낙엽 지는 때 火氣는 병들고 土氣는 도기(盜氣)요 金氣는 왕하고 水氣는 장생지(長生地)로 모왕자상(母旺子相)하다. 약변왕(弱變旺)되어 인수로 생하지 않아도 자왕(自旺)하다. 이때는 金氣가 강맹하므로 丁火로 제(制)하고 丁火는 甲木을 떠날 수 없으니 甲木으로 보좌하면 과갑부귀하다. 이때 丁火만 있어도 공감(貢監)에 의금(衣衿)은 있고 午火에 암장(暗藏)해도 부(富) 한가운데 귀(貴)가 있다. 그러나 戌未中 丁火는 土가 압박하여 작은 능력만 있어 평범하다. 그러므로 대세운 때 충(沖)하여 고장지(庫藏地)를 열어주면 발전이 따른다. 丁甲 없으면 무용한 자이다. 만약 변격(變格)으로 申子辰 삼합(三合) 또는 亥子丑 방합(方合)에 방해하는 土 없으면 윤하격(潤下格)을 이루어 귀명(貴命)을 이룰 수 있다.

乙 癸 庚 戌
卯 亥 申 戌

土金水木 천지(天地)가 상생(相生)한다. 고서에 "시기소시(始其所始) 종기소종(終其所終) 부귀수복(富貴壽福) 영호무궁(永乎無窮)"의 명이다. 시작되는 곳과 끝남의 시종(始終)이 고르면 부귀복수(富貴福壽)를 영원히 누릴 수 있다. 위 명주 벼슬은 황당에 이르고 일처이첩에 열세 자식 모두 과거에 급제하고 부는 백만에 90수를 누렸다.

· 견우와 직녀

하늘나라에서 소 키우는 견우와 옷감 짜는 직녀가 일은 하지 않고 늘 붙어 다니다 옥황상제의 노여움으로 1년에 한 번 만나는 날 칠월칠석일. 우리나라와 중국, 일본에까지 전해진 설화이다.

이날 까마귀와 까치가 날개를 펴 은하수에 오작교를 만들고 견우와 직녀가 서로 만나 얼싸안고 눈물을 흘려 비가 내린다고 전해진다. 양수인 1, 3, 5, 7, 9 중 양수가 겹치는 7은 칠성신앙으로 이어지기도 한다. 이날 새벽에 우리 어머니들은 정화수(井華水)를 올리고 가족 평안을 기원하였다. 우주와 인간과의 아름다운 합일사상이다.

8) 癸水가 중추(仲秋) 酉月에 태어났다

酉中辛金은 이미 제련된 금은보석이요 서방의 태궁(兌宮)으로 연못가에서 즐겁게 떠드는 사랑스런 젊은 여인. 깨끗하고 아름다워 제일 예쁘다. 이때는 청명(淸明)한 기운으로 더도 덜도 말고 8월 한가위만 같아라, 금백수청(金白水淸)하니 자연 귀(貴)하다. 고서에 "곤륜의 물은 순(順)함이 마땅하고 역(逆)해서는 안 된다." 하였다. 그러므로 辛金으로 용신하고 막바지 벼가 여물기 시작하는 때 태양의 丙火로 보좌하게 되면 반짝이는 보석처럼 과갑부귀하다. 물론 이때는 丙辛이 서로 떨어져 합(合)되지 않아야 한다. 합되면 기반(羈絆)되어 큰 뜻이 없게 된다. 모두 없으면 무용한 자이다.

壬 癸 辛 癸
戌 丑 酉 亥

시하일위귀격(時下一位貴格)

고서에 "丑亥酉가 있게 되면 음탁(陰濁)하고 양명(陽明)한 운(運)을 만나지 못하면 막힘이 많다." 하였다. 위 명주 지지 丑亥酉되어 癸水가 음탁하다. 마치 차갑고 축축한 가을비처럼 마음은 급하나 일이 뜻대로 되지 않고 막힘 많아 결단하지 못한다. 그러나 운(運)이 양명한 火木運으로 흘러 과거에 최상으로 합격하였다. 시주(時柱)에 재관살(財官殺) 위주 辰戌丑未가 있으면 시묘격(時墓格) 또는 **필자가 국내 처음으로 독자 제위가 알기 쉽게 새로 명명한 시하일위귀격(時下一位貴格)의 명**이다.

·미남배우 루돌프 발렌티노

1942년 4월 24일, 중국 산동성 광복군 배국민 씨의 장남으로 태어난 배호(본명; 배만금)는 필자도 즐겨 부르는 「안개 낀 장충단 공원」 등 3백여 곡을 남기고 1971년 30세의 젊은 나이에 요절한다. 장례식에 소복 입은 젊은 여인들이 수백 미터 줄을 이었다 한다. 2009년에 사망한 팝의 황제 마이클 잭슨이 그러하고 1926년 31세에 요절한 미남배우 루돌프 발렌티노의 뉴욕 장례식에는 10만 인파가 애도하였다 한다. 뿐만 아니라 발렌티노의 기일(忌日)에는 검은 옷을 입고 붉은 장미를 든 신비스런 여인들이 무덤을 찾는다고 한다. 고인의 명복을 빈다.

9) 癸水가 만추(晩秋) 戌月에 태어났다

戊土가 권리 잡은 때 살중신경(殺重身輕) 되면 신약(身弱)한 음수(陰水)가 마치 큰 산에 막혀 흐름이 끊어지듯 매사 극(剋)되어 빈천하고 殺運 때 요절하게 된다. 그러므로 어머니

辛金을 용신 의지하여야 한다. 辛金으로 수원(水源)을 발하면 살(殺)을 인수로 화살(化殺)할 수 있고 다음 土旺한 때 병(病)에 대한 약(藥) 甲木으로 소토(疏土)하면 상관제살격(傷官制殺格)을 이룰 수 있다. 이때 子中癸水를 얻게 되면 甲木이 힘을 얻어 학문이 깊고 과갑 자연 부귀가 따른다. 만약 甲木만 있으면 평범하고 甲木이 지나치게 제살(制殺)하면 학문을 배워도 성공하지 못한다. 이와 같이 무엇보다 용신은 중화(中和)에 있다. 辛甲癸 모두 없으면 빈천 단명하다.

丙 癸 丙 乙
辰 酉 戌 卯

癸水가 월지 실령(失令)하였으나 日時 진유합금(辰酉合金)에 득지(得地), 득세(得勢)하여 아름답다. 더구나 투출한 乙木은 묘술합목(卯戌合木)으로 뿌리 두고 丙火를 생하므로 식식생재격(食神生財格)을 이루었다. 식신생재격은 두뇌총명 박사에 심성이 후중하여 약자 편에서 음덕을 베풀고 재생관(財生官)하므로 자연 부귀(富貴)하다.

위 명주 희용신 火木運으로 흘러 과갑에 내각총리로 총통(總統)에 이르렀다. 또한 식신(食神)은 수성(壽星)이라는 별칭이 있듯 수(壽)를 다하였다.

10) 癸水가 삼동(三冬) 亥月에 태어났다

壬水가 권리 잡아 壬水와 같고 약변왕(弱變旺)하다. 12지지의 끝인 亥水는 해수(海水) 흑색 천문의 건궁(乾宮) 방위로는 서북이며 돼지이니 꿈이 잘 맞고 식복 있다. 자평(子平)의 법은 신왕(身旺)하면 설극(洩剋)하고 신약(身弱)하면 방조(幫助)해주어야 한다. 만약 亥卯未 목국(木局)되면 병(病)에 대한 약(藥)으로 庚金을 용하고 화왕(火旺)하면 水로 구제해야 재다신약(財多身弱)을 면할 수 있으며 금왕(金旺)하면 丁火 용 수왕(水旺)하면 동수왕양(冬水汪洋)이라 늙도록 분파(奔波)하게 되므로 戊土로 구제하여야 한다. 癸水가 삼동 해월에 태어나 점점 추워지는 때 조후(調喉) 丙火가 용신이다.

壬 癸 辛 壬
子 丑 亥 子

丙 乙 甲 癸 壬
辰 卯 寅 丑 子

　명(命)이 어느 한쪽으로 치우침 없이 오행(五行)을 고루 갖추었다면 더 바랄 게 없으나 방해 없이 한 가지 기(氣)로 이루어진 독상(獨象) 또한 좋은 명이다. 독상(獨象)이란 木 일간(日干)이 목국 때 곡직격(曲稙格), 火 염상격(炎上格), 土 가색격(稼穡格), 金 종혁격(從革格), 水 윤하격(潤下格)이라 하고 인수 비겁 운과 식상운 때 명리(名利)를 이룰 수 있다.

　위 명주 土의 방해 없이 윤하격(潤下格)을 이루었다. 초년 壬子 癸丑運에 일찍 학문에 임하고 甲寅 대운에 수기유행(秀氣流行)하므로 과거에 급제하였다. 乙卯운에 현령에서 장관에 이르렀다. 그러나 丙辰 대운(大運)으로 바뀌자 윤하격을 파하고 군겁쟁재(君劫爭財)를 일으켜 길(吉)보다 흉(凶) 많고 불록(不祿)하였다.

11) 癸水가 삼동(三冬) 子月에 태어났다

　癸水는 천간의 끝 종(終)이요 子는 12지지의 시작 수(首)이다. 큰 눈이 내리는 대설(大雪)과 동지(冬至)의 때 癸水가 엄한(嚴寒)하므로 조후(調候)가 시급하다. 먼저 丙火로 따뜻하게 하면 한기를 해동(解冬) 부(富)가 크다. 다음 유약한 癸水이므로 거듭 辛金으로 자부(滋扶)하면 약변왕(弱變旺)되어 과갑부귀하다. 물론 이때도 丙辛이 합(合)되면 기반(羈絆)되어 흉(凶)하다. 그러므로 辛金이 지지에 암장하거나 투출할 때는 서로 멀리 떨어져 기반되지 않아야 길(吉)하다. 辛金만 있으면 청빈한 선비에 불과하고 火가 용신이면 木이 아내요 金이 용신이면 土가 아내이다. 만약 申子辰 수국(水局) 때 희용신 없으면 하천(下賤)하여 고빈(孤貧)을 면치 못한다. 이때는 火運을 만나도 근원이 없으므로 구하지 못한다.

$$\begin{matrix} 癸 & 癸 & 丙 & 甲 \\ 亥 & 亥 & 子 & 申 \end{matrix}$$

$$\begin{matrix} 辛 & 庚 & 己 & 戊 & 丁 \\ 巳 & 辰 & 卯 & 寅 & 丑 \end{matrix}$$

癸水가 중동(仲冬)에 태어나 조후 丙火를 용신하고 甲木 투출하여 아름답다. 위 명주 戊寅運에 청운의 꿈을 품고 己卯運에 부귀(富貴)를 이루었다. 그러나 庚辰 辛巳運으로 바뀌자 희신을 극(剋)하고 申子辰 수국(水局)에 사해충(巳亥沖)함으로 불록(不祿)하고 말았다.

12) 癸水가 엄동설한(嚴冬雪寒) 丑月에 태어났다

丑月은 대한(大寒)이 소한(小寒) 집에 놀러왔다 얼어 죽었다는 동토(凍土)의 땅 북방의 습토(濕土)요 지장간에 癸辛己를 암장 金을 생하고 火를 어둡게 하며 金水를 암장 土이면서 金水에 가까워 만물을 자생(滋生)할 수 없다. 그러므로 반드시 조후 丙火로 용신 해동(解冬)하여야 한다. 다음 壬水로 보좌하면 지극히 약한 癸水는 약변왕(弱變旺)에 지지 寅午戌 화국(火局)으로 도우면 마치 태양이 두 개 투출한 것처럼 수보양광(水輔陽光) 태양이 바다 위 일출을 이루고 부귀가 극품(極品)에 이른다. 丙火는 단단한 庚金도 녹일 수 있고 서리나 눈이라도 깔보고 업신여긴다 하였다. 그러나 암장하면 힘 부족해 학문에 재능 있어도 명성을 얻기 어렵다. 또한 辛金을 만나게 되면 합화(合化)되거나 기반(羈絆)되어 해동(解冬)할 수 없고 일주를 돌아보지 않게 된다.

丙火는 壬水는 꺼리지 않으나 壬水 대신 癸水가 투출하면 구름이 태양을 가려 불청불우(不淸不雨) 마치 비나 눈이 올 듯 말듯 청귀가 불청 丙火는 무용지물 되고 평범하게 된다. 만약 亥子丑 수국(水局)을 이루면 戊土가 있어도 빙동(氷凍)한 癸水가 분류(奔流)하게 되므로 엄동설한에 연못이 얼어붙듯 만사불성(萬事不成)이라 빈천하여 떠돌게 되니 고빈(孤貧)을 면키 어렵다.

$$\begin{matrix} 丙 & 癸 & 丁 & 己 \\ 辰 & 丑 & 丑 & 巳 \end{matrix}$$

위 명주 巳에 통근한 丙丁火가 투출 과감하고 벼슬은 총규에 이르렀다.

癸 癸 乙 癸
丑 丑 丑 丑

지극히 약한 癸水가 엄동설한(嚴冬雪寒)에 태어나 용할 게 없다. 위 명주 운까지 水金運으로 흘러 걸인이 되고 말았다.

· 판도라의 상자

그리스 신화에서 최초의 여성을 판도라라 한다. 판도라란 온갖 선물을 다 받은 여자란 뜻인데, 신(神)들의 아버지 제우스신이 판도라에게 상자를 선물하면서 절대 열어보지 말라고 신신당부한다. 판도라가 호기심을 이기지 못하고 상자를 열자 그 안에 있던 질병과 가난, 온갖 불행들이 빠져나오기 시작하였다. 판도라는 기겁하여 뚜껑을 닫았으나 남은 것은 미처 빠져나오지 못한 희망 하나였다.

오늘날 어떤 이는 분수에 어긋난 욕망으로 헛된 희망을 삼고 어떤 이는 바른 의지로 희망을 품기도 한다. 아, 인간이 이 세상에 살아가는 것은 판도라의 상자에 하나 남은 희망 때문이다.

저자가 독자제위께 드리는 당부

① 맑은 정신으로 감정(鑑定) 할 것.

② 죽음 문제는 일체 답하지 말 것.

③ 내방객(來訪客)에게 희망을 줄 것.

지구의 종말(終末)

영화 「2012년」은 기원전 3114년에 시작된 고대 마야인의 달력이 2012년 12월 21일에 끝나게 되는데, 이날 태양계의 모든 행성이 일직선에 이르고 태양의 대폭발로 인한 엄청난 대재앙으로 인류는 멸망하고 지구의 종말을 맞이한다는 내용이다.

과연 그럴까? 역(易)의 이론인 기문둔갑(奇門遁甲)으로 이날을 해단(解斷)해보자. 역은 옛 중국의 복희 황제가 얻은 '하도(河圖)'와 하나라 우왕의 '낙서(洛書)'에서 비롯하였는데, 우주만물의 흥망성쇠뿐만 아니라 국가 간 전쟁과 인간의 운명에까지 적용한 학문이며 기문둔갑의 기(奇)는 삼기육의(三奇六儀)의 줄임으로 십간(十干) 중 甲을 보호하는 핵심 학문이다.

1. 국사론(國事論)

국가의 흥망성쇠를 보는 방법은

첫째, 입춘을 기준으로 한 해를 시작하는 정월 초하루가 입춘 전 때는감(減)하고 입춘 후 때는 가(加)하는 연국(年局).

둘째, 1년은 춘하추동 4계절로 이루어져 있는데 입춘, 입하, 입추, 입동의 절입 시간으로 해단하는 절국(節局).

셋째, 하루의 시작은 자시(子時)이므로 입춘 연, 월, 일과 자시로 보 는 일국(日局).

넷째, 특정한 날을 기준으로 해단하는 방법이 있다.

2. 포국법(布局法)

1) 홍국수리법(洪局數理法)
· 천간의 수리
· 지지의 수리

1	2	3	4	5	6	7	8	9	10	11	12
子	丑	寅	卯	辰	巳	午	未	申	酉	戌	亥

※일지(日支) 중심의 우리나라 홍국수리는 기문구궁(奇門九宮)에 포국(布局)할 때에만 한정 사용한다. 시간(時干) 중심의 중국 수리는 '연국(煙局)'이라 한다.

2) 사주 작성(四柱作成)

2012년 12월 21일 특정한 날, 사주(四柱) 작성 천간끼리 지지끼리의 합을 각각 9로 나눈 후 나머지 수를 중궁(中宮)에 대입한다. 만약 나눌 수 없을 때는 그냥 그 수를 대입하고 똑 떨어질 때는 9수를 대입한다.

戊丙壬壬26÷9=2−8
子辰子辰12÷9=1−3

3) 천반수

이궁(離宮)부터 역포(逆布)하고 지반수는 감궁(坎宮)부터 순포(順布)한다.

4) 육친 배대법(配對法)

※육친(六親): 용어만 다를 뿐 사주일지 중심 자평명리(子平命理)와 같다.
　　　　비겁(世, 兄), 식상(孫), 정편재(財), 정관(官), 편관(鬼), 인수(父).

木	火	土	金	水
3.8	2.7	5.10	4.9	1.6

· 육친(六親)
父(최고 통치자), 兄(우호국), 孫(아군 장수), 財(군수물자), 官(국가 장관), 鬼(적의 장수).

· 오행(五行)
木(공군, 태풍, 전염병), 火(포병, 가뭄, 화재, 내란), 土(육군, 지진, 붕괴, 질병), 金(기갑부대, 전쟁, 냉해), 水(해군, 홍수, 외국의 침입)

3. 보조포국

1) 팔문신장(八門神將)

(1) 음둔, 양둔 구분

> 동지(冬至)부터 하지(夏至) 전 - 양둔(陽遁)
> 하지(夏至)부터 동지(冬至) 전 - 음둔(陰遁)

2012년 12월 21일은 동지 후이므로 양둔 七국 조견표에 따라 포국.

(2) 팔문신장의 성격
· 생문(生門): 생기 활력 넘쳐 만사형통.
· 상문(傷門): 투쟁, 시비, 사고, 질병 등으로 일이 뜻대로 이루어지지 않고 상처받게 된다.

· 두문(杜門): 일의 막힘으로 담을 쌓고 은둔.
· 경문(驚門): 초조, 불안, 놀라는 일 발생.
· 사문(死門): 실패, 정지, 죽음의 문.
· 경문(景門): 즐겁고 기쁜 경사의 문.
· 개문(開門): 두문과 반대로 막혔던 일 해결되고 새로운 명예의 문.
· 휴문(休門): 편안한 휴식.

2) 팔괘생기(八卦生氣)

중궁의 지반수를 기본으로 팔문신장이 직접적, 선천적, 전반기 영향을 받는다면 팔괘생기는 간접적, 후천적, 후반기의 폭넓은 영향을 받는다.

※팔괘생기의 성격
· 생기(生氣): 새로운 시작으로 활력이 왕성.
· 천의(天宜): 하늘의 도움으로 구병 쾌유.
· 절체(絕體): 일이 멈춤.
· 유혼(遊魂): 직업 변화와 거주지 이전 등 불안정.
· 화해(禍害): 실물, 손재 등의 재앙 발생.
· 복덕(福德): 복과 덕으로 만사형통.
· 절명(絕命): 재앙과 죽음.
· 귀혼(歸魂): 퇴직과 휴직. 길(吉) 때는 은퇴 안정.

3) 공망(空亡)

일주(日柱) 기준 10천간과 12지지의 결합에서 남는 두 개의 지지를 공망(空亡)이라 한다. 만사불성, 없다, 비었다의 공망이 흉궁(凶宮) 때는 오히려 길(吉)하고 길궁(吉宮)에는 반감 또는 소멸된다. 육친(六親)과 오행(五行)에도 대비하고 공망궁과 대충궁을 허방(虛方)이라 하는데 전쟁 시 허방을 공격하면 백전백승하게 된다.

4) 동(動)과 정(靜)

영원한 동처 중궁(中宮)과 세궁(歲宮), 월궁(月宮), 세궁(世宮), 시궁(時宮)을 '동처(動處)'라 하고 그 밖에 궁을 '비동처(備動處)'라 한다. 사주원국의 일지(日支) 오행수리(五行數理) 기준으로 만약 부모가 아름답게 동(動)하면 부모 유덕에 명문가문에 태어나 일류교육 받고 가업을 물려받는다. 그러나 동하지 않으면 부모 무덕하다고 해단한다. 또한 극형충(剋刑沖)을 참고 문괘(門卦)가 흉(凶)하면 조실부모 또는 중병, 사업실패 등으로 부모 무덕하여 일찍 객지타향의 삶을 산다고 해단할 수 있다.

年(歲)	임금, 최고 통치자, 대통령
月	신하, 여당, 정부 공무원, 군인
日(世)	백성, 국민, 야당
時	노복, 극빈층

5) 구궁의 통변(通變)

(1) 겸왕(兼旺)

궁(宮)의 천지반수가 같을 때 겸왕이라 한다. 만약 부모가 겸왕 때 부모, 상사, 문서, 결혼, 시험, 승진 등의 일이 길흉에 따라 성패가 두 배 이상 빠르다고 판단한다.

· 兄 겸왕: 동업에 사기 재물 손해, 승진 누락.
· 孫 겸왕: 질병 치료, 경제 운 좋음. 여명은 이혼문제.
· 財 겸왕: 경제 운 좋고 결혼, 출마자 낙선, 불합격.
· 官鬼 겸왕: 공직자 승진, 시험 합격, 결혼. 일반인 관재구설, 사고, 질 병, 송사.

(2) 거(居)

궁(宮)의 지반수가 왕상휴수사(旺相休囚死)에 따라 궁의 생을 받으면 거생(居生). 같은 오행 때 거왕(居旺), 설(洩) 때 거쇠(居衰), 극(剋)을 받을 때 거극(居剋)이라 한다.

(3) 수(受)

궁의 지반수가 동궁(同宮)하고 있는 천반수(天盤數)의 영향에 따라 생을 받으면 수생(受生), 극(剋)을 받으면 수극(受剋)이라 한다.

(4) 승(乘)

궁의 지반수가 월지(月支)의 생을 받으면 승생(乘生), 같은 오행 때 승왕(乘旺), 설(洩) 때 승쇠(乘衰), 극(剋)을 받으면 승극(乘剋)되었다고 한다. 만약 세(世)가 거수승(居受乘)의 생(生)을 받으면 사주명리(四柱命理)처럼 신왕(身旺)으로 이해한다.

※구궁(九宮)의 오행(五行)

木(巽宮)	火(離宮)	土(坤宮)
木(震宮)	中宮	金(兌宮)
土(艮宮)	水(坎宮)	金(乾宮)

6) 기문신살(奇門神殺)

(1) 삼살(三殺)

5, 7, 9를 '삼살'이라 한다.
· 5는 천강성(天罡星)으로, 쌍오살(雙五殺) 때 질병이요.
· 7은 형혹성(熒惑星)으로, 쌍칠살(雙七殺) 때 구설(口舌)과 난(亂).
· 9는 태백성(太白星)으로, 쌍구살(雙九殺) 때 병화(兵禍)와 사상(死傷).

7, 9는 칠구살(七九殺) 또는 화금상쟁(火金相爭), 화금상전(火金相戰)으로 풍파를 일으키는 흉살이다.

부록

※특히 국사국(國事局) 해단 시 5, 7, 9 삼살(三殺)이 대각선으로 이루어져 삼살회집(三殺會集) 때는 병란(兵亂)의 재앙(災殃)이 발생한다.

(2) 오행의 숫자와 지지

木		火		土		金		水	
3	8	2	7	5	10	4	9	1	6
寅	卯	巳	午	辰, 戌	丑, 未	酉	申	子	亥

기타 삼합(三合), 형(刑), 충(沖), 원진(怨嗔), 역마(驛馬), 도화(桃花), 천을귀인(天乙貴人)과 12운성 포태법(胞胎法)을 참고한다.

4. 중원 천하대국(中原天下大局)

2012년 12월 21일 특정한 날
戊 丙 壬 壬 - 8
子 辰 子 辰 - 3
空亡: 子丑

4(年) 7 世(日) 傷門, 絕體	9 兄 2 杜門, 生氣	6 孫 5 開門, 禍害
5 官 6 驚門, 歸魂	8 父 3 驛馬	1 孫 10 生門, 絕命
10 鬼 1 休門, 遊魂, 空亡	7 財(月, 時) 4 景門, 福德, 空亡	2 財 9 死門, 天宜

※2012 壬辰年 흑룡의 해
지구촌 주요국인 중국, 미국, 러시아, 한국의 2012년은 선거 등 권력이동이 꿈틀대는 한 해이다. 국사일국(國事日局)을 해단(解斷) 때는 귀(鬼)의 동향을 잘 살펴야 한다. 만약 귀(鬼)가 중궁(中宮) 또는 연월일시 사동처(四動處)에 들고 흉문, 흉괘 때 나라에 우환이 들게 된다. 이날 귀(鬼)는 사동처에 들지 않고 공망(空亡)에 제 구실을 할 수 없다. 그러므로 1999년 유행했던 노스트라다무스의 지구 종말이나 「2012」 영화에서처럼 대재앙의 초대형 지진, 화산폭발, 그에 따른 쓰나미 등으로 지구 최후의 날은 영화일 뿐이다. 이날 중원천하(中原天下)는 겸왕(兼旺)한 중궁 부(父)가 세(世) 국민과 연(年) 통치자를 생(生)하므로 발전이 따른다 할 것이다. 다만 한쪽 재(財)의 공망(空亡)으로 목표 에 못 미치는 경제성장을 이룰 것이다.

국사론(國事論)

2012 壬辰年 대한민국의 국사(國事)를 살펴보자.

1. 중원 천하대국(中原 天下大局)

기문둔갑(奇門遁甲)은 중원 중심(中原中心)이므로 먼저 천하대국(天下大局)을 구한 후에 우리나라는 간방(艮方)이므로 간궁(艮宮)의 천지반수(天地盤數)를 다시 중궁(中宮)에 대입하여야 한다.

2012년 정월 초하루
0 癸 辛 壬
0 未 丑 辰

※원칙: 壬辰年 신하는 바꿀 수 있어도 군주(君主)는 바꿀 수 없다.

·천반수(天盤數)
천간끼리 합수를 9로 나누고 남은 수를 상단에 포국(布局)한다.
27÷9＝3 - 9(나눈 수가 똑 떨어질 때는 9 대입)

·지반수(地盤數)
지지끼리 합수를 9로 나누고 남은 수를 하단에 포국(布局)한다.
15에 입춘일 2월 4일은 정월 초하루부터 입춘 전이므로 날짜 수를 감(減)한다.
15−12＝3÷9 - 3(나눌 수 없을 때는 그 수를 그냥 사용한다)

	9 3	
1 1 杜門		

※참고: 세계 국가별 구궁도(九宮圖)

호주	동남아시아	인도, 아프리카
일본	중원	미국
대한민국	러시아	유럽

2. 동북간방(東北艮方) 대한민국

옛 성현들은 "음양(陰陽)의 도는 변화에 있고 천하문명의 새 출발은 간방(艮方)에서 시작한다."고 하였다. 천하대국(天下大局) 중 우리나라 국사론을 해단(解斷) 때는 동북간방(東北艮方)의 천지반수를 중궁(中宮)에 입국하고 팔문신장(八門神將)은 그대로 감궁(坎宮)에 대입하여 조견표에 따라 포국(布局)한다. 각 나라의 해단 시도 또한 같다.

7 年 5 財 生門, 生氣	2 財 10 傷門, 絕體	9 世 3 驚門, 絕命
8 官 4 死門, 福德	1 父 1	4 兄 8 休門, 禍害
3 月 9 鬼 開門, 天宜, 空亡	10 孫 2 杜門, 歸魂, 空亡	5 孫 7 景門, 遊魂

10만 양병설을 주장하던 율곡 이이가 돌아가신 지 8년 후, 1592년 원숭이 상(相)인 일본(日本)의 도요토미 히데요시는 15만 8천 군사로 우리나라 금수강산을 초토화(焦土化)시킨다. 역사는 임진년의 난(亂)을 '임진왜란(壬辰倭亂)'이라 한다.

2012 壬辰年 세계는 재선을 노리는 미국 오바마 대통령 선거와 러시아 푸틴, 중국의 후진타오 후임, 아프가니스탄, 이란, 이라크 등의 불안한 국제정세와 주요국들의 선거 등으로 변화무쌍한 한 해가 될 것이다. 또한 우리나라는 호전적인 북한의 김일성(1912. 2. 22) 출생 100돌과 강성대국을 꿈꾸는 김정일(1942. 2. 16) 칠순, 그의 아들 甲子生 김정은(1984. 1. 8)의 후계체제를 눈앞에 두고 4월 19대 국회의원 선거와 12월 19일 18대 대통령 선거가 있는 해이다.

다행히 귀(鬼)의 향방은 공망(空亡)에 들어 반감 또는 소멸되었다. 만약 공망(空亡)에 들지 않았다면 귀(鬼)는 크게는 전쟁과 사망, 오행(五行)에 따른 자연재해와 인간사의 질병, 사고를 뜻하는데 금귀(金鬼)이므로 서리, 우박 등 자연재해는 인신충(寅申沖)의 대충방인 남서 방향에 큰 피해를 줄 것이다.

이해 4월, 한미 전시작전권 전환에 따른 국론대결로 어질고 인자한 세(世) 백성은 경문(驚門)에 들어 놀라고 있다. 또한 월(月) 정부여당과 세(世) 야당은 중궁(中宮)을 사이에 두고 천지(天地)가 뒤바뀐 수미복배(首尾腹背)를 이루어 선거로 서로 대립, 원만하지 않게 된다. 그럼에도 영원한 동처겸왕(兼旺)한 중궁이 약한 세(世) 백성을 생(生)하므로 태백(太白)으로 이어지는 국민의 자존심은 관인상생(官印相生)되어 드높다. 이해 전시작전 통제권의 전환과 무관하게 유엔군 사령부와 美8

군은 한반도 방위를 위해 잔류하고 서울에서 2차 핵(核) 안보회의로 후반기 국민들의 삶은 한시름 놓을 것이다. 또한 하늘과 땅 후천팔괘 음양(陰陽)의 근간을 이루는 감(坎) 지반수와 이(離) 천반수가 서로 조우 양호한 기운으로 비화(比和)하므로 서울 하루 평균 197쌍 결혼에 64쌍 이혼 수는 크게 줄어들고 내부 가정사는 길(吉)하다.

비결(秘訣)에 따르면 "흑룡지세(黑龍之歲)에는 태평지중(太平之中)에도 군왕가려(君旺可慮)라 임금이 가히 염려된다." 하였다. 레임덕으로 쇠락한 손궁(巽宮)의 연(年) 통치자는 부동산값 안정과 경제 살리기에 동분서주(東奔西走)하나 중궁에서 극(剋)받고 한쪽 손(孫)의 공망(空亡)으로 식신생재(食神生財)가 일어나지 않는다. 옛말에 일을 꾀함은 사람에 있고 일의 이룸은 하늘에 있다 하였으니 경제는 호운(好運)을 맞기 어렵다. 이해 안전한 피난처인 호아방(護我方)은 父, 兄, 孫, 生門, 天宜 궁(宮) 순이다.

만약에 말세(末世)의 때 천도가 바뀌어 23.5도 기울어진 子午 지축이 똑바로 서게 되는 날, 사계절(四季節)은 변화되고 혜성과 괴이한 별이 출현하여 하늘에는 불길, 땅은 뒤집히고 일본(日本) 열도는 수장되며 크고 작은 부자 나라들은 차례로 망하게 되는데 이때는 열에 아홉은 죽게 된다 하였다. 이때에 살아남은 인류는 존재에 대한 불안으로 거대사찰에 반비례하여 더욱 가난해지고 매머드급 교회는 신자들에게 원죄의 굴레를 씌우고 반드시 너희를 심판하러 오겠다는 신(神)의 용서를 팔게 될 것이다. 그럼에도 단군(檀君)의 옥토(玉土)인 우리나라 서해안은 융기하여 그 땅은 배가 되고 좌청룡, 우백호, 남주작, 북현무의 사신(四神)이 보호하여 영원토록 창성한다 하였다.

그러므로 독자 제위는 놀라지 말 것이며 구원은 우리 마음속에 있음이다. 소경은 아름다운 무늬를 보지 못하고 귀머거리는 종과 북의 소리를 듣지 못한다 하였다. 다가올 미래(未來)를 알게 되면 실패하지 않는 법. 인간의 희로애락과 화복(禍福)을 마음대로 다스릴 수 있는 보옥인 여의주(如意珠)를 갖듯이 기문명리(奇門命理)의 정진과 독자 제위의 평안을 빌어마지 않는다.

참고문헌

奇門遁甲身數訣, 大有學堂, 鶴仙 柳來雄

奇門遁甲正解, 선영사, 청암 곽동훈

鷄林隨筆, 통나무, 도올 김용옥

KIST I의 과학향기, 양병태

공자, 노자, 석가, 동아시아, 모로하시 데쓰지

그리스 로마 신화, 웅진, 이윤기

낭월사주용어사전, 동학사, 박주현

論語新解, 民音社, 金鍾武

大山周易講解, 大有學堂, 홍역학회학술총서

도올논어, 통나무, 김용옥

麻衣相法, 신기원

牧民心書, 丁若鏞

부석사, 그리움은 풍경으로 흔들리고 프롤로그, 김태환

史記列傳, 을유문화사, 김원중

三國遺事, 아이템북스, 一然

三國志, 民音社, 이문열

四柱捷徑, 李錫暎

松下秘訣, 큰숲, 황남송·김성욱

살아 있는 역사의 흔적을 찾아서, 영진출판, 성세정

一期一會, 문학의 숲, 法頂스님

이야기 한국사, 청아출판

滴天髓闡微, 지남출판, 예광해

造化元鑰, 삼한출판, 정지천

莊子, 육문사, 박일봉

洪局奇門, 전남대학출판, 김학인